수집의 즐거움

평범한 사람들의 특별한 수집 이야기

수집의 즐거움

1판 1쇄 인쇄 2015년 4월 20일
1판 1쇄 발행 2015년 4월 24일

지은이 박균호

발행인 전상수
편집장 이성현
디자인 방유선

펴낸곳 도서출판 두리반
주소 서울특별시 종로구 사직로8길 34 경희궁의아침 3단지 오피스텔 1104호

편집부 TEL 02-737-4742 | FAX 02-462-4742
이메일 duriban94@gmail.com
등록 2012. 07. 04 | 제300-2012-133호

ISBN 978-89-969287-2-0 03690

※ 책값은 뒤표지에 있습니다.

평범한 사람들의 특별한 수집 이야기

수집의 즐거움

박균호 지음

두리반

수 집 가 의 삶 도
기 록 되 어 야 한 다

"수집은 역사의 훼손에 맞서온 유일한 무기다."

이 책을 집필하기 위해서 처음으로 만난 수집가인 '한국영상박물관' 관장 김태환 씨의 모바일 메신저 소개말이다. 비록 명화나 자동차 같은 값비싼 물건이 아니더라도 어떤 물건을 오랫동안 수집한다는 것은 분명 문화인류학적으로 기여를 하고 있는 셈이다.

흔히 '수집가'라고 하면 외골수이거나 사회와 동떨어져 사는 사람들이란 이미지를 떠올리기 쉽다. 그러나 내가 만난 수집가 중에 사회와 동떨어져 자기만의 세계에만 빠져 있다든지 지나치게 외골수여서 대하기가 난처한 경우는 없었다. 오히려 그들은 평균 이상으로 자신의 일에 성실하며, 가정에 충실한 편이다. 그리고 수집가 중에서 흡연이나 음주를 즐기는 이들의 비율은 극히 낮았다.

돈과 여유 시간이 많아서 수집을 한다는 생각도 오해이기 쉽다. 물론 큰 부자여서 일반인들이 감히 흉내도 낼 수 없는 물품을 수집하는 사람도 있지만 그들은 애초에 나와 이 책의 관심사가 아니었다. 극히 일부의 수집가를 제외하면 대부분의 수집가들은 담뱃값, 퇴근길의 소주 한잔 값, 심지어 커피값도 아껴가면서 수집에 몰두하는 경우가 대부분이다.

수집이라는 것이 애초에 혼자서는 할 수가 없는 일이고 수집품을 손에 넣기 위해서 끊임없는 타협과 설득을 해야 하니 대인관계도 더 좋다고 봐야 한다. 간혹 수집가들을 궁상맞다고 비난할지 모르나 우리는 언젠가는 수집가들이 모은 수집품에 손을 벌려야 하는 경우가 생길 것이라는 사실을 간과한다. 즉, 언젠가는 훼손된 역사를 연구하기 위해 한 사람의 일생이 오롯이 바쳐진 수집품을 뒤적거려야 할 때가 온다는 말이다.

그렇기 때문에 나는 수집가들이 결코 근심 걱정 없는 한량이 아니라 우리의 문화유산을 지키는 지킴이라고 생각한다. 그리고 이 책에 소개된 다양한 분야의 수집품이 우리의 소중한 문화적인 자산이듯이 수집가의 삶도 '수집되어' 기록되어야 한다.

다양한 분야의 수집가들을 섭외하고 만나는 과정이 쉽지는 않았지만 반대로 그들의 도움이 없었다면 이 책은 세상에 나올 수 없었다. 그리고 수집가들의 삶을 들여다보고 그들의 우여곡절에 함께 울고 웃었다. 그래서 이 책에 소개된 모든 수집가들에게 무한한 고마움을 전하고 싶다.

contents

머리말

수집가의 삶도 기록되어야 한다

PART 1
수집은
놀이다

어른들의 동심을 담은 세계, 피규어 • 11
피규어 수집가 **조웅 · 배성훈**

틴토이, 그 투박함에 끌리다 • 39
틴토이 수집가 **누똥바**

연필, 아날로그적 매력 • 51
연필 수집가 **이영은**

PART 2
역사를
수집하다

'야구'의 감동과 역사를 수집하다 • 67
야구 기념품 수집가 **박은식 · 토니 김**

수집가 인터뷰 한국 프로야구 기념품 수집가 **이창환** • 86

화폐 유통의 역사를 담은 화폐 수집 • 90
화폐 수집가 **최호진**

행복한 가정생활을 위한 부적, 청첩장 • 119
청첩장 수집가 **문형식**

우리 문화와 문학의 자양분, 괴담 • 132
괴담 수집가 **이상민**

역사를 담는 그릇, 영상 장비 • 142
영상 장비 수집가 **김태환**

PART **3**

취미,
생계가 되다

코카콜라, 그 화려한 디자인에 빠지다 • 157
코카콜라 수집가 **김근영**

《이상한 나라의 앨리스》 VS.《드래곤볼》• 176
책 수집가 **윤성근 · 한경수**

젊음을 대표하는 아이콘, 농구화 • 204
줌-코비 농구화 수집가 **김태훈**

PART **4**

수집의
즐거움

상품을 넘어 문화가 된 스타벅스 텀블러 • 217
스타벅스 텀블러 수집가 **추형범**

수집가 인터뷰 스타벅스 텀블러 수집가 **서경애** • 226

만물은 미술의 재료다 • 229
미술 도구 수집가 **유인상**

만년필, 시간을 담는 필기구 • 243
만년필 수집가 **한상균**

추억과 역사를 담은 생활용품, 앤티크 • 255
앤티크 용품 수집가 **송앤지**

수집가 인터뷰 뉴욕 앤티크 수집가 **케이트 국** • 274

우리 정서와 상통하는 러시아 음악 • 280
러시아 음반 수집가 **조희영**

66 나는 모든 사람에게 존재하는 동심을 만나고 키워주는
동화 같은 세상을 만들기 위해 피규어를 수집한다. 99

Part 1
수집은
놀이다

어른들의 동심을 담은 세계, 피규어

누구나
키덜트나 오타쿠가 될 수 있다

세상에는 다양한 그리고 일반인들은 생각지 못한 기상천외한 물건을 수집하는 사람이 많다. 그러나 유독 장난감을 수집하는 사람들은 상대적으로 비하하는 어조로 '키덜트' 또는 '오타쿠'라고 부른다. 전자는 어른이지만 하는 행동이 아이와 같다는 의미로 키드Kid와 어덜트Adult의 합성어이며, 후자는 이상한 물건에 몰두하는 사람을 의미하는 일본어다. 이를 우리식으로 오덕후라고도 부른다. 둘 다 호의적인 표현은 아니다. 그러나 평소 점잖은 사람도 누구나 오타쿠가 될 위험이 항상 존재한다.

나만 해도 야구와 뮤지션 피규어에 관심도 많았고 몇몇 피규어도 모았지만, 일본 애니메이션의 피규어를 수집하는 사람을 보면 점잖지 못하다고 생각했다. 야하고 다소 망측한 애니메이션 피규어를 잔뜩 수집한 사람이 장모님이라도 들이닥치면 부리나케 애장품을 숨긴다는 이야기를 듣고서 '왜 저런 물건을 수집할까' 하는 의문을 가졌다.

그러던 중《비블리아 고서당 사건 수첩》이란 일본 소설에 흠뻑 빠져들게 되었다. 고서와 희귀본에 얽힌 사건을 해결해나가는 내용의 소설이었는데 이 책이 너무 재미나서 만화 버전이 나오자마자 구매를 했고, 그것도 모자라 이 책을 원작으로 제작한 일본 드라마까지 구해서 볼 정도였다. 급기야 이 소설의 아름다운 여주인공 '시노카와 시오리코'의 피규어가 나온다는 말을 듣고 사고 싶어서 안달이 났다. 조금만 깊이 생각해보면 키덜트나 오타쿠는 일반인들이 상상치 못하는 외계인이나, 사회 부적응자가 아니다. 그들은 우리와 같은 평범한 사람들이다.

피규어는 일반 사람들이 상상하는 것 이상으로 다양한 분야에까지 뻗어 있다. 조금 과장하면 피규어는 인간의 모든 활동 영역에 존재한다. 연예인부터 건축물, 뮤지션, 소설 캐릭터, 만화 주인공, 역사적인 인물, 사건, 자동차, 군인, 무기, 종교 지도자, 스포츠 스타 등 그 종류와 형태는 헤아리기 어려울 정도다.

어떤 종류의 피규어든 일정 수준 이상의 세밀한 피규어를 처음 본 사

람들은 대부분 피규어에 관심을 갖고 탄성을 자아낸다. 하지만 막상 돈을 주고 사라면 지갑을 열 사람은 별로 없다. 그래서인지 국내에서는 피규어의 상업화가 활발하지 못해 구하기 힘든 피규어가 많고, 이를 구하기 위해 해외 직구나 해외에 사는 지인을 통해 구하는 사람들을 종종 볼 수 있다.

나는 피규어를 국내에서 구하는 수집가는 초보 단계이며 해외로까지 손길을 뻗는 수집가는 중급 단계라고 본다. 해외 사이트에 눈을 돌리는 이유는 국내에서 판매하지 않는 희귀한 모델을 구하기 위해서라고 보면 크게 틀리지 않는다. 맥팔레인 같은 스포츠 피규어의 경우 크기가 대략 12센티미터 정도인데, 수십 개만 사도 아내의 눈치를 보아야 한다.

피규어 수집가는 피규어와 육체적인 사랑을 나누는 사람과 플라토닉한 사랑을 나누는 사람으로 나뉜다. 육체적인 사랑을 나누는 수집가는 피규어를 손에 넣으면 무조건 개봉을 한다. 그리고 좀 더 부지런하다면 진열장을 마련하거나 심지어 직접 진열장을 만들기도 한다. 다시 말해서 피규어는 전시를 해야 한다는 주의다. 반면에 피규어와 플라토닉한 사랑을 즐기는 수집가는 피규어의 순결을 가장 중요하게 생각해서 비닐 포장을 보호하기 위해 별도의 좀 더 단단한 보호 포장을 할 정도다.

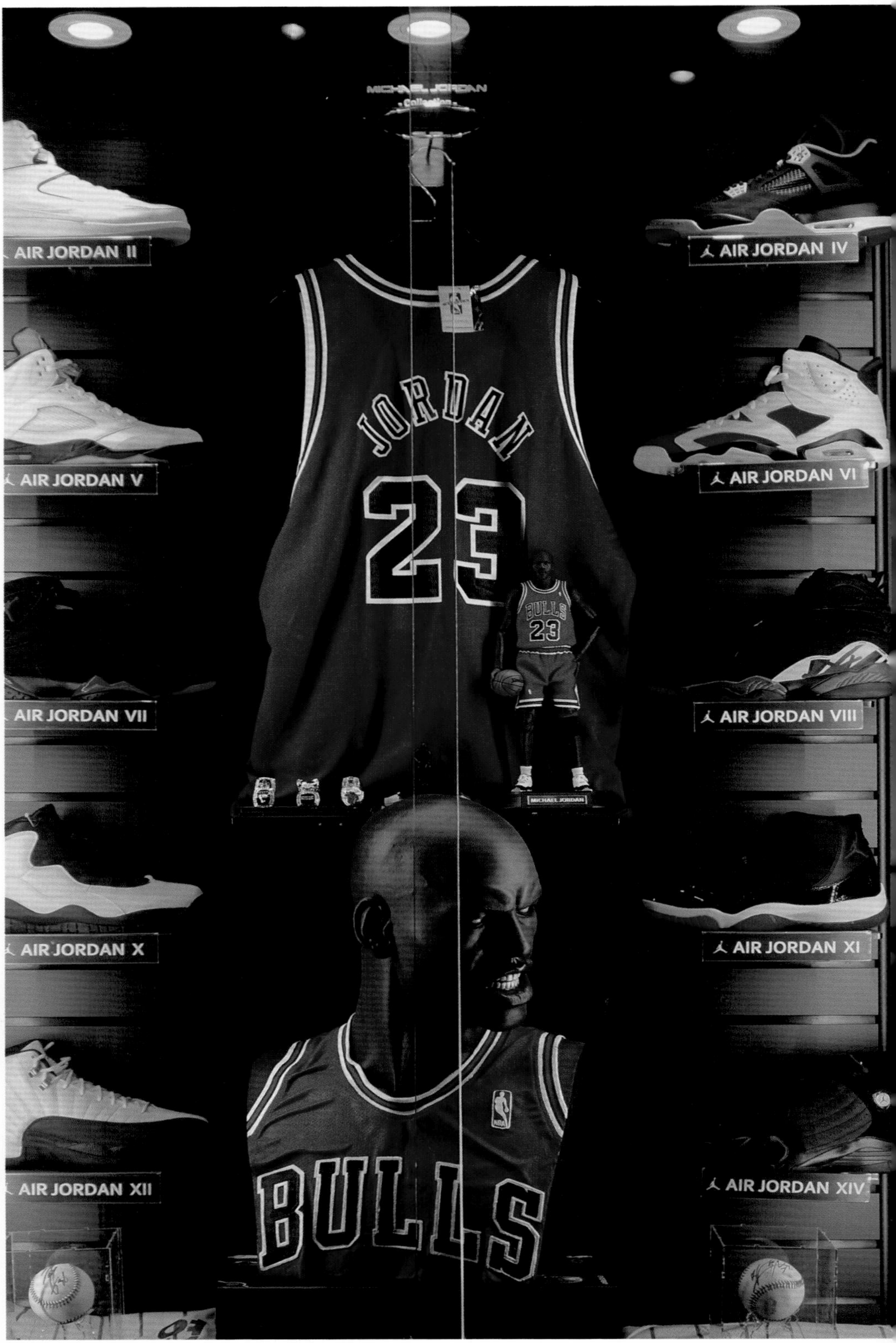

MICHAEL JORDAN
Collection
AIR JORDAN II
AIR JORDAN IV
JORDAN
23
AIR JORDAN V
AIR JORDAN VI
BULLS
23
AIR JORDAN VII
AIR JORDAN VIII
MICHAEL JORDAN
AIR JORDAN X
AIR JORDAN XI
AIR JORDAN XII
AIR JORDAN XIV
BULLS

그들은 피규어를 절대 개봉하지 않는다. 박스 채로 나란히 차곡차곡 쌓아둘 뿐이다.

그러나 육체적 사랑을 나누는 수집가든, 플라토닉한 사랑을 나누는 수집가든 피규어 수집가는 금방 집안 식구의 눈총을 받기 십상이다. 책처럼 고상하지도 않고, 오디오처럼 뭔가 쓸모가 있는 것도 아닌 것이 부피는 만만찮게 차지하며 주위 사람들로부터 덕후 취급이나 받으니 식구들의 탄압이 이만저만이 아니다. 더구나 포즈나 형상이 선정적인 일본 미소녀 애니메이션 피규어를 수집하는 사람이라면 주변 사람들로부터 인정을 받기가 쉽지 않다.

펜웨이파크,
그 5분의 기쁨

나는 피규어가 좋아서라기보다는 야구가 좋아 피규어를 수집한 경우다. 물론 주로 야구 피규어를 수집했는데 처음에는 인터넷 카페에서 주로 구입했다. 그러나 차츰 국내에서 구하지 못하는 희귀한 모델이나 클레이 소재의 덴버리민트 사의 피규어 등은 이베이를 통해 구하기 시작했다. 하지만 공간적인 제약과 주위의 곱지 않은 시선, 그리고 수집을 위한 비용이 만만치 않아서 진정한 수집가의 반열에는 미치지 못했다.

내가 가장 아끼던 컬렉션은 덴버리민트사에서 나온 메이저리그 보스턴 레드삭스의 홈구장인 펜웨이파크의 모형이다. 1912년 건설되어 전체 메이저리그 홈구장에서 가장 오래된 펜웨이파크는 '그린 몬스터'라는 애칭을 가진 11.2미터의 좌측 녹색 펜스가 가장 큰 특징인데 아직도 스코어보드를 사람 손으로 갈아야 하며 관중석은 물론 더그아웃은 좁고 불편하기 짝이 없다. 그런데도 펜웨이파크는 외야의 펜스를 뒤덮는 담쟁이가 특징인 시카고 컵스의 홈구장 리글리필드와 함께 가장 사랑받는 구장이다.

현재까지 제작된 펜웨이파크의 모형 중에서 가장 실물과 닮았다는 평가를 받은 덴버리민트의 펜웨이파크 모형은 하단은 나무, 상단은 클레이 소재로 마감된 고급스러움과 실물과 같은 정교함을 자랑한다. 길이가 25센티미터에 육박하는 이 모형은 손바닥 안에 들어가는 다른 모형에 비해서 크기나 정교함이 훨씬 뛰어나다. 그러나 이 모형의 가장 큰 장점은 무엇보다 구장의 조명이 들어온다는 점이다.

가격도 가격이지만(배송료 포함 35만 원 정도) 12센티미터 정도의 피규어도 파손의 위험이 커서 해외 배송을 잘 해주지 않는 판매자가 많은데 이 무지막지한 모형을 미국에서 한국으로 배송해주는 판매자를 만난 것은 순전히 나의 큰 복이었다. 다행스럽게도 전혀 파손이 없는 상태로 배송을 받았는데 너무 감격스러운 나머지 돌이킬 수 없는 큰 실수를 저지르고 말았다.

펜웨이파크의 아름다운 조명을 빨리 감상하고 싶은 마음에 허둥지둥 전원 코드를 연결하고 말았다. 그런데 코드를 연결하는 순간 뿌지직 하는 소음과 함께 불쾌한 냄새가 났다. 220볼트인 국내 전압과 110볼트인 미국의 전압 차를 간과했던 것이다. 부랴부랴 코드를 뽑았지만 모형의 내부가 성할 리 없었다. 결국 역사상 최고의 펜웨이파크 모형을 손에 넣었다는 기쁨은 채 5분이 가지 못했다.

그 순간부터 나는 고친 흔적이 없이 수리해줄 가게나 기술자를 찾는 데

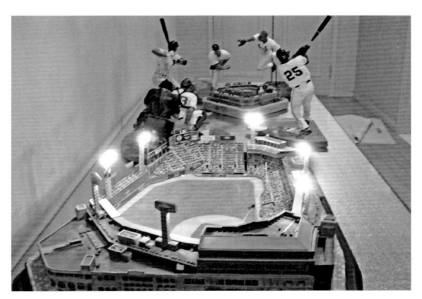

펜웨이파크 나의 적지 않은 피규어 중에서 남녀노소를 가리지 않고 찬사를 받는 몇 안 되는 품목 중 하나다.

혈안이 되었다. 하지만 그 역시 만만치 않았다. 분해를 하려고 해도 하단부가 나무 소재인 데다 연결 부위가 없어서 불가능했다. 어쩔 수 없이 하단부를 칼로 뜯어내는 수밖에 없었다. 수리를 해줄 사람을 찾아 여기저기 수소문한 결과 인터넷상에서 "그런 것쯤은 만들기도 하는데 고치는 것은 쉽다"는 용자가 나타났다. 의인을 만난 반가운 마음에 서둘러 그 용자의 가게가 있는 서울로 피규어를 올려보냈고 무사히 수리가 되어서 돌아오기를 초조하게 기다렸다.

기다리고 기다린 끝에 열흘 만에 펜웨이파크 모형이 돌아왔다. 그러나 모형을 받아드는 순간 하늘이 무너지는 줄 알았다. 흔적 없는 수리를 약속했던 그 기술자는 다른 기술자의 말처럼 바닥을 칼로 도려내고 수리를 했으며, 도려낸 자국에는 자신의 가게를 홍보하는 스티커를 붙여놨다. 분

노와 실망감이 극에 달했지만 어쩌겠는가? 다행이 도려낸 자국은 바닥이
니 전시를 하고 감상하는 데는 아무 지장이 없어서 울며 겨자 먹기 식으
로 그냥 사용하기로 했다.

아시아 최대
영화 피규어 갤러리 CW

오디오 매니아와 음반 수집가의 궁극적인 지름신이 '큰 집'인 것처럼 피
규어 수집가의 사정도 다르지 않다. 피규어를 구하는 대로 전시한다면 금
세 집안 곳곳이 피규어 천지인데다 손님이라도 올라치면 눈이 휘둥그레
지기 십상이다. 결국 수집도 문제지만 수집된 피규어를 제대로 전시할 공
간이 더 시급한 문제가 된다. 간혹 진열장을 마련해 전시하는 애호가도
있지만 그 역시 금방 한계를 만난다. 사실 15센티미터 정도의 피규어를
100개 정도만 개봉해서 전시해보면 온 집안이 난장판이 된다. 그래서 대
부분의 수집가들은 개봉을 하지 않고 창고나 다용도실에 쌓아두고 다른
가족의 눈총을 받는 운명이다.

이러한 사정으로 CW라는 거대한 피규어 전시 공간을 마련한 조웅 씨는
모든 피규어 수집가들에게는 신화적인 존재가 아닐 수 없다. 조웅 씨와
CW가 모든 피규어 수집가들의 롤모델이라고 말할 수 있는 것은 넓은 전
시 공간과 많은 관람객을 확보했기 때문이다. '시네마월드Cinema World'의
약자이기도 하고 또 본인 이름의 약자이기도 한 CW는 장엄하고 화려한
영화 피규어와 소품을 감상하면서 외식을 즐길 수 있는 '복합 외식 문화

공간'이다. 한때 조웅 씨의 인터넷상의 닉네임인 WC로 갤러리 이름을 정하려 했지만 WC는 대부분의 한국인에게 화장실을 연상케 해 엄밀히 말하면 '식당'인 공간의 이름으로는 무리수가 있다고 판단하여 이 이름을 포기했다고 한다.

CW는 아시아 최대 규모의 영화 피규어 갤러리라는 명성과 함께 주말이면 평균 400명의 방문객이 찾는 명소로 자리 잡았다. 더욱 놀라운 사실은 방문객의 70퍼센트 이상이 성인이라는 점이다. 일단 방문을 하면 쉽게 그 궁금증은 풀리는데 그는 피규어를 단순한 배치로 전시하지 않고 철저한 계획과 영화미술팀을 비롯한 영화의 전문가들을 디스플레이 기획에 참여시켰다. 캐릭터의 성격, 영화의 장르, 피규어의 포즈와 색깔을 고려해 배치했고, 영화 전문가들의 도움을 받아 영화 속의 명장면을 피규

CW 아시아 최대 규모의 영화 피규어 갤러리라는 명성과 함께 주말이면 평균 400명의 방문객이 찾는 명소로 자리 잡고 있다.

CW가 가장 자랑하는 희귀 아이템 영화 〈터미네이터 2〉의 오프닝 장면을 실제 크기로 고스란히 재현한 디오라마다. 전신상 네 개가 하나의 디오라마로 꾸며지고 일반인에게 공개된 세계에서 유일한 장소가 CW다.

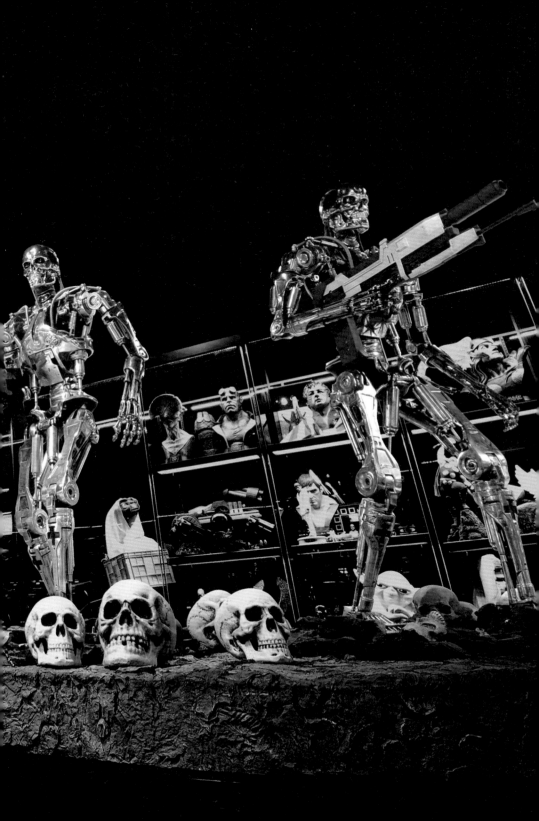

어를 이용해서 그대로 구현하는 독특하고 놀라운 볼거리를 제공하고 있다는 점이 CW를 단순히 외식 공간이 아닌 관광 명소의 반열에 이르도록 한 원동력이다.

한눈에 봐도 건물 자체가 예술 작품 같은 갤러리의 외관과 70평의 공간에 무려 3,000여 개에 달하는 피규어가 일사분란하게 영화의 한 장면을 보여주는 실내, 박물관처럼 수려한 디스플레이에 영화 속의 캐릭터를 꼭 닮은 피규어를 구경하면서 식사를 하는 즐거움은 값으로 매길 수 없다. 말하자면 놀이공원과 뷔페의 즐거움을 동시에 즐기는 공간인 것이다.

CW가 가장 자랑하는 희귀 아이템은 전 세계에서 유일하게 전시된 영화 〈터미네이터 2〉의 오프닝 장면을 실제 크기로 고스란히 재현한 디오라마다. 베이스 제작을 위해 직접 돌멩이 하나하나를 채집하는 심혈을 기

CW는 스포츠팬을 위해 최신 시설의 비디오 장치와 어린이날이면 직원들이 직접 영화 속 캐릭터의 복장을 하고 어린이들을 즐겁게 해주는 세심한 배려도 잊지 않는다.

울였다. 전신상 네 개가 하나의 디오라마로 꾸며지고 일반인에게 공개된 세계에서 유일한 장소가 CW다. 로보캅 흉상 피규어도 이 대열에서 빼놓을 수 없는데 역시 실제 크기로 세계적으로 유명한 작가가 영화 속의 장면과 똑같이 제작한 것으로 유명하다. 이 물건을 손에 넣기 위해 조웅 씨는 인터넷 경매에서 전 세계의 내로라 하는 피규어 컬렉터 50명과 치열한 전투를 밤새 치렀다.

영화 〈스타워즈〉의 캐릭터 C-3PO와 R2-D2 실제 크기로 제작된 희귀 아이템이다. 5,000~6,000만 원대의 가격이나 실제로는 그 이상을 주고도 구할 수 없다.

　영화 〈스타워즈〉의 캐릭터 C-3PO와 R2-D2 또한 실제 크기로 제작된 희귀 아이템인데 가격이 무려 5,000~6,000만 원이고 그나마 이제는 억만금을 주고라도 구할 수가 없다. 처음 조웅 씨가 이 피규어를 접했을 당시에도 이 제품은 2,000만 원을 호가하는 고가의 제품이었다. 하지만 조웅 씨는 이 기회를 놓치면 다시는 이 제품을 구경조차 하기 어렵겠다는 판단을 하고 자동차를 구매하기 위해 모아왔던 돈으로 피규어를 사는 결단을 내렸다. 지금이야 경제적으로 성공한 투자였지만 그 당시에는 보통사람은 쉽게 납득하기 힘든 대단한 결심이었다.

　CW의 컬렉션 중에서 조웅 씨가 가장 힘들게 구한 품목은 영화 〈시네마 천국〉의 주인공 토토가 감독이 되어, 마지막 장면에서 사용한 영사기인데 실제로 영화 속에 출연한 영사기는 아니지만 영화 속 영사기와 같은 모델을 찾기 위해서 근 2년간을 자식을 잃은 부모의 심정으로 헤매고 다녔다고 한다. 더구나 정확한 모델명조차도 알지 못해서 영화의 장면을 캡처한 다음 해외 빈티지 영사기의 사진들과 일일이 대조한 끝에 1950년대에 단종된 독일산 영사기라는 사실을 알아냈다. 모델명을 어렵게 알아냈지만 제품 자체를 구하지 못한 그는 인터넷과 오프라인을 찾아 뒤진 끝에 마침내 독일의 시골 할아버지가 자신의 창고에 보관하고 있는 것을 단돈 1달러에 구매하는 행운을 얻었다.

피규어 대통령

조 웅

수십 개가 넘는 다양한 언론 매체가 주목한 '가장 성공한 피규어 덕후' 조 웅. 그는 전 세계 피규어 팬과 수많은 관광객이 참석한 미국 올랜도 〈스타워즈〉 30주년 행사에 아시아 대표로 자신의 컬렉션을 전시했다. 그곳에서 아랍계 거부로부터 〈스타워즈〉 관련 피규어 컬렉션을 13억 원에 인수하겠다는 제의를 받기도 했지만 단호히 거절했다.

사람들은 이런 그를 피규어 대통령으로 칭한다. 하지만 사실 그의 이력은 남다를 게 없다. 그래픽디자인을 전공했고 전공을 용케 살려 국내 모 자동차 광고팀의 그래픽디자이너로 근무한 게 그의 주요 경력이다.

그런 그가 대한민국에서 가장 성공한 피규어 덕후로의 길을 걷기 시작한 것은 2000년 미국 애리조나를 여행할 때 우연히 들른 피규어 매장 덕분이다. 당시만 하더라도 국내에서는 피규어라는 용어도 낯설었고 피규어를 어린아이들이 가지고 노는 장난감 정도로만 여겼다. 그 역시 여느 사람과 다르지 않았다. 그런 그의 앞에 영상 속에서만 존재하던 무생명체의 캐릭터들이 마치 살아 숨 쉬고 있는 것처럼 서 있었다. 영화 속의 캐릭터보다 더 정교하고, 생동감 넘치는 피규어를 본 그는 피규어가 장난감이 아닌 소장품이 될 수 있겠다는 생각을 갖기 시작했다.

한국에 돌아온 그는 직장 생활을 하면서 받는 월급 대부분을 피규어에 투입했다. 마치 음악평론가 김갑수가 오디오 수집에 올인한 나머지 휴지가 없어서 생리현상을 치르고 나면 강제적으로 샤워를 했다는 일화처럼 조웅 씨도 아들이 하는 일이라면 뭐든지 응원하던 아버지마저 반대를 할 정도로 피규어 수집에 몰입했다. 부친의 반대에 그는 "10년 안에 피규어 수집을 하나의 취미생활로 정착시키겠다"는 포부로 맞섰고 십여 년간의 덕후질 끝에 누구도 넘보지 못할 1만여 점의 피규어 컬렉션을 구축하기에 이르렀다. 마침내 피규어의 백만 대군을 이끌고 경북 경산에 내려온 그는 '피규어 갤러리 겸 레스토랑'이라는 동화 속에만 존재할 것 같은 환상적인 아지트를 만들어냈다.

그의 본거지인 CW는 그중에서 엄선한 일부만이 전시되고 나머지는 별도의 물류 창고에 보관 중이라는 설명에 기겁을 한다. 수천 권이 꽂힌 서재를 두고 여기 있는 것은 아직 안 읽은 책만 모아둔 것이고 읽은 책은 다른 곳에 있다는 '움베르트 에코'의 패기에 결코 뒤지지 않는다. 그가 가장 성공한 피규어 덕후로서 세상으로 나온 계기가 된 것은 스타워즈 피규어 덕분이다. 2007년 그가 그동안 힘들게 수집한 〈스타워즈〉 시리

즈로 장식된 자신의 집안 사진을 블로그에 올렸다. 사실 덕후라면 누구
나 하는 '놀이'인데 디자인을 전공한 그의 감각적인 디스플레이와 다른
자잘한 피규어를 압도하는 위엄을 가진 〈스타워즈〉 피규어의 앙상블을
담은 그의 사진은 네티즌의 폭발적인 관심을 끌었고 마침내 포털 사이트
의 메인 화면에 등극하는 감격을 누렸다. 이전까지 연간 방문객 수가 300
여 명에 불과했던 그의 은둔의 블로그는 하루에만 무려 23만여 명의 방
문객을 받아들여야 했다.

　이 사건으로 그는 국내외에 피규어 대통령으로서의 위엄을 널리 알렸
을 뿐만 아니라 대중들의 찬반 여론의 도마 위에도 올랐다. 물론 돈낭비
로 대표되는 쓸데없는 짓이라는 의견도 많았지만 정작 조웅 씨의 행보에
영향을 준 것은 주부들의 격려 메일이었다. 평소 남편의 피규어 수집을

탐탁찮게 생각했던 많은 주부들이 조웅 씨의 감각적인 수집과 전시에 크게 감명을 받았고 피규어 수집이라는 취미를 좋은 쪽으로 생각하는 계기가 되었다는 내용이었다. 조웅 씨가 이런 주부들의 격려에 피규어 컬렉터로서의 자부심을 느꼈음은 물론이다.

수 집 을 향 한 열 정 은
가 격 을 매 길 수 없 다

피규어를 수집하는 사람의 최고 경지는 커스텀 피규어 제작자다. 일반적인 수집가가 단지 다른 사람이 디자인하고 만든 피규어를 구매할 뿐이라면 커스텀 피규어 제작자는 타인의 작품을 토대로 도색과 채색을 덧붙여 전혀 다른 자신만의 피규어를 만들어낸다. 피규어 자체가 굉장히 정교하고 미세한 물건인데 여기에 자신만의 도색과 채색을 더해서 자신이 원하는 독특한 피규어로 재탄생시키는 작업이야말로 피규어계의 최고봉이라 불린다.

조웅 씨는 디자인을 전공했는데 그 전공이 그의 피규어 생활에 막대한 영향을 주었다고 생각된다. 수집한 피규어를 진열하는 방식이라든지 영화의 장면을 재현하는 데 그의 디자인 능력이 큰 몫을 차지했다. 실제로 그는 디자인을 전공했으면서도 1년 가까이 학원을 다니는 노력을 기울인 끝에 영화 〈글래디에이터〉에 나오는 막시무스의 실제 사이즈를 제작해내기도 했다.

우리 집에 산더미처럼 쌓인 책을 보면서 대부분의 방문객들이 제일 먼저 던지는 말은 "이거 다 읽으셨어요?"다. 그렇다면 피규어를 수집하는 사람들이 자주 듣는 말은 뭘까? 누구나 예상하겠지만 "이게 다 얼마치예요?"다. 1만 개가 넘는 피규어를 수집했으니 대중들이 값어치에 대한 호기심을 갖는 것은 자연스럽다. 더구나 조웅 씨는 〈스타워즈〉 시리즈를 13억 원에 사겠다는 중동 갑부의 제의를 거절한 엄청난 이력을 가진 사람이니 그가 대체 피규어 수집에 얼마만한 돈을 투자했는지 궁금해하는 것이 당연하다. 이런 호기심에 조웅 씨의 대답은 한결같다. "피규어는 1만 원부터 수천만 원에 이르기까지 다양한 가격이 있지만 나의 피규어 수집을 향한 열정은 가격을 매길 수 없어요"이다. 마치 멋진 사진을 보고 작가에게 "이 사진 무슨 카메라로 촬영하셨어요"라는 질문이 큰 실례이듯이 그에게 피규어의 가격을 묻는 것도 마찬가지다.

동심이라는 것은 꼭 아이들의 마음이 아니며 누구에게나 가슴속에 존재하는 것이라고 조웅 씨는 믿는다. 모든 사람에게 존재하는 동심을 만나고 키워주는 동화 같은 세상을 만들기 위해서 그의 피규어가 도움이 된다면 그는 언제까지라도 피규어를 모으고 더 많은 사람들이 즐길 수 있도록 갤러리의 공간을 넓혀나가기를 원한다.

유명인 피규어 수집가

배성훈

영화 피규어 수집에 대표적인 인물이 조웅이라면 배성훈 씨는 잡식성 컬렉터로 불린다. 요즘엔 피규어를 수집하는 다양한 분야의 동호인들이 많은데 대부분 웬만하면 전공 분야를 정해서 모은다. 영화든 애니메이션이든 자동차 다이캐스트든 햄버거를 사면 따라오는 푸드 토이든 하나에 몰두하기 마련이다.

피규어 수집도 나름의 전문 지식이 필요하며 제대로 수집하려고 하면 엄청난 재정과 공간이 필요한 취미다. 야구 피규어만 해도 그 선수에 대한 기본적인 지식 정도는 알아야 그 피규어의 값어치를 평가하고 예측할 수 있다. 자동차 모형인 다이캐스트의 분야만 해도 '남자가 집안을 말아먹을 수 있는' 취미 생활 중의 하나로 지목되니 전공 분야를 정하지 않고 잡식으로 피규어를 수집하는 일은 아무나 하는 일이 아니다. 그런데 배성훈 씨는 12인치 피규어, 다이캐스트, 식완(쇼크간), 미니 피규어, 유명인 피규어, 영화 피규어, 밀리터리, 베어브릭, 큐브릭, 생물 피규어, 미니어처 등의 여러 가지 피규어 장르를 수집한다.

무려 18년 이상 잡식성 피규어 수집가로 맹활약한 그가 모은 피규어는 총 2만 점이 넘는다. 조금씩 피규어를 수집한 것은 어릴 적부터였지만 결정적인 계기는 순전히 우연이었다. 2000년 일본 여행을 갔던 배성훈 씨가 우연히 미니 피규어를 판매하는 자동판매기를 보았다. 한국에서 프라모델만 가끔 보고 수집하던 배성훈 씨의 눈에 보인 각양각색의 도색과 다양한 디자인의 미니 인형은 신세계였다. 일단 주섬주섬 인형을 구입한 그는 한국에 돌아오자마자 여러 프라모델 매장에 문의를 했지만 그런 인형에 대해서 아는 사람이 없었다. 그러다가 인터넷 동호회에 질문을 한 끝에 답을 얻었다. 그가 일본에서 본 인형은 가샤폰이라고 부르며 한국말로는 의성어인 '찰카탁퐁'이라고 한단다. 어쨌든 이때부터 피규어 수집을 시작한 배성훈 씨는 점차 땅따먹기 하듯이 수집의 영역을 확대해서 지금

배성훈 씨가 수집한 수많은 가샤폰들 그중에서 그가 가장 소중하게 여기는 것은 일본에서 200엔을 넣고 뽑은 그의 인생 최초의 가샤폰이다.

의 다양한 피규어들을 모았다.

현재 2만 점이 넘는 피규어를 소장중이지만 그가 일본에서 200엔을 넣고 뽑은 그의 인생 최초의 가샤폰이 가장 기억에 남는 품목이 되었다.

취 미 가
주 업 을   살 리 다

그의 집안이 2대째 운영하고 있는 영덕 강구항의 '대게 종가' 식당을 처음 방문한 손님들은 모두들 의아해하기 마련이다. 영덕 대게 코스 요리를 먹으려고 찾은 식당인데 식당의 벽면 가득이 피규어가 있기 때문이다. 물론 처음엔 놀라서 의아해하지만 곧 신기한 구경거리에 넋을 잃고 연신 탄성을 지르며 정작 대게 요리는 뒷전인 경우가 많다. 대게 요리도 요리지만, 식당을 가득 채운 피규어 때문에 그의 식당은 더욱 유명세를 타게 되었다.

각 시대별, 연도별로 전시된 자동차 모형인 다이캐스트는 수백 대며, 진열하지 못한 것을 합하면 2천 대가 넘는 자동차들이 수출차 전용 야적장을 연상케 하는 위용을 뽐낸다. 이 세상에 존재하는 모든 만화의 캐릭터를 모아둔 것 같은 만화 캐릭터 피규어와 보기 드문 밀리터리 피규어까지 그의 컬렉션은 보는 이의 탄성을 자아내기에 충분하다. 특히 아이언맨과 슈퍼맨 피규어는 그의 자랑거리인데 아이언맨과 슈퍼맨이 진화하고 변신해나가는 과정을 고스란히 표현한 여러 개의 풀세트를 모두 소장하고 있는 것은 그 말고는 찾아보기 힘들다. 얼핏 보면 모두 비슷한 피규어 같지만 자세히 보면 서서히 변신하고 진화해가는 과정을 고스란히 담았다.

그러나 처음부터 식당을 피규어 전시장으로 만들 생각은 아니었다. 피규어 전시는 공간을 굉장히 많이 차지한다. 당장 수백 개만 되어도 집안이 피규어 천지라는 소리가 절로 나오는데 2만 점이라는 천문학적인 물량을 집에 보관하겠다는 것은 애당초 불가능한 일이다. 고심 끝에 배성훈 씨는 피규어 전문 전시 공간, 즉 피규어 박물관을 설립하려는 계획을 세워서 추진했지만 박물관을 함께 운영하려던 파트너와의 조율이 맞지 않아 박물관 설립 계획은 무작정 지연되었다. 기약 없이 피규어 박물관 설립이 지연되자 그는 할 수 없이 식당에 피규어를 전시했다. 그런데 대게와 피규어라는 얼핏 보면 맞지 않는 조합이 오히려 전화위복이 되어서 여러 언론의 주목을 받았고 덩달아 소문도 나서 그의 식당은 더욱 번

창하게 되었다.

아이들이나 가지고 노는 것이라고 생각했던 피규어가 생업에도 도움이 되자 이제는 가족들이 오히려 피규어 마니아가 되어버렸다. 새로운 모델이 나오면 빨리 사라고 성화를 하며, 너무 비싼 가격이라 망설이기라도 하면 과감하게 구입해야 한다고 요구하기도 한다.

피규어로 배우는
인물 상식

배성훈 씨는 2만 점이 넘는 자신의 피규어를 모두 아끼지만 그가 다른 수집가와 비교해서 독보적인 우위를 점하고 있는 부분은 800여 점의 유명인 피규어다. 역대 대통령을 비롯한 정치가, 윤봉길, 안중근, 안창호, 김구 선생 등 독립운동가, 마이클 잭슨, 이승환, 서태지 등 가수, 스티브 잡스Steve Jobs, 빌 게이츠Bill Gates, 이건희 등의 기업가, 이소룡, 이순재, 안성기, 찰리 채플린Charles Chaplin, 조니 뎁Johnny Depp, 오드리 햅번Audrey Hepburn, 최민식 등 국내외 유명 배우, 박지성, 손흥민 등 운동선수까지 그의 유명인 피규어는 그 수만큼 다양한 분야를 망라한다.

배성훈 씨의 전공인 유명인 피규어는 모두 그의 손끝에서 최종 완성된 커스텀 피규어라는 것이 더욱 놀랍다. 30센티미터의 크기에 관절 마디를 모두 구부릴 수 있는 피규어들은 몸체와 머리를 따로 구입한 후, 인물별로 어울리는 의상과 소품을 해외에서 직접 구매하거나 따로 만들었다. 물론 디테일하고 힘든 것은 전문 의상 제작사에 맡기기도 한

다. 이렇게 모인 신발, 소품, 의상, 신체, 머리 등은 배성훈 씨가 체형에 맞게 손보고 입히고 만들었다. 수집보다 서너 배는 더 힘든 과정인 피규어에 옷을 입히는 과정은 배성훈 씨만의 피와 땀의 결과물이다. 그가 커스텀 피규어에 얼마나 많은 공을 들이는지는 커스텀 피규어를 제작하기 위한 별도의 방이 있다는 것으로 충분히 설명이 된다. 수많은 피규어 수집가 중에 직접 커스텀을 제작하는 사람은 극소수에 불과한데, 그중에서도 별도의 작업 공간을 가지고 있는 수집가는 손꼽을 수 있을 정도로 드물다.

야구 피규어를 수집하는 사람들 중에 커스텀을 하는 수집가를 본 적이 있는데 플라스틱이나 클레이 소재의 피규어를 자신이 원하는 선수의 피규어로 커스텀하는 것은 도색만 새로 하면 되지만 관절 마디를 모두 구부릴 수 있는 구체관절 인형을 커스텀하기 위해서는 그 인물과 부

수많은 피규어 수집가 중에 직접 커스텀을 제작하는 사람은 극소수에 불과한데, 그중에서도 별도의 작업 공간을 가지고 있는 수집가는 손꼽을 수 있을 정도로 드물다.

자신과 아내의 모습을 그대로 담은 미니미를 들고 있는 배성훈 씨. 그가 가장 아끼는 피규어는 아내에게 프러포즈용으로 제작한 커스텀 피규어다. 무려 1,300캐럿 모형 다이아몬드 반지를 아내에게 바치는 배성훈 씨의 모습을 담고 있다.

합하는 의상과 액세서리를 별도로 물색한 다음 인형의 크기에 맞게 자르고, 입혀주어야 하기 때문에 손이 많이 가는 작업이다. 섬세하고 예술적인 감각이 필요하기 때문에 커스텀 피규어를 제작하는 사람들을 피규어 아티스트라고 부른다.

배성훈 씨의 땀의 결정체인 유명인 피규어는 식당의 가장 눈에 잘 띄는 곳에 전시되어 있는데 생각지 못한 피규어의 순기능이 발휘되기 시작했다. 부모와 함께 대게를 맛보러 온 아이들이 유명인 피규어를 보고 질문을 던지기 시작한 것이다. "아빠, 저 사람은 누구야?"라는 질문은 내가 식당에서 배성훈 씨를 인터뷰하는 시간에도 여러 번 들렸고 아이들의 호기심어린 질문을 받은 부모들은 아이들의 지목을 받은 역대 대통령이나 독립 운동가들에 대한 설명을 열심히 하고 있었다. 유명인 피규어 덕택에 아이들이 역사적인 인물에 관심을 가지고 부모와 대화를 자연스럽게 나눈다는 것은 배성훈 씨가 미처 생각지 못한 긍정적인 효과였다.

유명인 커스텀 피규어로는 국내 최대의 소장가로 손꼽히는 배성훈 씨가 가장 아끼는 피규어는 그가 지금의 아내에게 프러포즈용으로 제작한 커스텀 피규어다. 무려 1,300캐럿의 모형 다이아몬드 반지를 아내 미니미(12인치 피규어)에게 바치는 배성훈 씨의 모습을 담았는데 프러포즈에 성공했음은 물론이다.

가 볼 만 한 피 규 어 & 토 이 카 페

카페 오블리크 서울시 성동구 성수동1가 656-766, 070-8811-0192

지하철 2호선 뚝섬역 5번 출구 바로 앞에 위치한 카페 오블리크는 피규어 수집가이자 피규어 제작업체 GNF Toyz 대표인 이중석 씨가 운영하는 카페다. 2015년 초에 카페를 오픈해 내부가 깨끗하고 조명에도 공을 많이 들여 카페라기보다는 전시장과 같은 분위기를 연출한다. 세 개의 실제 사이즈 아이언맨 피규어와 GNF Toyz에서 제작한 배트맨 'THE JOKER'가 인상적인 카페다.

루피&커피 경기도 성남시 중원구 광명로 362 / 031-741-0910

2014년 12월 기준으로 누적 판매량이 3억 8,000만 부를 넘으면서 《드래곤볼》을 제치고 만화책 역대 판매량 1위에 오른 《원피스》를 주요 테마로 하는 피규어 카페다. 카페 이름도 《원피스》의 주인공인 몽키 D. 루피의 이름을 따서 지었다. 《원피스》 이외의 피규어도 전시되어 있지만 8:2 정도의 분량으로 《원피스》 관련 피규어가 주를 이룬다. 《원피스》의 애독자라면 꼭 들러볼 만한 카페다.

카페닷 서울시 마포구 신촌로 16길 22 지하 1층 / 010-5621-3917

신촌역 인근에 있는 카페닷은 일반적인 피규어 카페가 아니라 플레이모빌 카페다. 카페 주인이 20여 년을 모아온 플레이모빌과 레고, 몇몇 피규어 등을 전시한 카페로 아기자기하고 귀여운 장난감들이 가득하다. 매월 첫째 주 일요일에는 플레이모빌 동호회 '플모랜드' 회원들이 소장하고 있는 제품들을 판매하는 벼룩시장도 열려, 더욱 다양한 장난감들을 구경하고 값싸게 구입할 수도 있다.

토이카페 누이구루미 서울시 동대문구 회기로 114 / 010-3131-8424

500여 점의 베어브릭이나 작은 아트 토이들이 가득한 카페 누이구루미. 작고 귀여운 장난감들을 수집하는 카페 주인이 꾸며놓은 장난감 세상이다. 커피나 차를 주문하면 주전자와 잔 위에 다양한 장난감들이 장식되어 나온다. 누이구루미는 장난감을 파는 매장 TOYBOOM도 함께 운영하고 있어 즉석에서 아트 토이의 구입도 가능하다.

틴토이, 그 투박함에 끌리다

'틴토이'라는
새로운 세상에 눈뜨다

군이 자신의 이름으로 '누똥바'라는 장난스러운 닉네임을 고집하는 그녀는 1982년생의 10년차 일러스트레이터다. 대학을 졸업하고 출판 작업을 많이 했다는 그녀는 자신의 인생관 즉 즐거운 삶을 위한 그림을 그리고 있고, 그림을 통해서 많은 사람들을 만나는 게 꿈이다. 그녀의 인생관과 예술관이 고스란히 반영된 아기자기하고 알록달록한 제품을 만들기도, 그림을 그리기도 한다.

어린 시절 그녀는 장난감에 별다른 관심이 없었다. 되레 본격적으로 그림을 그리고 일러스트 작업을 하면서 장난감에 조금씩 눈길이 가기 시작했다. 아무래도 보이는 것을 만들어내는 직업이다 보니 실용성보다는 디자인적으로 예쁜 것들을 선호하는 취향으로 바뀌면서 자연스레 아트 토이art toy를 비롯한 장난감의 세계에 눈을 뜨게 되었다고 한다. 게다가 장난치는 것을 좋아하고 남을 웃기는 것을 즐기는 성격 탓에 특이하고 희한한 물건들, 예를 들면 멍청해 보이는 안경이나 진지하게 눈을 부라리고 있는 사람, 실제 사이즈의 풍선 인형 등을 사 모으기 시작했다.

처음에는 작고 간단한 장난감들을 소소하게 가지고 있었지만 어느 날 폐업 사이트에서 틴토이를 싸게 파는 것을 발견했고 그 달 월급의 절반을 털어 양철 로봇 여러 개를 들이면서 그녀의 장난감 수집은 본격적으로 시작되었다.

누똥바 씨가 수집하는 틴토이는 1960년대 플라스틱이 장난감에 쓰이기 이전까지 주로 만들어졌던 장난감의 종류다. 실제로 1960년대 이전에 제작된 빈티지는 가격이 수백만 원대이며, 최근 다시 제작되는 복각판의 경우에는 크기에 따라 조금씩 차이가 있지만 30센티미터 정도의 로봇이 25~30만 원 정도다. 그리고 중국에서 만들어진 다소 부실해보이는 틴토이도 10~20만 원대의 가격으로 일본의 복각판보다는 싸지만 여러 개를 가지고 있기에는 가격 면에서도, 보관 측면에서도 굉장한 컬렉터가 아니고서는 부담스럽다.

그녀가 장난감을 입수하는 방법은 어떤 장난감을 어떻게 구하느냐에 따라 천차만별이다. 가령 최근 장난감 수집가들 사이에서 난리가 난 레고 심슨의 경우, 레고 공식 사이트를 통해서 업데이트가 올라오자마자 엄청나게 빠른 속도로 클릭을 해서 구해야 하는데 대부분 몇 분 내로 품절이 된다. 이 엄청난 압박을 이겨내고 출시되자마자 공식 루트를 통해 장난감을 구한 사람들을 수집가들은 '용자'라고 부른다. 오프라인에 물건이 들어온다는 첩보를 입수하면 장난감이 풀리는 당일 새벽부터 줄을 서서 사는 수집가들도 많은데 매장마다 판매 방식이 달라 한 사람당 사갈 수 있는 물건에 제한이 걸리는 경우도 많다.

이런 노력에도 불구하고 원하는 장난감을 구하지 못했을 때는 중고 사이트나 커뮤니티 사이트의 장터를 노리는 수밖에 없는데 이런 경우는 원래 물건 가격보다 웃돈을 줄 각오를 해야 한다. 요즘에는 우리나라에도 아트 토이 붐이 일어서 쿨레인스튜디오나 스티키몬스터랩 등의 아트 토이 브랜드들이 큰 반향을 일으키고 있다. 이런 곳들의 토이도 출시하는 당일에 동이 나는 경우가 대부분이다.

우리나라 사이트에서 구하지 못하는 희귀한 장난감들은 별수 없이 이베이나 일본 옥션 사이트를 들락거리는 처지가 되어야 하고 이 역시 다른 사람들이 판매 리스트에 장난감을 올리기만을 기다려야 하니 날마다 눈을 번쩍이며 클릭질을 하는 수밖에 없다. 대부분의 수집 취미들이 그렇지만 장난감을 좋아한다는 것 또한 꽤나 피곤한 일이다.

누똥바 씨의 경우 정말 가지고 싶은 장난

사람을 지칭하는 단어로는 잘 쓰지 않는 '똥'을 집어넣어 작가명을 만든 것만 보더라도 사람들은 그녀가 얼마나 장난기 넘치는 사람인지 짐작해내곤 한다.

미국의 어느 플레이모빌샵에 살던 해적 아저씨가 바다를 건너 홍대의 작은 작업실로 오기까지는 4개월의 시간이 걸렸다.

감이 생겼다면 이 모든 구매 과정의 스트레스를 이겨낼 만큼 좋아하는지를 생각해보곤 한다. 대부분의 경우 스트레스라기보다는 이렇게 좋아하는 장난감을 얻기까지의 노력들이 즐겁고 이를 통해 같은 취미를 가진 좋은 사람들을 많이 만나기도 했으니 행복한 일이라는 생각을 하는 편이다.

"찾으라,
그러면 찾을 것이요"

누똥바 씨의 작업실 사진을 보면 가장 눈에 띄는 것이 '플레이모빌'사의 실제 사이즈의 해적이다. 이것은 개인에게 판매하는 용도가 아닌지라 그녀의 작업실 한켠을 차지하기까지 우여곡절이 많았다.

독일의 플레이모빌처럼 시리즈로 나오는 유명한 장난감은 미국의 레고와 일본의 큐브릭, 베어브릭 등이 있는데 레고와 플레이모빌의 경우 약간의 조립이 필요하지만 큐브릭은 완제품이다. 또 큐브릭이나 베어브릭 등은 오로지 수집을 목적으로 나오지만 나머지 두 회사의 경우는 본래 목적이 아동용 장난감으로 출시되었다.

그녀는 사이즈가 큰 작품이나 물건들을 좋아하는 편인데 라이프사이즈 장난감은 디스플레이용으로 특수 제작된 경우가 대부분이고 개인 판매를 하지 않는다. 10년 전쯤 홍대 어느 가게에서 대형 플레이모빌을 봤고 그 뒤 그 정도 사이즈의 플레이모빌을 구하고 싶어서 백방으로 알아봤지만 판매 루트를 알 수 없었기에 절반쯤은 포기했었다.

그러다가 이베이를 알게 되면서 이 사이트를 통해 검색하면 언젠가 하나쯤은 괜찮은 제품이 나오지 않을까 싶어 수시로 이베이에 들어가 '라이프 사이즈 플레이모빌'을 검색했다. 하지만 라이프 사이즈의 플레이모빌은 잘 나오지도 않았을뿐더러 가뭄에 콩 나듯 올라오는 매물들도 상태가 좋지 않거나 국제 배송 불가라는 문구 때문에 구하지 못하고 좌절할 수밖에 없었다. 그 후 2년 정도를 매일같이 이베이 사이트에 출근 도장을 찍으며 들락거렸고 마침내 국제 배송을 하는 늠름한 해적 플레이모빌을 발견하게 되었다. 미국의 어느 플레이모빌 가게가 문을 닫게 되어서 이베이의 판매 리스트에 올라온 해적 아저씨를 겨우 찾아낸 것이다. 그녀는 자신의 '근성'을 높이 치하하면서 떨리는 손으로 거금을 결제했다. 파손 보험비만 30만 원 넘게 들었으니 남들이 보면 제정신이 아니라는 소리가 절로 나왔을 것이다. 게다가 구입한 제품이 실제로 누똥바 씨의 손에 들어오기까지는 장장 4개월이 걸렸다.

그런데 그보다 더 긴 시간이 걸려 받은 물건도 있다. 1960년대에 나왔던 양철 로봇의 복각판인데 일본의 메탈하우스사에서 나온 안테나 로봇 기어 버전이 그 장본인이다. 우리나라에는 틴토이를 전문적으로 취급하는 곳이 없기 때문에 장난감 사이트들의 작은 카테고리를 꼼꼼히 찾아야 겨우 원하는 제품을 만날 수 있고 마음에 드는 것을 발견했다 하더라도 이미 품절인 경우가 대부분이다. 외국 사이트의 경우도 사정은 비슷하다. 틴토이가 뭔지 아는 사람들은 많지만 그녀처럼 적극적으로 수집하는 사람은 없다 보니 즐겨찾기 속 사이트들을 몇 바퀴 돌아도 'sold out' 글자만 반기는 경우가 많다. 그러니 새 제품이 들어오기라도 할라 치면 통장의 잔고 사정은 이미 고려 대상이 아니고 일단 주문부터 하게 된다. 어쨌든 그렇게 주문을 넣었던 안테나 로봇은 빈티지한 민트 색깔이었는데 도

44

저히 그때가 아니면 구할 수 없다는 생각이 들어서 그녀가 주문을 넣자마자 품절이 되었다. 주문한 뒤 바로 품절 문구가 뜰 때의 그 쾌감이란 수집가만이 맛보는 즐거움이다. 약간은 이기적인 수집가들의 욕구와 원하는 물건을 얻게 된 즐거움이 뒤섞인 듯하다. 사실 다른 사람도 그 물건의 귀함을 알아줘야 컬렉터로서의 자부심이 샘솟지 않겠는가?

미국의 틴토이 사이트에서 민트색 안테나 로봇을 주문한 다음 날, 한 통의 메일을 받기 전까지 그녀는 만루 홈런을 친 홈런 타자처럼 득의양양했다. 하지만 그녀에게 도착한 메일의 내용은 전산착오가 있었으며 이미 그 장난감은 품절이었으니 다른 로봇으로 발송을 원하면 해주겠다는 것이었다. 수집가들은 누구나 알 것이다. 본인이 가지고 싶은 물건의 대체품이란 애초에 존재할 수 없다는 것을. '그' 특정한 물건이 가지고 싶은 것이지 비슷하거나 같은 종류의 다른 물건은 그냥 다른 물건일 뿐이다. 그녀는 다른 물건은 원하지 않으며 다른 해결책을 달라고 요구했다. 그녀의 요구에 판매자는 다시 공장에 오더를 넣어 제작을 해야 하고 더구나 6개월 이상의 시간이 필요하다는 답변이었다. 그리고 누뚱바 씨가 원하는 장난감을 다시 제작할지 확정되지도 않았으니 우선 기다려야 한다는 사정도 설명했다. 그러나 그녀는 시간이 얼마나 걸리든지 괜찮으니 우선 기다리겠다고 답장을 보낸 뒤 절망에 빠졌다. 하지만 그녀가 그 장난감을 주문했는지조차 까마득하게 잊어버릴 때쯤 국제 배송된 택배 박스가 그녀의 작업실에 도착했다. 기다린 보람은 있어서 민트색의 안테나 로봇은 그녀의 오랜 기다림이라는 고통을 일순간 날려버렸다. 주문을 넣은 후 이미 해를 넘긴 뒤였다. 이건 마치 '깜짝 선물'이라는 착각마저 들었다.

어느 날 폐업 사이트에서 싸게 파는 틴토이를 발견했고, 그 달 월급의 절반 정도를 털어 틴토이 여러 개를 구입하면서부터 그녀의 장난감 수집은 본격화되었다.

단순하고 투박한 매력을 지닌
틴토이

그녀가 가장 아끼는 장난감은 단연 사이즈가 가장 큰 디스플레이용 해적 플레이모빌이다. 장난감이라고 하기엔 사람 키만 한 것이라 부담스럽지만 작업실에 들이기까지 우여곡절이 많기도 했고 사람들이 그녀의 작업실을 생각할 때 제일 먼저 떠올리는 장난감이라 애착이 많다.

그 외에 수집한 장난감 중 딱 하나만 가져야 한다면 주저 않고 틴토이,

양철 로봇을 꼽는다. 그녀는 1960~1980년대의 도시 문화를 가장 좋아하며, 음악은 1980년대 미국 모타운 레코드의 흑인 소울과 디스코를 가장 자주 듣는데 틴토이 역시 이즈음 유행한 장난감이다.

1960년대에는 특이하게도 일본에서만 틴토이가 만들어졌다. 당시 전쟁에서 회복 중이던 일본이 여러 나라들을 착취하며 얻은 부의 황금기에 만들어진 아이들의 장난감이라 때론 미묘한 감정이 들곤 하지만 양철 로봇 특유의 투박한 분위기에 끌리는 것은 어쩔 수 없었다. 양철 로봇도 태엽을 감으면 걸어가는 놈, 주먹만 한 크기의 건전지를 넣으면 걷다가 연기를 뿜는 놈, 태엽이 다 풀릴 때까지 걸으며 양철 북을 치는 놈, 가슴에서 텔레비전 화면이 나오는 놈, 걷다가 얼굴이 갈라지면서 공룡 머리가 나오는 놈 등 그 종류와 모양이 다양하다. 투박하면서도 무식하게도 보이는 로봇들이 진득하게 에너지가 소진될 때까지 같은 표정으로 자기 할 일만 하는 모습이 귀엽고 또 애잔하다. 만일 명품 가방의 짝퉁을 가졌다면 스스로 왜 그렇게까지 해서 가짜를 들어야 하는가에 대한 자괴감이 들 것도 같은데 양철 로봇은 진품인 비싼 일본산 대신 중국판 짝퉁이라도 상관없다. 애초 양철 로봇은 허접스러움이 특징인지라 아무리 비싼 양철 로봇이라도 삐딱하게 기울어져 있기도 하고 걸을 때 균형이 맞지 않아 한쪽 방향으로만 걷기도 한다. 하지만 이런 허술한 맛 때문에 어떤 것들은 중국판이 더 진정한 양철 로봇같이 느껴질 정도다.

그녀는 틴토이 외에도 1960년대에 잠깐 발매되었던 빈티지 인형들도 좋아한다. 대표적으로는 타미가 있는데 지금의 미미 인형들과는 다른 샐쭉한 표정이나 튼튼한 다리, 복고풍 옷은 그녀의 가슴을 설레게 한다. 아마도 자신이 살아보지 못한 시대에 대한 로망 때문일 수도 있다.

"감기 조심하세요"라고 외치던 한 제약회사의 감기약 광고에서 본 듯한 복고풍 느낌의 인형 '타미'

어른들은
왜 안 되나요?

누똥바 씨 주변에는 장난감을 수집하는 사람이 많아서 서로의 수집품들을 구경하거나 새로 나오는 장난감 정보를 교환하기도 한다. 장난감에서 어떤 대단한 영감을 얻는다든지 그것을 토대로 작품을 만들고 싶은 마음은 없지만 바라보면 기분이 좋아지면서 스트레스를 잊을 수 있으니 장난감은 그녀에게 큰 영향을 주고 있는 셈이다.

또 그녀의 취향이 온전히 반영된 수집품들이니 친구들이나 가족들은 그녀의 수집품들을 보며 "꼭 너 같은 것들만 모은다"라는 우스갯소리를 하기도 하고 작업실 사진 등을 본 담당자들은 미팅 때 "작가님 컬렉션도 작품의 일부 같아요"라고 감탄하기도 한다.

그녀에게 장난감은 창작가로서의 정체성을 나타내는 중요한 상징물이다. 모든 수집가들이 수집에 취미가 없는 사람에게 모아둔 컬렉션을 소개할 때면 으레 '그래서 그건 얼마야?' 같은 질문을 듣곤 한다. 자신의 피와 땀으로 일궈낸 소중한 수집품을 단지 가격으로 산정하려는 지인을 만나면 수집가들이 맥이 빠지는 것은 당연하다. 전에 누군가가 그녀의 장난감을 망가뜨린 적이 있다. 돈으로 따지자면 1만 원짜리였을 뿐이다. 문제는 다시 구할 수 없는 물건이었고 설사 구한다 하더라도 그녀가 가지고 있던 그 추억이 담긴 장난감은 아니다. 하지만 이상하게도 사람들은 남의 집 도자기를 깨면 미안해해도 장난감을 망가뜨리면 미안해하지 않는다. "고작 애들 장난감인데 뭐 유치하게……" 같은 말로 얼버무리기 일쑤다. 그런 상황에서 화를 내면 꼭 아이처럼 떼를 쓰는 듯한 느낌마저 들기 때문에 이게 얼마나 자신에게 가치 있고 이로 인해 얼마나 큰 상실감을 느끼는지 구구절절 설명하는 말들은 그저 속으로 삼켜야 하는 것이다. 비슷한 이야기로 그녀에게 조카가 생길 무렵 언니와 전화 통화를 하다가 "이제 조카 태어나면 너 장난감 다 조카 거네, 맞지?" 하는 농담을 들은 적이 있다. 그녀는 웃으면서 절대 조카에게 장난감을 줄 생각이 없고 차라리 조카의 장난감들은 새로 사주겠다고 받아쳤지만 이때 역시 그녀의 취미와 취향을 부정당한 기분은 지울 수 없었다. 누군가는 이를 두고 나눌 줄 모르는 놀부의 소유욕이라고 욕할 수도 있겠지만 장난감 수집은 엄연히 그녀의 취미생활인데 그것을 인정하지 않는 태도가 그녀에게는 오히려 아쉽다.

다 큰 어른은 장난감을 가져선 안 되는 것인가? 미성숙의 증거인가? 알록달록 화려한 컬러는 아이들만의 전유물인가? 논하자면 한도 끝도 없는 이야기지만 이 세상에는 살아가는 사람의 수만큼 다양한 생각과 삶이 있다. 이 세상에 '꼭 그래야 한다'는 법은 없다. 할머니 옷장에 미니스커트만 가득할 수도 있고 남자가 하이힐을 수집할 수도 있으며, 다 큰 어른이 장난감을 모을 수도 있는 것 아닌가.

연필, 아날로그적 매력

다른 필기구에서는
느낄 수 없는 매력

게임 그래픽 디자이너로 일하며 문구류와 연필을 수집하는 이영은 씨. 그녀는 연필 수집 카페에서 '하양두부'라는 앙증맞은 닉네임으로 맹활약 중이다.

애초부터 연필을 좋아했던 그녀가 본격적으로 연필 수집의 길로 들어선 계기는 인터넷에서 문구류를 검색하다가 연필 수집 카페를 발견하면서부터였다. 연필 수집 카페에서 고수들의 연필 컬렉션을 감상하고, 희귀한 연필에 감탄하며, 열혈 수집가들의 연필 리뷰에 넋을 잃고 구경만 하다가 어느 날부터 책상 서랍을 들춰내어 그녀의 연필을 찾아내고 자세히 관찰하기 시작했다.

사실 그녀는 미술을 배우고 그림 그리는 것을 좋아해서 연필이 아주 없어지는 않았는데 그 종류와 수량은 적었다. 수집을 시작하기 전까지 그녀에게 연필이란 그저 필기를 하고 그림을 그리는 도구에 지나지 않았다. 따라서 각각의 연필이 가지고 있는 고유의 필기감이라든지 그립감 등의 세부적인 특성에는 관심이 없었다. 더군다나 초등학교 시절의 기억을 되살려 보면 연필이라는 것은 '어린아이'들이 사용하는 물건이고 나이를 먹어갈수록 '샤프펜슬'을 사용하는 것이 걸맞다는 생각을 무심결에 했다.

샤프펜슬과 볼펜을 사용하면서 자연스럽게 멀어졌던 연필은 그림을 공부하면서 새삼 다시 들게 되었는데 역시 연필이라는 물건은 하나의 도구였을 뿐이고 그림을 그리는 도구답게 꼭 필요한 경우에만 사용했다. 그런 그녀가 그림 작업에 필요한 문구류를 검색하다가 발견한 연필 수집 카페에 자주 드나들면서 '연필의 재발견'을 하게 되었다. 자신에게는 단순히 도구에 불과했던 연필을 많은 사람들은 하나의 애장품으로 여기고, 다양한 종류의 연필을 구비하며, 여러 가지 다른 연필의 특성을 고려하면서 사용하는 모습에 신선한 충격을 느꼈다. 그녀도 차츰 연필을 수집하게 되었고 누구보다 연필에 대해 열심히 공부했는데 연필이라는 물건이 가지고 있는 여러 가지 매력이 없었다면 그녀가 연필 수집가가 될 일은 없었다.

샤프펜슬을 사랑했던 그녀를 연필 수집가로 만든 연필의 매력은 뭘까? 그녀가 꼽은 연필의 첫 번째 매력은 나무로 만들어졌다는 점이다. 주로 플라스틱 소재인 샤프펜슬에 비해서 나무 특유의 향이 나고 (심지어 장미향이 나는 연필도 있다) 가벼우며, 특히 연필을 깎을 때의 느낌은 연필만이 가지고 있는 자랑거리다. 마치 서예가가 벼루에 먹을 갈 때 느끼는 감정과 비슷하리라. 그리고 이영은 씨는 연필과 종이와의 마찰음을 연필 생활의 즐거움 중의 하나로 말한다. 연필로 낙서하는 일을 즐기는 사람은 사실 뭔가를 쓰고 싶어서가 아니다. 연필과 종이와의 마찰 때문에 생기는 사각거리는 소리를 듣고 싶어서 낙서를 하는 게 대부분이다. 한밤중에 마음이 심란할 때 연필로 낙서를 하다 보면 어느새 누군가와 정다운 대화를 나누는 느낌이 든다. 마치 총을 쏘는 듯한 시끄러운 소음을 내는 키보드 소리와는 사뭇 다르다. 결과물도 그렇다. 컴퓨터의 화면에 남는 키보드는 저간의 사정은 온데간데없이 오직 마지막 결정만 남아 있지만 연필로 쓴 손글씨는 설사 지우개로 지우고 다시 쓰더라도 글을 쓴 사람의 인고의 흔적이 고스란히 남는다.

연필이 다른 필기구에 비해서 저렴하다는 것도 빼놓을 수 없는 장점 중 하나다. 물론 연필도 여섯 자루 한 세트가 무려 7~8만 원하는 '그라폰파버카스텔'이 있고, 상대적으로 값싼 볼펜이 아주 오랫동안 가장 저렴한 공산품의 자리를 차지하기도 했지만, 그래도 연필은 저렴한 필기구에 속한다. 특히 필기구를 좋아하는 사람이 눈독을 들이는 만년필에 비하면 더욱 그렇다.

이렇게 다양한 연필의 장점 중 이영은 씨가 가장 크게 꼽는 것이 연필의 닳는다는 특성이다. '닳는다'는 특성이야말로 다른 필기구가 흉내 낼수 없는 자랑거리다. 물론 샤프펜슬은 심이 닳고, 볼펜과 만년필은 잉크가 닳지만 연필처럼 필기구의 모양 자체가 변하지는 않는다. 연필은 심이 닳면서 길이가 짧아지는데 그 길이에 따라 다양한 그립감과 필기감을 갖는다. 그러니까 연필을 사용하는 사람은 연필 한 자루로 수십 가지의 다양한 느낌을 맛본다는 이야기다. 야구 선수는 배트가 부러질 때, 테니스

선수는 라켓 줄이 끊어질 때 묘한 쾌감을 느낀다고 한다. 마찬가지로 연필 사용자는 연필이 짧아져서 몽당연필이 되었을 때 어떤 성취감을 맛보게 된다. 이런 쾌감은 오직 연필 애호가만이 맛볼 수 있는 것이며, 실제로 이 몽당연필을 일부러 모으는 사람도 많다.

그 녀 의
연 필 수 집 생 활

연필을 수집하던 초기에 이영은 씨는 어떻게 하면 다양한 연필을 수집할 수 있을까를 생각했고 연필을 구할 수 있는 방법을 많이 연구했다. 굉장히 흔한 물건인 것 같아도 막상 사려고 하면 눈에 잘 띄지 않는 게 연필이다. 보통 대형 문구점에 가는데 이마저도 금방 밑천이 드러난다. 대형 문구점에서 더 이상 구할 수 있는 연필이 없으면 좀 더 다양하고 폭이 넓은 인터넷으로 쇼핑몰을 순례한다. 한동안 정신없이 온라인 쇼핑몰에서 연필을 수집해보지만 여전히 한계는 있기 마련이다.

이영은 씨는 2년 전 친언니와 일본 여행을 계획했는데 4박 5일의 일정 중에서 세카이도, 로프트, 이토야, 도큐핸즈, 돈키호테 등의 문구점을 열 곳 정도를 들렀다. 일본의 문화 유적지나 유명 관광지를 여행한 것이 아니고 문구점 투어를 다녀온 느낌으로 여행을 했다고 한다. 일본의 문구 시장은 한국에 비해서 규모가 큰 편이라 종류도 다양하고, 구경하는 재미도 있었다. 연필 시장도 커서 일본 연필 이외에도 한국에서는 수입하지 않는 세계 각국의 연필도 있고, 연필 관련 액세서리, 가령 연필 캡, 연필깎이, 몽당연필을 잡아주는 연필 홀더, 연필을 잡을 때 손을 편하게 만들어주는 연필 그립 등이 마구 그녀의 장바구니로 들어갔다. 심지어 연필을 깎는 전용 '칼'도 있었다.

그녀가 국내에선 여간해서 구하기 힘든 연필이 생기면 주로 사용하는 방법이 해외 인터넷 쇼핑몰을 이용하는 것인데 외국어의 장벽으로 한동안 고심하다가 최근엔 해외 구매 대행 사이트라는 구세주를 만났다.

다행히 최근 우리나라도 연필과 관련된 상품이 많이 생겨나는 추세라 이영은 씨와 같은 연필 마니아에게는 반가운 소식이다.

아무리 연필로 손글씨를 쓰고 그림을 그리는 것을 좋아한다지만 연필 한 자루를 몽당연필로 만드는 데는 꽤 오랜 시간이 걸린다. 더구나 연필은 보통 한 다스(12자루) 단위로 구입하는데 특히 수집가들은 한 번에 몇 다스씩 구매하는 경우가 흔하니 집안이 연필로 차곡차곡 쌓이기 마련이다. 책이나 우표처럼 수집을 한다는 개념이 보편적이지 않은 연필이 마치 겨울철을 대비한 장작처럼, 다람쥐가 겨우내 먹을 도토리를 모으듯 집안을 채우기 시작하면 가족들로부터 "연필을 장작으로 쓰려고 하느냐?", "삼 대를 물려줘도 다 못 쓰겠다"는 등의 핀잔을 듣기 마련이다. 그렇다고 집안을 말아먹을 취미는 아니기에 집안 식구들이 해외여행이라도 다녀올라치면 선물로 연필을 사다 주시곤 한다. 마치 딸아이가 좋아하는 특이한 음식 정도로 여기고 취향을 존중해주는 분위기다.

그렇지만 이영은 씨가 연필을 수집하는 원초적인 이유는 전시를 위한 것이 아니다. 단지 종류별로 모두 사용해보고 싶은 욕심 때문이다. 그래서 그녀는 가급적 연필을 많이 써보기 위해서 낙서도, 손글씨도 즐기며 심지어는 온라인에 글을 쓰기 전에도 연필 글씨로 먼저 써보는 버릇이 있

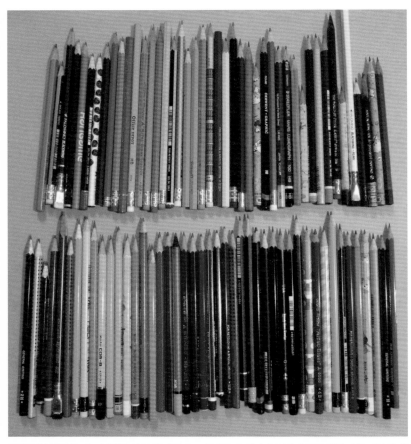

연필로 낙서를 즐기는 사람은 사실 뭔가를 쓰고 싶어서가 아니라 연필과 종이와의 마찰 때문에 생기는 사각거리는 소리를 듣고 싶어서인 경우가 대부분이다.

다. 뿐만 아니라 다양한 연필에 대한 느낌을 마치 예술 작품에 대한 감상평을 하듯이 노트에 필기한다. 그러나 이영은 씨는 이런 보편적인 용도로만 연필을 사용하는 것은 그동안 수집한 연필에 대한 예의(?)가 아니라고 생각하고 '연필로 할 수 있는 놀이'를 찾아나섰다.

연필로 하는
놀이

현재 그녀의 직업이 그래픽 디자이너라는 것을 감안하면 그림을 즐겨 그리는 것은 당연하겠지만 그녀의 그림은 앙증맞고 귀여워서 많은 사람들의 사랑을 받는다. 연필 수집 카페에서도 그녀의 게시물에 직접 그린 그림이 없으면 뭔가 허전하다는 불평이 있어서 포스팅할 때마다 그림을 한두 컷씩 올리기도 한다. 스케치야말로 연필의 가치가 가장 빛을 발할 때가 아닌가? 이영은 씨는 다양한 연필로 그 특성을 맛보면서 그림을 그리는 일상의 즐거움이 너무 좋다.

　연필로 하는 필사는 그녀의 또 다른 즐거움이다. 아이러니하게도 디지털 정보가 세상을 지배하는 요즘 오히려 아날로그 시대의 향수를 느끼게 하는 필사를 더욱 사랑하는 사람이 많다. 신을 믿는 사람에게는 신이 존재하듯이 필사의 위력을 믿는 사람에게는 분명 필사의 효과는 탁월하다. 소설가 신경숙은 소설 《외딴방》의 소재가 되는 공장 근로자로 일할 때, 멈춰선 컨베이어벨트에 앉아서 《난장이가 쏘아 올린 작은 공》를 필사한 덕분에 고통스러운 시절을 참았고, 어른이 된 듯한 느낌을 받았다고 한다. 아마도 소설가 신경숙을 '필사' 예찬론자라고 불러도 무방할 것이다. 눈으로 보는 것과 한 글씨 한 글씨를 직접 손으로 옮겨적는 것은 분명 느낌이 다르다. 책을 눈으로 읽는 행위가 비행기를 타고 가면서 풍경을 구경하는 것이라면 필사는 걸으면서 주위를 돌아보는 것이라고 할 수 있다. 눈으로 보는 글은 맛있게 요리된 요리를 눈으로 보고 군침을 흘리는 행위이지만, 필사는 그 음식을 한 입 가득이 넣고 씹으면서 그 음식을 음미

하는 것이다. 그러니까 이영은 씨는 동서고금의 좋은 책들을 연필이라는 황후의 찬으로 즐기는 셈이다.

필사 놀이는 엉뚱하게 '마모도 테스트'라는 또 다른 멋진 놀잇감을 그녀에게 선물했다. 사실 그녀가 가장 즐기는 연필로 하는 놀이는 '마모도 테스트'다. 이 놀이는 그녀에게는 놀이지만 다른 동호인들이나 애호가들의 입장에서는 '연필에 대한 연구나 논문'에 가깝다. '마모도 테스트'는, 동일한 노트와 연필깎이의 조건에서 정해진 기준까지 사용한 이후, 얼마만큼 심이 닳았나를 기록하는 일이다.

이영은 씨는 필사를 하면서 어떤 연필은 오래도록 사용해도 샤프펜슬처럼 날카로움을 유지하는 반면, 어떤 연필은 얼마 사용하지 않았는데 금세 끝이 닳아서 글씨가 뭉개지기 시작하는 것을 경험하며, 일련의 지표 같은 걸 만들어보고 싶어졌다.

그래서 필기할 때 많이 사용하는 HB 연필들을 써보기 시작했다. 테스트를 하면서 그간 연필을 사용할 때 느끼지 못하던 필기감이라든지, 같은 경도의 HB 연필이지만 회사별로 진하기의 차이라든지, 저가형 연필이라고 해서 금세 닳을 거라는 편견을 없애준 연필을 찾는 발견도 할 수 있었다. 오차는 분명 존재하겠지만, 단순한 궁금증에서 시작한 테스트였는데 어느 정도 결과들이 모이니 나름의 데이터베이스가 생긴 것 같아 뿌듯해한 기억이 있다. 물론 그녀는 새로운 테스트 대상이 입수되면 마모도 테스트를 하고 순위를 업데이트한다.

그녀가 연필로 하는 놀이 중 몽당연필 놀이도 빼놓을 수 없다. 연필을 오랜 기간 사용하다 보면 자연스럽게 '몽당연필'도 수집하게 되는데, 이영은 씨는 몽당연필이 하나씩 추가될 때마다 수집의 즐거움을 느낀다. 일

몽당연필은 사용하는 동안 생긴 상처에 도색이 벗겨져 허름해지는데 이영은 씨는 이것이 마치 오래된 예술 작품 같은 느낌이라서 오히려 좋아한다.

정 길이에 도달하게 되었을 때 그간의 사용한 정이 생겨서인지, 차마 버리지 못하고 하나둘 모아두었는데, 모이기 시작하니 오히려 몽당연필에 대한 애착이 생겨 버릴 수 없게 되었다. 몽당연필을 만드는 데는 꽤 오랜 시간이 걸려서 연필의 애호가인 이영은 씨도 2센티미터 가량의 길이로 만드는 데에 한 달에서 두 달 정도가 걸린다.

수 집 가 가
추 천 하 는 연 필

그녀는 연필이라면 무조건 좋아하지만, 그 안에서도 분명 호불호는 존재한다. 연필을 자주 사용하지 않는 사람들이 보기에는 다 똑같아 보이겠지만 분명 차이점이 있다.

이영은 씨와 같은 연필 마니아들은 부드러운지 사각거리는지를 나타
내는 필기감, 색상이나 지우개 유무로 따지는 외형, 마모도, 생산연도 등
의 연필을 평가하는 기준이 있으며 이 기준에 따라서 각자가 선호하는 모
델이 있기 마련이다.

이영은 씨가 가장 좋아하는 연필은 딕슨DIXON사의 '타이콘데로가TICON-
DEROGA'라는 지우개가 달려 있는 연필이다. 가격도 저렴하고, 무엇보다 외
형이 취향에 맞기 때문이다. 지우개가 달려 있는 연필을 선호하는 편이
아닌데, 이 연필은 연필과 지우개가 이어져 있는 금속 부분인 '패럴'의 색
상이 너무 예뻐서 좋아하게 되었다. 심지어 지우개 달린 연필도 좋아하게
만들어준 연필이기도 하다. 한때 국내 한 업체에서 타이콘데로가를 판매
하기도 했는데, 지금은 더 이상 생산하지 않고 있어 해외의 인터넷 쇼핑

'타이콘데로가'는 연필과 지우개가 이어져 있는 금속 부분인 '패럴'의 색상이 예쁘고 가격도 저렴해
이영은 씨가 가장 좋아하는 연필이다.

몰이나 아주 가끔 운 좋게 오프라인 상점에서만 구할 수 있는 게 아쉽다.

이영은 씨가 개인의 취향을 넘어 대중적으로 추천하는 연필은 두 가지인데 팔로미노사의 블랙윙과 파버카스텔사의 9000이다.

팔로미노 블랙윙 602 PALOMINO BLACKWING 602

에버하드 파버사에서 1930년대에서 1998년까지 생산한 블랙윙은 당대의 최고 건축가, 미술가, 작가, 만화가 등이 애용했는데 특히 노벨 문학상 수상자인 존 스타인백은 이 연필을 너무 좋아한 나머지 블랙윙을 찬양하는 노래를 직접 만들어 불렀다고 한다. 1998년 이후 생산이 중단되자 수많은 팬들이 이 연필을 구하기 위해서 혈안이 되었고 비싼 값에 거래가 되었다. 그러다가 2010년에 '팔로미노'사가 수많은 블랙윙 팬들의 기대에 부응해서 팔로미노 블랙윙을 세상에 내놨다. 검정과 진주색의 두 가지 색상으로 출시가 되는데 모두 독특한 매력을 발산하며 과거 블랙윙의 품질을 더 개선했다는 평이다. 이 연필은 스케치나 낙서를 즐기는 사

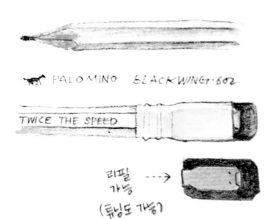

노벨 문학상 수상자인 존 스타인백은 블랙윙 602 연필을 너무 좋아해서 블랙윙을 찬양하는 노래를 직접 만들어 불렀다고 한다.

람들에게 이영은 씨가 추천하는 연필이다. 연필 치고는 가격이 비싼 편에 속하기는 하나, 진하고 극강의 부드러움을 선사한다. 패럴 모양이 붓 모양으로 특이하고 지우개가 따로 분리되어 지우개를 다 사용하고 나서도 리필이 가능하다. 그립감이 지우개로 조금 치우친다는 평이 있으나 금방 익숙해지니 당황할 필요는 없다. 연필 혹은 샤프 뒤에 있는 지우개를 잘 사용하는 사람들에게도 추천하고 싶은 연필이다. 리필용 지우개를 따로 구매하지 않고 각자 좋아하는 지우개를 잘라서 사용할 수 있다는 것이 또 다른 장점이다.

파버카스텔 FABER-CASTELL 9000

1905년에 이 세상에 나온 녹색의 육각형 연필의 시초가 되는 역사적인 연필이다. 많은 연필 애호가들은 이 연필을 디자인이 수려하다고 평가한다. 질리지 않는 색상에다 그립감이 좋아서 누구나 좋아할 만한 연필이다. 파버카스텔사의 9000 연필은 필기용으로 추천하는 연필인데 가격에 비해 마모도가 강한 편이라 경제적이기도 하고, 흑연 날림이 심하지 않아 깔끔한 필기가 가능한 연필이다. 연필 카페에서도 입문자용으로 가장

지우개가 달린것도 있다

파버카스텔 9000은 가격에 비해 마모도가 강한 편이라 경제적이기도 하고, 흑연 날림이 심하지 않아 깔끔한 필기가 가능하다.

많이 추천하는 연필이다. 더구나 심이 여간해서는 잘 부러지지 않는다.

　이영은 씨는 연필을 상자나 보관함에 담아두지 않고 일부러 쌓아놓는다. 언제나 눈에 보이도록 하기 위해서다. 차곡차곡 한쪽 벽면에 있는 책장에 정리해두었지만 몇 번씩 만지작거리다 보면 금방 다시 어지러워진다. 그래도 이 공간이 이영은 씨에게는 생활하며 가끔씩 들여다보면서 기분 전환을 하는 최고의 장소다.

　연필 수집을 시작한 지 4년 정도가 되어가니 초반에 느끼는 조급함은 사라지고 조금은 여유로운 단계로 접어들었다. 무작정 채워놓는 기쁨보다 비워진 자리를 조금씩 채우는 느낌으로 수집해나가고 싶다는 것이 이영은 씨의 마음이다.

66 수집은 역사의 훼손에 맞서온 유일한 무기다 **99**

Part 2
역사를
수집하다

'야구'의 감동과 역사를 수집하다

야 구 와 함 께 한
어 린 시 절

1982년 내가 중학교에 다닐 때 온 국민의 기대를 안고 프로야구가 탄생
했다. 사실 프로야구가 탄생하기 이전에도 야구는 가장 인기 있는 운동이
어서 당시에는 많은 사람들이 고교 야구에 열광을 했다. 프로야구의 탄생
은 구경하는 운동이 아닌 실제로 하는 운동으로의 전환을 가속시켰다. 지
금도 기억이 생생하다. 7,000원짜리 야구 글러브를 사고는 설레어서 잠
을 이루지 못했던 중학생 시절의 어느 날 밤을 말이다. 내 인생 처음으로
설레서 잠을 못 이룬 게 그날 밤이었다.

　프로야구의 탄생은 동네 야구의 수준도 한층 향상시켜서 동네 야구의
룰에 이미 '피짜 뽕'이라고 불렀던 '보크'를 적용시켰고, 심지어 중학생

꼬맹이 투수들이 '맞춰서 잡는' 투구를 시도했다. 장비를 준비하지 못하는 학교에서는 종이컵을 겹겹이 접어서 야구공을 대신했고, 골목에서 주운 막대를 야구 방망이로 삼았다. 당시에는 지금처럼 실밥이 있는 정식 야구공은 구경조차 못했고 대신 문구점에서 파는 연식공(고무로 만든 물렁물렁한 공)이나 경식공(연식보다는 조금 더 딱딱한 공)을 주로 사용했다. 그것마저 없으면 테니스공이나 심지어 탁구공으로 야구를 즐겼다. 탁구공의 매력은 변화무쌍한 변화구를 누구나 구사할 수 있다는 것인데 잘 찌그러지는 게 흠이었다.

나와 동갑인 박은식 씨는 많은 부분에서 야구에 대한 추억을 나와 공유한다. 하지만 내가 머릿속에 추억만 간직한 반면 그는 야구에 관련된 기념품을 잔뜩 수집해서 추억을 간직한다. 특히 메이저리그 야구 기념품에 관한한 국내에서는 그를 따라갈 사람이 없을 것이다.

박은식 씨는 내가 테니스공이나 탁구공으로 야구를 즐기던 중학생 시절, 이미 당시엔 귀한 물건이었던 포수 미트와 마스크를 구비하고 경기했으며, 동네에 야구팀을 꾸릴 수 있을 만큼 아이들도 충분해서 제대로 된 야구를 일찍 접했다.

동네 야구를 전전했던 박은식 씨는 대학에 입학하면서 좀 더 체계적인 야구를 하게 된다. 온갖 동아리들이 간판을 차려놓고 지나가던 신입생들을 유치하려고 애쓰는 학기 초, 그는 가장 멋지게 보였던 야구 동아리에 가입 신청을 했다. 운동장에서 테스트까지 거친 후에야 당당히 야구 동아리에 입회할 수 있었다. 야구 동아리의 경험은 나중에 그가 미국의 명문 구단이자, 박찬호와 류현진의 소속팀으로 대한민국 국가대표팀이 되어버린 'LA 다저스'와의 인연이 닿는 계기가 되었다.

나와 동갑인 박은식 씨는 많은 부분에서 야구에 대한 추억을 공유한다. 하지만 내가 머릿속에 추억만 간직한 반면 그는 야구에 관련된 기념품을 잔뜩 수집해서 추억을 간직한다. 특히 메이저리그 야구 기념품에 관한한 국내에서는 그를 따라갈 사람이 없을 것이다.

메 이 저 리 그 의
역 사 를 수 집 하 다

흔히 야구를 인생에 비유한다. 누구든지 인생에서 2~3번의 기회가 있듯이 야구 경기 9회를 하는 동안 양 팀은 2~3번의 기회를 가지기 마련이다. 물론 타자가 홈런을 쳐서 오로지 자력으로 점수를 얻기도 하지만 대부분은 선행 타자가 진루해야 다음 타자가 안타를 쳐서 점수를 낼 수 있다. 박은식 씨는 자신의 안타로 미국에 진출했고 지인들의 도움으로 상상하지 못한 행운을 만났다.

일리노이 주립대학교에서 비즈니스를 전공한 그는 석사 과정을 스포츠

매니지먼트로 정해서 뉴멕시코 주립대학교로 진학했다. 그가 뉴멕시코 주립대를 선택한 이유는 야구 동아리 선배가 그 학교에서 역시 같은 전공으로 박사 과정을 밟고 있었기 때문이다. 박은식 씨는 스포츠 매니지먼트를 공부해서 영화 〈제리 맥과이어〉의 톰 크루즈Tom Cruise 같은 스포츠 에이전트가 되거나 귀국해서 교수가 되고 싶었다. 그러던 중 어느 날 박사 과정의 선배가 연락을 해서 삼성 라이온즈가 플로리다에 위치한 LA 다저스 스프링 캠프에 전지훈련을 하러 오는데 통역을 해보지 않겠느냐고 제의를 해왔다.

그때가 1997년 초였고 그에겐 꿈과 같은 일이었다. LA 다저스 스프링 캠프에서 무려 두 달 동안이나 평소 동경하던 삼성 라이온즈 선수들과 숙식을 함께하면서 지내게 되

박찬호 선수가 다저스에서 활약할 때 함께했던 동료 선수들의 사인볼(위에서부터 노모 히데오, 마이크 피아자, 에릭 케로스)

었다. 대구가 고향인 박은식 씨에겐 더욱 더 큰 행운이었다. 스프링 캠프에서 그에게 주어진 임무는 삼성 라이온즈의 타격 코치와 LA 다저스 타격 코치의 대화를 통역하는 일이었는데 당시 삼성에서는 양준혁이 최고의 선수였고 다저스에는 박찬호 선수를 비롯해 노모 히데오Nomo Hideo, 마이크 피아자Mike Piazza 그리고 거포인 에릭 케로스Eric Karros 등이 있었다. 물론 토미 라소다 감독과도 함께 지내게 되었다.

졸지에 야구팬이었다가 한국과 미국을 대표하는 팀과 동고동락하게 된 그는 어느 날 식당에서 우연히 마이크 피아자 선수를 발견했다. 잽싸게 사인을 받을 야구 배트를 가지러 방에 다녀온 사이에 피아자는 자리를 떠나버렸다. 그는 포기하지 않고 기어코 그의 사인을 받기 위해서 며칠 동안 아예 배트를 들고 다녔다. 물론 결국 그는 마이크 피아자의 사인을 받았다.

당시 캠프 내의 또 다른 유명 선수는 특유의 투구 폼 때문에 토네이도라는 별명을 가진 일본인 투수 노모 히데오였는데 그의 방으로 일부러 사인을 받기 위해서 찾아갔다. 노크를 하자 노모 히데오가 아닌 그의 매니저가 나왔다.(당시 노모 히데오는 영어를 구사하지 못했다) 매니저가 "지금은 노모 히데오가 휴식 중이니 사인을 해줄 수 없다"고 말하는 순간 인기척 때문에 사정을 눈치 챈 노모 히데오가 나와서 사인을 해주었다고 한다.

그리고 스프링 캠프에 자전거를 타고 다니면서 선수들과 직원들에게 항상 웃는 얼굴로 인사를 하던 노인이 있었는데 나중에야 그 노인이 당시 다저스의 구단주이자 직접 박찬호 선수의 스카우트를 지휘한 것으로 알려진 '피터 오말리Peter O'Malley'라는 사실을 알게 되었다. 박은식 씨는 그가 지나가기를 기다렸다가 용케도 야구 배트에 사인을 받았다.

삼성 라이온즈 재킷과 바꾼 1984년 다저스 주축 선수들의 사인이 담긴 야구공

　그의 야구 기념품 수집의 경로는 다양해서 한번은 캠프 내의 청소를 하는 직원을 알게 되었다. 그는 박은식 씨가 즐겨 입던 삼성 라이온즈의 재킷이 멋지다고 감탄을 했는데 그런 그에게 삼성라이온즈 재킷을 트레이드 미끼로 내세웠다. 재킷의 대가로 그 직원은 1984년 다저스의 주축 선수들이 모두 사인한 볼을 제시했다. 이 말도 안 되는 트레이드를 냉큼 성사시킨 박은식 씨는 그 볼을 지금도 소중히 간직한다.

　박찬호 선수와의 추억도 잊을 수 없는데 저녁 시간이면 그와 당구도 치고 이런저런 대화도 많이 나누었다. 박찬호 선수는 소탈해서 마이너 시절 지역의 유학생들과 식사도 자주하고 잘 어울렸다고 한다. 캠프에서도 그는 유명한 선수라고는 믿기지 않을 만큼 수수하고 겸손했다. 물론 박찬호 선수의 사인볼도 많이 받았는데 주위 사람에게 모두 나눠주는 바람에 정작 박은식 씨는 하나도 가진 게 없다.

캠프를 방문한 록그룹 이글스의 기타리스트와 즐거운 한때를 보내기도 하고 회를 굉장히 좋아하는 양준혁 선수와 함께 백인천 감독 몰래 바다낚시를 즐기는 즐거운 한때를 보낸 박은식 씨는 그다음 해에 전공을 스포츠 매니지먼트에서 치료 레크리에이션으로 바꾸고 학교도 뉴욕 대학교로 옮겼다.

석사 학위를 취득한 그가 처음 일하게 된 곳은 에이즈 환자를 관리하는 비영리 의료 기관이었고 여기서 그는 에이즈 환자들과 7년을 함께 보냈다. 당시 그 의료 기관에서 지낸 에이즈 환자들은 주로 마약을 할 때 주삿바늘을 나누어 사용해서 감염된 환자들이 많았다. 한마디로 뉴욕의 밑바닥 인생을 전전하며 전과자가 된 흑인이나 히스패닉이 대부분이었다.

이 에이즈 환자들과 친하게 된 계기도 야구였다. 일주일에 두 번씩 병원 옆에 있는 공원에서 그들과 소프트볼을 즐겼는데 그들의 상당수는 사회생활을 제대로 해본 적도 없을뿐더러 심지어는 단체 운동도 처음이었다. 그래서 글러브를 끼는 방법조차 모르는 그들을 조금씩 가르쳤고 3년째 되는 해에는 다른 팀과의 경기에서 전승을 하는 기적을 맛보았다.

9·11 사태를 눈앞에서 목격한 그는 맨해튼을 떠나기로 결심하고 뉴욕주의 공무원이 되었는데 발령 대기를 하고 있는 도중에 뉴욕 주에 하나밖에 없는 여자 중범죄자들을 위한 교도소에서 1년 동안 근무를 하게 되었다. 치료 레크리에이션을 전공한 그는 수천 명의 중범죄자 중에서도 가장 중범죄자인 15명을 치료해야 했다. 그들과 함께 운동이나 게임을 하면서 친하게 지내던 중 뉴욕 양키스의 수호신이라 불리는 마무리 투수 '마리아노 리베라Mariano Rivera'가 방문했다. 리베라는 직원들과 사진도 찍고, 사인볼도 선사하며 모범 죄수와의 만남도 가졌는데 기부하는 미국의 문

화와 야구라는 운동의 위대함을 실감한 기회였다.

그는 현재 뉴욕의 홈헬스케어 회사에서 노인들을 보살피는 업무를 맡고 있다. 그가 일하는 직장에서 지하철로 한 정거장이면 뉴욕 메츠의 홈구장이다. 한국인 메이저리거인 류현진 선수가 원정을 오는 날이면 그는 야구장으로 향한다. 물론 사인볼을 받기 위해서 갖은 노력을 하고 류현진의 멋진 플레이를 즐기기도 한다. 그리고 또 다른 한국인 메이저리거인 추신수 선수가 양키스와 경기를 할 때도 뉴양키 구장으로 간다. 추신수도 물론 반갑지만 양키스를 대표하는 데릭 지터Derek Jeter의 사인볼을 받겠다는 야망을 품고서 말이다.

뉴욕 메츠 골수팬이자 수집가
토니 김

국내에서 야구 고수가 가장 많고, 골수팬이 많은 한 야구팬 사이트에서 '야구에 미친 한 사람의 수집품'이라는 글을 우연히 보았다. 글을 보니 과연 야구팬이라면 지옥에까지 달려가 구하고 싶은 희귀한 수집품들이 가득했다. 전 세계에 단 하나뿐인 한정판 야구 카드와 뉴욕 메츠를 대표하는 야구 스타의 사인이 되어 있는 야구 기념품들의 화려한 목록은 야구팬들의 부러움을 사기에 충분했다. 그 게시물의 주인공은 토니 김이었다.

미국 시민권자이고 현재도 미국에 거주하는 토니 김이 미국의 4대 스포츠 중의 하나인 야구에 빠지는 것은 이상한 일이 아니다. 그런데 30개의 팀 중에 뉴욕 메츠의 팬인 것은 조금 의아했다.

뉴욕이라는 미국 최대의 도시를 연고지로 둔 팀이긴 하지만 뉴욕 양키스라는 인기 구단에 가려져 비인기 구단의 설움을 당하고 있는 뉴욕 메츠 야구팀의 골수팬 토니 김.

LA 다저스나 텍사스 레인저스처럼 한국 출신 선수가 뛰고 있지도, 뉴욕 양키스나 보스턴 레드삭스처럼 인기 구단도 아닌데 왜 하필이면 뉴욕 메츠 팬이 되었을까? 더구나 뉴욕 메츠의 경기를 보기 위해서 서부(LA)에서 동부(뉴욕)로 직장까지 옮긴 것은 일반인으로서는 이해하기 힘든 부분이었다.

뉴욕 메츠는 뉴욕이라는 미국 최대의 도시를 연고지로 둔 팀이긴 하지만 뉴욕 양키스라는 인기 구단에 가려진 비인기 구단이다. 대도시인 시카고를 연고지로 함께 두면서도 대한제국 순종 2년(1908년)에 마지막으로 우승한 시카고 컵스에 밀려 비인기 구단을 면치 못하고 있는 시카고 화이트삭스와 더불어 굴욕적인 비인기 팀이다. 가만히 생각해보니 뉴욕 메츠는 시카고 화이트삭스에도 한 수 밀린다. 왜냐하면 국내에서 시판되는 메이저리그 모자 중에서 화이트삭스 어센틱 모자는 디자인이 멋지기로 소문이라도 났기 때문이다. 그런데 대체 무엇이 토니 김을 뉴욕 메츠의 팬으로 만들었을까?

이 질문에 대한 대답을 얻기 위해서는 1969년으로 거슬러 올라가야 한다. 당시 거의 무너뜨리기 불가능한 팀으로 여겨졌던 볼티모어 오리올스와 뉴욕 메츠의 월드시리즈는 누구나 볼티모어의 우승을 의심치 않았다. 그러나 기적적으로 뉴욕 메츠는 볼티모어를 꺾고 우승했다. 더구나 당시 뉴욕 메츠는 창단한 지 겨우 7년밖에 되지 않은 신생 구단이었다. 그 전까지 야구에 전혀 관심 없던 토니 김은 우연한 기회에 1969년 월드시리즈 경기 영상을 보고 '야구라는 것이 이렇게 극적인 운동이구나!'라는 감탄과 함께 뉴욕 메츠라는 팀에 대해서 공부를 시작했다. 1969년 메츠의 우승은 'Miracle Mets' 혹은 'Amazing Mets'라는 별명과 함께 야구 역사에 길이 남는 역사적 순간이었다. 지금은 상상할 수 없는 풍경이지만 메츠의 우승 확정 후 그라운드에는 우승을 만끽하는 메츠의 팬들로 가득 찼다. 당시의 메츠 팬들의 감동과 기쁨이 얼마나 컸는지 잘 보여주는 장면이다.

그가 메츠의 팬이 된 다른 이유는 메츠의 홈구장인 시티 필드의 현대적이고 쾌적한 시설도 빼놓을 수 없다. 지은 지 얼마 되지 않아서 스크린도 많고 가족들과 함께 관전하기에 매우 쾌적한 시설을 자랑한다. 토니 김의 뉴욕 메츠에 대한 사랑과 수집 활동은 도전 정신과 가족애가 바탕이 되어 있는 셈이다. 그런 이유로 토니 김의 수집 품목의 가격은 산정될 수 있지만 그의 인간에 대한 따뜻한 사랑은 돈으로 매겨질 수 없다.

토니 김의
영웅과 보물

'톰 시버 노히터Tom Seaver - No Hitter 기념 카드'는 그가 가장 아끼는 애장품이다.

'톰 시버'는 메츠의 전설적인 투수이자 메이저리그 역사상 가장 높은 표로 명예의 전당에 오른 선수이고 그의 노히터 기념 카드는 전 세계 한 장뿐인 카드라서 토니 김에게는 더욱 소중하다. 메츠 역사상 최고의 선수로 추앙받지만 아쉽게도 메츠에서 뛸 때는 노히트 게임을 달성하지 못하고 신시내티 소속으로 노히트 게임을 해냈다. 그래서 당연히 유니폼도 신시내티인데 멋진 친필 사인과 그 당시 입었던 신시내티 유니폼 조각이 함께 들어 있다. 톰 시버의 카드를 구하지 못해서 애를 태울 당시 토니 김은 톰 시버의 카드만 구한다면 카드 수집을 그만두어야겠다고 작정했다고 한다. 토니 김은 도박하는 심정으로 카드를 구입했는데 톰 시버의 전 세계 한 장 한정카드가 나와서 도시 한복판에서 미친 사람마냥 소리를 질렀다. 그에겐 로또에 당첨되는 것과 다름없는 행운이었다.

현재 뉴욕 메츠의 캡틴이자 여섯 번의 올스타 선정에 빛나는 데이비드 라이트David Wright의 전 세계 한 장 한정 카드는 그의 귀중한 컬렉션이다. 그는 데이비드 라이트의 전 세계 한 장 한정카드를 여러 종류를 소장 중이고 PSA 등급에서 만점에 가까운 9점을 받은 카드도 소장 중이다. 이외에도 메이저리그를 대표하는 강타자 앨버트 푸홀스와 헨리 라미레즈의 전 세계 아홉 장 한정 친필 사인 카드, 바닥권을 헤매는 뉴욕 메츠의 성적에도 불구하고 메츠 야구를 계속 보게 만들 정도로 완벽한 해설을 자랑하

토니 김은 전 세계에 한 장 밖에 없는 톰 시버의 노히터 기념 카드를 갖게 되었을 때 도시 한복판에서 미친 사람마냥 소리를 질렀다.

는 메츠의 해설자 게리 코언Gary Cohen의 자필 서명 사진, 그가 가장 아끼는 물건 중의 하나인 데이비드 라이트가 2004년 시즌 성적을 직접 써준 야구 배트를 빼놓을 수 없다. 그 배트에는 데이비드의 2004년 시즌 성적인 타율(3.06)과 홈런 개수(27개), 타점(102)이 선명히 쓰여 있다.

　　토니 김에게는 세 명의 영웅이 있는데 토니 김의 아버지와 톰 시버, 데이비드 라이트를 꼽는다. 그가 야구 선수인 톰 시버와 데이비드 라이트를 영웅으로 삼는 것은 물론 그들이 야구를 잘하는 이유도 있겠지만 인성이 좋고 사회적으로 모범이 되는 롤모델이기 때문이다. 데이비드 라이트는 돈의 전쟁인 메이저리그라는 전쟁터에서 팀을 위해 희생하는 마인드가 남다르다. 어린 시절부터 메츠의 팬이었던 그가 메츠의 선수로 영원히 남겠다며 만족스럽지 못한 대우에도 불구하고 장기 계약을 순순히 체결한 일도 그의 인간적인 면모를 짐작케 한다. 그리고 토니 킴을 비롯한 메츠 팬들의 감동을 준 사건은 또 있었다. 메츠의 투수가 상대편의 중심 타자를 맞추자, 의례적으로 상대 투수가 메츠의 간판 타자인 데이비드 라이트에게 보복을 할 것으로 충분히 예견된 상황이었다. 팀의 간판 타자가 빈볼을 맞으면 상대편 간판 타자에게 보복구를 던지는 것이 메이저리그의 관례이기 때문이다.

메츠의 코칭 스태프는 팀의 중심인 데이비드 라이트를 보호하기 위해 데이비드 타순 때 다른 선수로 교체하려고 했다고 한다. 그런데 데이비드 라이트는 자신을 교체하려는 코칭 스태프에 "맞으면 내가 맞아야지 왜 죄 없는 젊은 선수들이 맞아야 하느냐"라고 따지면서 교체를 거부한 일화는 팬들로 하여금 무한 애정을 가지게 한 계기가 되었다.

그래서 그가 톰 시버와 데이비드 라이트의 카드에 열광하고 소중히 소장하는 것은 어쩌면 당연한 일이다. 그가 그토록 추앙하는 데이비드 라이트가 자신이 사용하는 야구 방망이에 직접 자신의 시즌 성적을 적은 방망이는 그 무엇과도 바꿀 수 없는 보물이다.

데이비드 라이트가 2004년 시즌 성적을 직접 써준 야구 배트와 사인볼. 타율(3.06)과 홈런 개수(27개), 타점(102)이 선명히 쓰여 있다.

MLB 야구 카드

미국의 야구 카드 문화는 우리에게 생소하고 낯설다. 지난해부터 국내에서도 프로야구 카드가 '슈퍼스타 베이스볼 카드'라는 이름으로 발매되고 있긴 하지만 아직 우리 사회에서는 생소한 풍경이다.

MLB 야구 카드는 다양한 종류가 있는데 선수 사인만 있는 일반 카드를 비롯해서 그 선수의 친필 사인이 들어 있는 카드, 그리고 그 선수가 실제로 경기에서 입었던 유니폼의 조각을 넣은 카드도 있다. 이런 식으로 선수의 유니폼 조각이나 사인이 들어 있는 카드는 대부분 한정판으로 제작을 한다. 그런데 이 한정판 카드에 붙이는 재료는 정말 다양하다. 유니폼 조각을 비롯해서 방망이 조각, 야구공 조각뿐만 아니라 심지어는 그 당시 선수가 올랐던 마운드의 모래가 들어가 있기도 하다. 그리고 이미 고인이 된 베이브 루스 같은 전설적인 스타들의 경우에는 사인을 받을 수 없기 때문에 그 선수가 예전에 계산해줬던 영수증을 카드에 오려 붙여주는 경우도 있다고 한다.

MLB 야구 카드 중 가장 가치 있는 것은 전 세계에 단 한 개뿐인 한정판이다. 단 하나만 제작한 유일무이한 아이템이라는 말이다. 이 카드는 물론 최고의 퀄리티를 보장하며, 재질도 나무나 심지어 금속으로 된 카드도 존재한다.

이 야구 카드는 '랜덤' 방식으로 판매하기 때문에 본인이 원하는 카드를 골라서 구입할 수 없다. 어떤 것은 수십 달러를 주고 샀는데 인지도도 없고, 특별한 부속물이 들어

토니 김이 소유한 데이비드 라이트의 사인이 담긴 루키 카드와 뉴욕 메츠를 대표하는 유망주 카드

두 차례 사이영상을 수상한 요한 산타나 카드와 2013년 메이저리그에 진출한 류현진 루키 카드(전 세계 15장 한정판으로 류현진의 친필 사인이 된 카드).

있지 않은 카드도 있다. 그럴 경우는 수십 달러를 그냥 허공에 날리는 것과 다름없다. 소장용(수집용) 카드는 대부분 인증 기관에 보내서 등급Grade Service을 받는데 이 인증 기관의 신뢰도와 명성에 따라 수집품의 가격에 영향을 주기도 한다. 야구 카드의 등급은 인쇄 상태, 사각 모서리의 보존 상태, 카드 중심에 잘 인쇄된 정도를 토대로 최고 10점까지 받을 수 있다. 점수와 함께 카드가 밀봉돼서 오는데 만점인 10점을 받으면 카드의 가치는 엄청나게 상승한다.

대략 스타급 선수의 유망주 시절 카드가 가장 비싸고 루키 카드, 선수 옷과 사인이 담긴 카드, 카드에 선수의 친필 사인이 있는 카드의 순서로 가치가 있다. 스타급 선수의 유망주 시절의 카드는 그 가격이 수십만 달러에 달하는 것도 있다.

뉴욕에서

메츠의 팬으로 살아간다는 것

LA 쪽에서 이민 생활을 하던 그는 뉴욕 메츠 야구 기념품을 수집하는 데 한계가 있어서 모든 것을 버리고 뉴욕으로 이사를 왔다. 그리고 그가 뉴욕에 와서 제일 먼저 한 일은 메츠의 홈구장인 시티 필드를 방문한 것. 그러나 압도적으로 많은 수의 양키스 팬에 비해서 메츠의 팬은 극소수에 불과했다. 더구나 뉴욕에서 메츠 팬과 양키스의 팬은 서로 앙숙일 정도로 사이가 나빠서 시비가 자주 붙는데 메츠 모자만 쓰고 다녀도 양키스 팬과 싸움이 날 정도라고 한다. 메츠 팬의 입장에서야 양키스는 선수 영입에 천문학적인 돈을 쓰는 '악의 제국'이지만 양키스는 역시 전국구 스타 구단이다. 그에 비해서 소수인 메츠 팬들은 서로에 대한 유대감과 결속력이 대단한데 길을 걷다가 메츠를 응원하기 위해서 서부에서 이사를 온 토니 김의 사연을 듣기라도 하면 처음 본 사이라도 허그를 할 정도다. 메츠 팬

뉴욕 메츠 선수들의 사인볼(요한 산타나, 데이비드 라이트, 톰 시버, 트레비스 다노 등)

EXCELSIOR GATE: LF GATE

CLUB ACCESS:

A

REDS AT METS
CITI FIELD
GAME 5
SAT, APR 5, 2014 1:10PM
ACELA · CAESARS · PROMENADE CLUB

327

4

11

$19.00

327

4

11

$19.00

21074460   BTREET   6715622

ADMIT ONE SUBJECT TO CONDITIONS ON BACK HEREOF   NO REFUND · NO EXCHANGE
TICKET PRICE AND RELATED FEES INCLUDE ALL APPLICABLE STATE SALES AND USE TAXES

처음 뉴욕으로 이사 와서 관람한 시티필드 야구장 티켓

이 되어주어서 너무 고맙다는 이야기다. 그러고 보니 서재응 선수가 메츠
의 선발 투수로 활약할 당시 경험한 일화도 있다. 서재응 선수가 시내의
음반 가게에 들렀는데 주인이 이제 겨우 풋내기 선발 투수인 자신을 알아
보더라는 것이다. 게다가 CD를 선물했다고 한다. 지금 생각하니 그 음반
가게 주인의 선물도 그냥 보통 선물이 아닌 메츠 팬의 끈끈한 정에서 나
온 징표였다는 생각이 든다.

　뉴욕은 다른 도시의 연고지 팀의 팬에 대한 저항이 강한 도시다. 양키
스의 영원한 앙숙인 보스턴 레드삭스와는 더욱 그랬다. 심지어는 보스턴
레드삭스 모자를 쓰고 뉴욕에 가면, 택시기사가 "Wrong cap(모자 잘못 썼

통산 7차례나 노히트노런을 기록한 뉴욕 메츠의 전설 놀란 라이언 버블헤드와 토니 김이 뉴저지로
이사오자마자 등록한 메츠 자동차 번호판

뉴욕 메츠 깃발(위에서부터 일반 깃발, 1969년 월드 시리즈
우승 기념 깃발, 1986년 우승 기념 깃발)

어요!)"이라고 외치며 차를 세워주지 않고, 호텔 벨보이가 엘리베이터를
세우지 않고 그냥 올라가는 경우도 있다고 한다.

　이런 뉴욕에서 메츠 팬으로서 꿋꿋하게 살아가는 토니 김은 자신의 애
견을 메츠의 옛 홈구장 이름인 쉐이Shea라고 지었다. 그런데 한 양키스
팬이 그에게 "왜 사랑하는 너의 애견에 저주를 걸어놨냐"는 악담과 함께
진지하게 "지금이라도 양키스로 넘어오는 게 어떠냐"는 어이없는 제의
를 했다고 한다. 물론 이런 악의적인 반응에 열혈 메츠 팬 토니 김의 대
답은 한결같다. "난 우승을 땀으로 이룬 팀이 좋지 돈으로 사는 팀은 좋
아하지 않는다."

　확실히 토니 김은 양키스 팬으로 포위된 뉴욕의 당당한 메츠 팬이다. 그
래서 라이벌 팀과의 경기에서 주눅 들지 않고 온몸을 메츠의 유니폼으로
감싸고 당당히 야구장으로 향하는데 그의 이런 자신감이 어디서 나오는
지 궁금했다. 그는 일단 덩치가 크고 말싸움으로는 누구에게도 져본 일이
없어서 여러 양키스 팬들을 녹다운 시켰단다. 그러나 적어도 내가 세 시
간 가까이 인터뷰한 인상으로는 그는 다정다감하고 친절하며 가정적이

고 부드러운 남자다. 그의 자심감
과 당당함은 외부적인 힘에서 나
오는 것이 아니고, 오랫동안 수집
해온 메츠 야구 기념품의 컬렉션
으로 상징되는 열정에서 나온다
고 믿는다. 실제로 극렬한 양키스
팬들조차 일단 그의 메츠 수집 컬
렉션을 보여주면 꼬리를 내리기
일쑤였다.

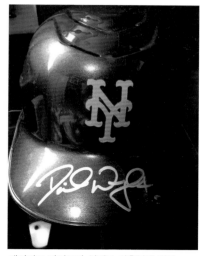

데이비드 라이트가 실제로 사용하던 헬멧

　애초에 그가 뉴욕 메츠의 팬이
된 것이 불굴의 투지와 포기할 줄 모르는 끈기에 감동을 받았기 때문이지
압도적인 야구 실력 때문은 아니었다. 1962년 창단 이후 뉴욕 메츠는 두
번의 월드시리즈 우승을 차지했다. 그러나 두 번 모두 상대를 압도하는
전력을 갖춘 것은 아니었다. 야구라는 운동이 가지고 있는 의외성은 실력
이 다소 부족하더라도 투지와 집중력이 동원된다면 강한 상대를 이길 수
도 있는 치명적인 매력을 자랑한다. 그런 야구의 재미와 의외성을 강한
정신력으로 실현시킨 팀이 바로 토니 김에게는 뉴욕 메츠였다. 토니 김은
뉴욕 메츠에 열광했고 그들의 도전 정신을 자신의 것으로 만드는 데 성
공했다. 그가 뉴욕 메츠를 쫓아서 동부로 직장을 옮기겠다는 결정에 가족
들이 순순히 응해준 일화는 그의 노력에 대한 조그마한 열매라고 생각한
다. 원래는 보스턴 레드삭스의 팬이었던 그의 여자 친구가 토니 김의 뉴
욕 메츠로 개종(?)한 것은 그가 야구팬의 순기능을 얼마나 모범적으로 잘
보여주었는지를 알려주는 징표다.

• 이창환 •
한국 프로야구 기념품 수집가

이창환 씨는 부산에서 두 아들을 키우는 평범한 40대 가장이다. 초등학교 5학년 때 아버지 손을 잡고 처음 관전한 경기가 야구였다. 이 추억으로 그는 평생 야구팬이 되었고 야구 사인볼뿐만 아니라 야구에 관한 자료도 꾸준히 수집하는 야구 자료 수집가로서의 역할도 톡톡히 한다.

야구는 기록의 스포츠다. 기록을 빼면 야구에 남는 것은 거의 없다. 야구 경기가 한 경기에 3시간 이상씩 걸린다는 단점 때문에 지루하다는 의견도 있고, 그래서 9회가 아닌 7회를 마지막 이닝으로 변경하자는 주장을 하는 사람도 있다. 단연코 야구를 7회로 줄이자는 의견을 내는 사람은 야구 팬이 아닐 것이다. 야구라는 경기가 생긴 이후로 100년 이상 9회까지 진행했는데 졸지에 7회로 줄인다면 그동안 축적된 기록은 뭐가 된단 말인가? 야구라는 종목이 없어지지 않는 한 실현될 수 없는 일이다. 그만큼 야구에서 기록은 중요하다.

이런 측면에서 이창환 씨의 사인볼과 야구 자료 수집은 중요한 의미를 가진다. 그는 1,000여 점이 넘는 사인볼을 소장 중이다. 말이 좋아 1,000여 점이지 막상 사인볼을 하나 받는 게 그리 쉬운 일이 아니다. 웬만한 사람들은 사인볼을 받는 방법이나 요령조차 모른다. 미국의 메이저리그야 팬을 위한 행사가 다양하고 선수들이 적극적으로 볼에 사인을 해주

는 행사에 임하지만 우리는 아직까지 팬 사인회라든지 팬을 위한 행사
가 부족하기 때문이다.

게다가 이창환 씨는 놀랍게도 1983년도 우승팀이었던 해태 타이거즈의
우승 메달 하나를 소장 중이다. 이 메달은 팬을 위해 대량 제작된 것이
아니라 우승팀 해태의 선수에게만 하나씩 주어진 것이다. 은퇴할 때까지
단 한 번의 우승도 맛보지 못하는 경우도 허다하다. 그런데도 우승 메달
이 본인이 아닌 이창환 씨의 손에 있다는 사실은 팬뿐만 아니라 초창기
의 선수들조차도 기록으로서의 기념품의 가치에 그다지 큰 의미를 두지
않은 경우가 빈번했다는 것을 반증한다.

메이저리그의 경우는 다양한 기록과 각종 기념품의 종류에 기겁을 할 정
도다. 극단적인 예로 뉴욕 양키스의 심장이라 불리던 데릭 지터가 3,000

그는 1,000여 점이 넘는 야구선수 사인볼을 소장 중이다. 막상 사인볼을 하나 받는 것
조차 쉬운 일이 아닌데, 1,000여 점을 수집한다는 것은 그의 노력이 얼마나 대단했는지
를 방증한다.

안타를 달성했을 때 타석에서 밟았던 흙을 판매하기로 결정했다. 더욱 놀라운 것은 소속팀인 뉴욕 양키스는 지터만의 흙을 마련하기 위해 지터의 타석에 앞서 매번 새 흙으로 갈아주기로 했다.

메이저리그의 기념품 중에서 역사상 가장 비싼 품목은 무엇일까? 바로 마크 맥과이어의 홈런볼이다. 1998년 마크 맥과이어가 새미 소사와 치열한 경쟁을 거쳐서 달성한 70호 홈런 볼은 300만 5,000달러에 팔렸다. 그 외에도 베이브 루스가 보스턴에서 양키스로 이적한다는 계약서 원본이 99만 달러에 팔린 것을 감안하면 야구에서 챙겨야 할 용품이나 기록물이 얼마나 무궁무진한지 짐작케 된다.

미국의 경우 사인볼에 대한 진품 여부를 보증하는 보증서 발급 회사도 여러 곳이며 심지어는 보증서를 발행한 회사의 지명도와 신뢰도에 따라서 가격의 차이도 난다. 이창환 씨가 1,000여 점의 사인볼 중에서 특히 아끼는 품목은 롯데 자이언츠의 전설 김용철 선수에서 받은 원년 로고가 새겨진 사인볼, 김성근 감독의 1,000승 기념 사인볼, 전설적인 야구 영웅인 장훈 선수의 사인볼, 최동원 선수의 프로 데뷔전(1981년 9월 3일자) 사인

이창환 씨가 가장 아끼는 최동원 선수의 사인볼

그가 소장 중인 1982년 3월 27일자 개막전 입장권은 야구박물관에 전시가 되어야 마땅한 소중한 기록물이다.

볼 등이다. 단순한 사인볼이 아닌 각각의 의미가 담겨 있고, 또 국내 프로야구를 대표하는 선수들의 것이라 그의 컬렉션은 대단하다. 김용철 선수는 초창기 롯데 자이언츠를 대표하는 중장거리 타자였고, 야신(야구의 신)이라는 별명으로 모든 것을 말해주는 김성근 감독은 2015년 한화 이글스 감독으로 부임하면서 최근 프로야구계의 가장 큰 이슈를 만들고 있다. 호불호가 갈리긴 하지만 그가 한국 야구를 대표하는 감독이라는 데는 이의를 달 사람은 거의 없다. 최동원 선수는 롯데 자이언츠의 팬뿐 아니라 우리 야구사에서 가장 뛰어난 선수 중 한 명임은 말할 필요도 없다. 한국 야구 역사상 최동원과 비교될 수 있는 투수는 선동렬뿐이다.

이창환 씨의 수집은 한국 야구 역사를 상징하는 품목이 많고 무엇보다 야구에 대한 많은 자료를 소장하고 있다는 점이 높게 평가되어야 마땅하다.

화폐 유통의 역사를 담은 화폐 수집

자기방어가 치밀한
화폐 수집가

수집가를 소개하는 글을 집필하기 시작하면서 친구나 지인에게 혹시 뭔가를 수집하는 것이 없는지 물을 때마다 가장 많은 사람들이 대답하는 것이 '돈'이었다. 물론 여기서 말하는 '돈'이란 실제 수집이라기보다는 생활에 필요한 돈을 말하는 것이다. 잔뜩 기대를 했다가 맥이 빠진다. 몇 번 당하다 보니 이젠 '돈을 제외하고' 뭔가 수집을 하지 않느냐고 묻게 된다.

그런데 왜 한 번도 진짜로 '돈'을 수집하는 사람이 엄연히 존재한다는 사실을 생각지 못했을까? 화폐 수집이야말로 '황제의 취미'인데 말이다. 하지만 진나라 황제처럼 천하를 호령하는 취미인줄 알았던 화폐 수집이 '불로초'를 구해오라는 명령을 받은 신하의 신세와 비슷한 수집 활

친구나 지인에게 혹시 뭔가를 수집하는 것이 없는지 물을 때마다 가장 많은 사람들이 대답하는 것이 '돈'이었다. 물론 여기서 말하는 '돈'이란 실제 수집이라기보다는 생활에 필요한 돈을 말하는 것이다.

동을 벌여야 하는 취미라는 것을 깨닫는 데는 많은 시간은 필요없었다.

화폐 수집은 돈과 시간만 있다고 해서 아무나 할 수 있는 취미는 아니다. 꼼꼼하고 철저해야 가능한 취미다. 화폐 수집가 최호진 씨도 그렇다.

그는 약속 장소에서 버스로 한 시간 걸리는 동네에 살고 있음에도 불구하고 약속 시간 5분 전에 도착했다는 문자를 보냈다. 큰 플라스틱 밀폐 용기를 들고 모 가게 앞에서 기다리겠다는 것이다. 인터뷰할 때 수집품의 일부를 가지고 온다는 이야기는 들었지만 그 수집품을 '플라스틱 밀폐 용기'에 넣어서 온다는 것이 놀라웠다. 더구나 그는 우리가 만나서 식사할 식당과 인터뷰하기에 적합한 북카페까지 미리 알아두었다. 그뿐만이 아니다. 나를 만나기 전에 '만날 만한 사람'인지 아닌지를 미리 조사했다고 한다. 화폐 수집가는 상상도 못할 만큼 꼼꼼해야 하며, 다른 수집가보다 훨씬 자기방어가 치밀하다. 왜 그래야 하는지는 차츰 알게 되리라.

플라스틱 밀폐 용기에 수집품을 넣어온 최호진 씨. 화폐 수집가는 상상도 못할 만큼 꼼꼼해야 하며, 다른 수집가보다 훨씬 자기방어가 치밀하다.

세상에 단 8,000개 뿐인
동전

내가 취미로 삼는 헌책 수집가들 사이에서 최고의 희귀본 중의 하나는 '권정생' 선생의 《살구꽃 봉오리를 보니 눈물이 납니다》이다. 이 책은 저자의 요청으로 서점에 나온 지 하루 만에 수거되는 운명을 맞았다. 권정생 선생이 출판을 원치 않아 서점에 딱 하루 동안 머문 탓에 졸지에 희귀본이 된 책이다. 헌책 치고는 굉장히 비싸서 수십만 원에 팔겠다고 장터에 올리는 사람도 있는데 어떤 양반이 단돈 500원에 팔겠다고 글을 올렸다.

눈이 휘둥그레져서 혹시 다른 사람이 먼저 사갈까 싶어 급히 그 글을 클릭해서 읽다 보니 500원은 맞는데 1998년에 발행된 500원짜리 주화이어야 한다는 조건이 걸린 것을 보고 허탈해한 적이 있다. 화폐 수집에 전혀 문외한일지라도 1998년에 발행된 500원짜리 주화는 굉장히 귀하고 비싸다는 것은 안다. 나 외에도 글쓴이의 낚시질에 분노한 사람이 한둘이 아니었다.

하지만 1998년에 발행된 500원 주화가 정말 귀한 것인지, 귀하다면 대체 얼마나 귀한 것인지는 정확히 몰랐다. 그래서 나는 화폐 수집가를 만나는 자리에서 이 질문을 던졌다. 대답은 명쾌했다. 정말 굉장히 귀한 수집 품목이란다. 그럼 대체 왜 귀한 물건이 되었고, 그 가격은 얼마일까? 이 질문에 대한 답을 알려주기 위해선 약간의 설명이 필요하다.

현재 시중에 유통되는 500원 동전은 1982년부터, 100원은 1970년부터 제작되었는데 연도별로 발행량이 천차만별이다. 평균적으로 6,400만 개정도 제작되는데 1987년은 극히 소량인 100만 개가 발행이 되었고 가장 많기로는 2000년도의 경우 1억 2,800만 개가 발행되었다. 그런데 1987년도보다 적은 수량이 발행된 해가 1998년이었다.

엄밀히 말해서 1998년에는 500원 주화가 제작되지 않았다고 봐야 한다. 왜냐하면 1998년은 사람들이 실제로 사용하는 '유통 주화'는 전혀 제작하지 않았고 다만 일종의 기념품인 '민트'만 제작이 되었기 때문이다. 각 연도별로 민트가 제작되는데 민트라는 것은 CD 케이스만 한 상자에 1원부터 500원까지 6종의 동전 컬렉션을 모아서 포장한 것이다. 모두 액면가로는 666원에 지나지 않는다. 그런데 1998년도는 일체의 유통 주화는 제작되지 않았고 오직 민트만 '8,000'개가 세상에 나왔다. 민트는 1983년도에 최초 발행되었고 1984~1986년도는 발행되지 않다가 1987년부터 지금까지 매년 발행한다. 가장 귀한 것이 물론 1998년의 것이며 가격은

이 세상에 존재하는 1998년산 500원 동전은 8,000개다. 그러나 실제로 분실 및 유실된 경우가 있기 때문에 민트 상태로 존재하는 숫자는 훨씬 적다고 봐야 한다.

120만 원 정도다. 그러니까 액면가로는 666원에 불과한 '돈'을 120만 원을 주고 산다는 말이다.

다시 말해서 이 세상에 존재하는 1998년산 500원 동전은 8,000개라는 이야기다. 그러나 실제로 수집가의 어린 자녀들이 아이스크림을 사 먹기 위해서 포장된 1998년산 민트를 뜯어서 써버리는 경우를 비롯해 분실 및 유실된 경우가 있기 때문에 민트 상태로 존재하는 숫자는 8,000개가 채 안 된다고 봐야 한다. 그러니《살구꽃 봉오리를 보니 눈물이 납니다》를 1998년산 500원 동전에 팔겠다는 사람은 500원이 아닌 120만 원에 그 책을 팔겠다는 이야기가 된다.

그런데 민트라는 게 애초부터 국가 홍보용 증정품이라 외국의 사절 및 정부 기관의 내빈에게 홍보용으로 제작되었다. 그래서 포장의 문구는 모두 영문으로 쓰여 있는데 2001년부터는 국내판과 영문판을 함께 발행한다. 그렇다면 국문판과 영문판 중 어느 쪽이 더 비쌀까? 정답은 영문판이다. 국가 홍보용 물건이고 외국 인사들에게 주로 증정되는 것이 국내의 수집가들 사이에서 거래되는 이유는 주로 수집가들이 '역수입'을 하기 때문이라고 한다.

1998년도 민트 민트는 국가 홍보용 증정품이라 외국의 사절 및 정부 기관의 내빈에게 홍보용으로 제작된 동전 세트다.

화폐의 희귀본

4대 천황

화폐 수집가들이 말하는 고가 희귀본 4대 천황의 지위는 지폐와 동전이 각각 2개씩 공평하게 차지한다. 지폐의 희귀본은 '한국은행 개 갑 100환 (일명 모자상)'과 '한국은행 개 500환(일명 세종 500환)'이며 동전으로는 앞서 설명한 1998년 500원 동전과, 1970년 적동화 10원 동전이다.

'한국은행 개 갑 100환'의 명칭에 대한 설명이 필요하겠다. 현재 우리가 사용하는 만 원권은 6번째 권종이다. 그런데 처음 발행한 만 원권을 1차 만 원권, 다음 것을 2차 만 원권으로 명칭을 붙이지 않고 가나다라의

순서에 입각해 처음 발행한 만 원권은 일련번호가 '한국은행 가 만 원권'
이다. 자연스럽게 다음 모델은 '한국은행 나 만 원권'이 되며 가장 최신
모델이 6번째 만 원권이니까 '한국은행 바 만 원권'이 정식 명칭이다. 그
러면 '한국은행 개 갑 100환'에서 '개'의 의미는 무엇일까? 개는 고칠 개
(改)의 의미로 '개정된 갑'이라는 뜻이다. 그러니까 두 번째로 나온 갑 권
이고 '한국은행 개 갑 100환'은 결국 처음 발행된 100환 지폐의 개정된
모델이라는 뜻이 되겠다.

　'한국은행 개 갑 100환'은 일명 '모자상'이라고 불리는데 그 이유는 말
그대로 '어머니와 아들'의 그림이 새겨져 있기 때문이다. '모자상'은 1962
년 5월 16일에 처음 발행되었다가 1962년 6월 10일에 '화폐 개혁'에 의해
유통 정지가 된 비운의 지폐다. 즉 발행을 시작한 지 겨우 25일 만에 유
통 정지된 최단명 지폐인데 이 점이 이 화폐가 희귀한 이유다. 이 지폐는
일련번호가 없이 판 번호로 인쇄되었으며 유통 중지가 될 때까지 1, 2, 3
번만이 세상에 나왔다.

　'한국은행 개 갑 100환'은 희소성도 희소성이지만 지폐의 모델인 모자
의 그림이 아름답다는 것도 이 화폐의 가치를 올렸다. 아직까지 생존하
고 있다고 알려진 화폐 속의 모자는 지폐 발행 당시 한국은행 발행국장
이 한 여직원과 아들의 모습이 너무 보기가 좋아서 화폐 모델이 아닌 일
반적인 광고 모델이라는 핑계를 대고, 모델이 되어줄 것을 권유하여 사진
촬영을 했다고 한다. 얼핏 보면 책을 들고 있는 모습으로 보이는 포즈는
실제로는 저축을 장려할 목적으로 저축 통장을 들고 있는 장면이다. 일
부 사람들은 모자상의 주인이 고 박정희 대통령의 영부인인 육영수 여사
와 박지만 씨라는 설을 제기하기도 한다. 지폐가 사용한 흔적이 없는 상

'한국은행 개 갑 100환'은 일명 '모자상'이라고 불리는데 희소성도 희소성이지만 무엇보다 지폐의 모델인 모자의 그림이 아름답다는 것이 화폐의 가치를 올렸다.

태라면 200만 원 정도인데 유통 정지가 되기 직전에 발행된 판번호 3번은 500만 원을 호가한다.

'한국은행 개 500환'(일명 세종 500환)은 지폐 수집의 꽃이라고 불린다. 1961년 4월 19일에 발행을 개시해서 1962년 6월 10일에 유통이 정지되었고 발행기간은 1년 2개월 정도다. 발행량이 적고 발행 기간이 짧아서 온전한 상태로 보관된 것이 없으므로 수집가들에게 인기 있는 권종이다. 일반적인 미사용권이 400~500만 원 정도인데 그보다 상태가 더 완벽한 등급인 68등급(등급에 관한 설명은 따로 하겠다)은 무려 700~800만 원까지 치솟는다.

한국은행 개 500환(일명 세종 500환)은 지폐 수집의 꽃이다. 발행량이 적고 발행 기간이 짧아서 온전한 상태로 보관된 것이 없으므로 수집가들에게 인기가 있는 권종이다.

  참고로 이야기하자면 화폐뿐 아니라 모든 수집의 가장 큰 적은 아이들이다. 어느 수집가가 이 귀한 지폐를 구해서 감정을 하기 위해 책상 위에 잠시 올려놓고 자리를 비웠는데 그 사이에 유치원에 다니는 아들이 종이놀이를 한답시고 가위로 정확히 반으로 잘라버렸다는 전설이 회자된다. 그 회원은 비통한 마음으로 반으로 잘린 '한국은행 개 500환'의 사진을 카페에 올렸고 "제 새끼인데 우짤까요?"라며 비통해했다.

  이제 동전으로 넘어가자. 앞에서 언급한 1998년 500원 동전과 함께 희소성과 가치를 자랑하는 것은 '1970년 적동화'다. 2005~2006년에 방송에

1970년도는 10원짜리 주화가 적동화로 제작되다가 황동화로 교체된 시기다. 그해의 초반기에 제작된 적동화는 그 수량이 극소수여서 수집가의 표적이 되었고 구하기도 어렵다. 위의 것이 적동화이고, 아래 것이 황동화다.

서 화폐 수집에 대한 이야기를 다뤘고 '1970년 적동화'의 이야기도 여러 차례 언급되었다고 한다. 이로 인해서 방송을 타기 전에는 한 개에 50~80만 원 사이였던 게 졸지에 200만 원까지 거래가 되었다. '1970년 적동화'는 대체 어떤 동전인가?

십 원 주화는 1966년에서 1970년까지는 적동(동 88%, 아연 12%)으로, 그 이후에는 황동(동 65%, 아연 35%)으로 제작이 되다가 현재의 좀 더 작은 십 원 동전에 이른다. 그러니까 십 원 동전은 세 가지 종류가 존재하는데 문제의 1970년에는 황동과 적동이 모두 생산이 되었다. 적동화 중에서 유독 1970년 적동화가 4대 천황 중의 하나로 등극하게 된 이유가 이 사실에 기인한다. 즉 1970년에는 적동화로 제작되다가 황동화로 교체된 시기라서 그해의 초반기에 제작된 적동화는 그 수량이 극소수여서 수집가의 표적이 되었고 구하기도 어렵다. 그래서 1966~1969년 사이에 제작된 적동화는 더 오래되었음에도 불구하고 희소성이 부족한 탓에 몇 만 원에 지나지 않는 반면 '1970년 적동화'는 그만큼 희소성과 인기도까지 더해지면서 현행 주화로는 최고의 수집 대상으로 꼽힌다.

최호진 씨가 전국구 화폐 수집 카페의 운영진으로 활동하고 있을 당시 방송을 타기 전에는 겨우 하루에 열 명 정도가 가입했는데 방송에서 '1970년 적동화'를 다룬 이후에는 하루에 300명 이상이 가입하는 초유의 사태가 발생했다. 한동안 그는 신입 회원을 일반회원으로 변경해주기 위해서 아무것도 못하고 카페에 상주해야 했다. 그렇게 가입한 수많은 회원들은 누구나 할 것 없이 자기 집에 있는 1970년 동전의 사진을 올려서 "이게 정말 200만 원짜리냐"는 질문을 하거나, "1970년 적동화를 가지고 있는데 원래 200만 원짜리를 100만 원에 싸게 판다"는 식의 글을 올렸다.

물론 거의 대부분이 적동화가 아닌 황동화였고 적동화라고 할지라도 이미 사용이 되어서 변색은 물론 흠집이 발생한 것이라 그야말로 '10원'의 가치밖에 없는 것들이었다. 이 사태를 보다 못한 최호진 씨는 "1970년 적동화'라도 한 번도 사용하지 않은 반짝반짝 빛나는 것만이 200만 원의 가치가 있으니 각별히 주의를 해달라"는 공지를 올렸다. 그런데도 봉투에 몇 겹이나 꼭꼭 포장해 화폐상을 찾는 사람들도 많았다고 한다. 이미 낡아서 10원의 가치밖에 되지 않는 1970년 '십 원'을 가지고 말이다.

'1970년 적동화'에 관련된 재미난 에피소드가 있다. 한 화폐 수집가가 가방을 택시에 두고 내렸다. 물론 그 가방 안에는 희귀본 4대 천황인 모자상과 세종 500환이 들어 있었다. 그 가방 안에는 모두 대략 2,000만 원어치의 화폐가 들어 있었는데 우여곡절 끝에 가방을 다시 찾고 보니 가방 안에 들어 있던 지폐는 모두 없어지고 '1970년 적동화'만 고스란히 자리를 지키고 있더라는 거였다. 가방을 들고 간 사람 눈에는 '1970년 적동화'가 그냥 십 원 동전으로 보였을 터였다.

화폐 수집가들의
독특한 세계

화폐 수집가들은 웬만해서는 집에 사람을 들이지 않는다. 이유는 간단하다. 집안에는 '돈'이 많기 때문이다. 그래서 금고를 갖춘 사람도 많은데 돈을 수집한다는 소문이 나고 외부에 알려지면 어김없이 도둑을 맞는다고 한다. 그래서 각별히 보안에 주의를 하는데 어느 정도 화폐 수집으로 이름이 나면 화폐를 택배로 거래할 때 자기 집의 주소를 사용하지 않는다. 사서함 주소를 사용하거나 아예 직장 주소를 사용하는 경우가 많다. 보안업체는 기본이고 잠금장치도 최고급을 고집한다. 놀라운 사실 하나를 공개해야겠다. 최호진 씨는 자신과 마찬가지로 돈을 수집하는 동료 회원이 있는데, 9년째 허구한 날 만나 술잔을 기울이면서도 그의 집이 어디 있는지 모른다는 사실이다. 인근 동네에 살고 있다는 것과 아파트 이름만 알지 심지어 몇 동에 살고 있는지도 모른다고 한다. 물론 그 동료도 최호진 씨의 집이 어딘지 모른다. 서로 가르쳐주지 않는다. 그만큼 화폐 수집가들은 신상정보에 대한 보안이 각별하다. 이 사실을 알지 못했던 나는 하마터면 최호진 씨에게 수집한 화폐의 사진도 찍고 인터뷰도 할겸 자택을 찾아가겠다고 말할 뻔했다.

택배 거래를 할 때는 주로 우체국 택배를 선호한다. 현재 배달하고 있는 집배원의 이름뿐만 아니라 이동 상황까지 정확히 조회가 가능하기 때문이다.

그런데 돈을 택배로 거래하는 것이 위험하지 않을까, 염려하는 사람들도 있다. 하지만 화폐 수집의 세계는 좁디좁다. 기본적으로 돈이 많이 들어가는 취미라 애초부터 대중적인 취미가 아니며 특히 고액의 화폐 수집가는 극소수에 지나지 않는다. 국내의 화폐 수집 인구가 대략 2만 명이라고는 하지만 '수집다운 수집'을 하는 사람의 수는 1,000명에 지나지 않는다. 말하자면 그들만의 리그인 셈이다. 따라서 서로 빤히 아는 처지라 사기를 치기 어렵고, 만에 하나 상태를 속이는 등의 꼼수를 부리기도 어렵다. 판매자가 말한 상태와 맞지 않아서 반품을 요구할 때는 거의 허용된다. 역시 좁은 수집가의 세계라 반품을 받아주지 않고 배짱을 부렸다가는 화폐 수집의 세계에서 퇴출되기 십상이다.

최호진 씨는 화폐 수집을 하면서 지금껏 수천 건의 택배를 주고받았는데 사서함이나 회사 주소를 사용하지 않았던 초창기에도 하루에도 몇 개의 택배를 수령했다. 그러다 보니 집배원과 자연스럽게 안면이 생겼는데, 그 집배원은 최호진 씨가 '우표 수집'을 하는 것으로 알았다고 한다. 그래서 그 집배원은 최호진 씨가 회사를 갔을 경우 택배를 배달하고 사인을 받는 일이 번거로우니 대문 앞에 쇠로 만든 박스를 하나 설치하는 것이 어떻겠냐고 제의를 해왔다. 서로 편하지 않느냐는 것인데 물론 그 제의는 간단히 거절되었다. 최호진 씨 입장에서는 '돈'이 대문 앞 '쇠 상자'에 방치되는 위험천만한 상황은 상상조차 하기 어려웠기 때문이다.

화폐를 택배로 보내는 것은 규정상 불가능하다. 그렇다고 직접 들고 전국으로 쫓아다닐 수는 없는 일이니 택배의 내용물을 보통 '음악 CD'라고 말하는데 실제로 지폐를 보관하기 위한 특수한 플라스틱 마운트나 민트의 크기가 음악 CD 케이스와 비슷하기 때문이다.

수집가들은 돈을 대하는 태도도 남다르다. 비가 오거나 습기가 많은 날에는 돈을 꺼내지 않는다. 습기가 많은 상태에서 돈을 만졌다가는 금쪽같은 돈에 자국이 남기 때문이다. 돈을 가지고 이동을 할 때도 습기 제거제가 들어 있는 밀폐 용기에 넣고 다닌다.

손이 항상 갈라져 있는 것도 화폐 수집가들의 특징인데 손을 굉장히 자주 씻기 때문이다. 손을 씻지 않고 화폐를 만진다는 것은 상상할 수 없다. 손에 묻은 먼지가 화폐에 자국을 남기고 상처를 줄 수 있기 때문이다. 심지어 화폐를 만지기 전에는 로션도 바르지 않는다. 로션 자국을 지폐에 묻히지 않기 위해서다.

최호진 씨는 항상 지폐를 위한 4종 세트를 소지한다. 면장갑, 확대경, 핀셋, 자가 그것들인데 면장갑은 손을 씻지 못하는 상황에서 돈을 만지기 위해서, 또는 습기가 많은 날 동전을 만질 때 사용한다. 습기가 심한 계절엔 심지어 면장갑보다 좀 더 안전한 수술용 장갑을 끼고 나서야 돈을 만진다. 확대경은 지폐의 상태를 확인하고, 혹시 상태를 더 좋게 보이기 위해서 '작업'이라고 부르는 '수선'을 했는지 여부를 알아내는 용도로 사용한다. 고가의 지폐 상태를 더 좋게 보이기 위해서 무뎌진 면을 잘라 사각의 모서리를 날카롭게 하거나 구겨진 지폐를 팽팽하게 하기 위해서 다림질을 한 흔적을 찾아낼 때 요긴한 것이 확대경이다. 지폐를 감정할 때 냄새를 맡아보는 것은 기본인데 오염된 부분을 제거하여 비싼 가격에 거래하기 위해서 일부러 살균제에 담그는 경우가 있기 때문이다. 그런데 살균제 냄새는 10년 이상 빠지지 않으니 냄새를 맡아보면 살균제에 담근 것인지 아닌지 알 수 있다. 그러고 보니 책 수집가들도 도서관 장서인이나 전 주인의 낙서 등을 지우기 위해 면봉에 살균제를 묻혀서 작업을 하기도 한다.

핀셋도 지폐를 잡을 때 손자국을 남기지 않기 위해서 필요한데 핀셋으로 조심스럽게 지폐를 만진다. 동전은 지폐보다 손자국이 더 잘 남기 때문에 절대로 손으로 쥐지 않는다고 한다.

그러면 도대체 자는 왜 필요할가? 일부 몰지각한 사람들은 자신의 지폐의 상태를 더 좋게 보이기 위해서 세월의 흔적인 무뎌진 모서리를 아예 잘라낸다고 한다. 잘라낸 모서리가 신품처럼 보이게 해 더 비싼 값을 받으려는 욕심이다. 이럴 때 자는 굉장히 유용한데 한국은행에서 공시한 그 지폐의 정확한 크기가 맞는지 확인하는 데 자가 필요하다. 그런데 여기에도 허점이 존재한다. 최첨단 장비로 절단이 된 요즘과는 달리 과거에는 상당수가 수작업으로 절단이 되었기 때문에 애초부터 크기가 잘못 제작되기도 했다. 가령 감정할 화폐의 정해진 길이가 100밀리미터라고 치자. 과거 조폐공사 직원의 실수나 부주의로 그 지폐가 101밀리미터로 제작될 수 있다는 것이다. 그런데 그 지폐가 모서리가 무뎌졌고 소장가는 더 비싼 값에 팔기 위해서 1밀리미터를 잘라내면 어떤 결과가 되는가? 오히려 원래의 정해진 길이가 되어서 이보다 더 완벽할 수 없는 최고 등급의 지폐로 둔갑하게 된다. 그래서 원래는 20만 원짜리의 상태였다가 더 비싼 가격에 팔 수 있는 상태가 된다는 말이다. 그러면 이런 장난질에는 대책이 없을까? 없을 리가 없다. 이런 상황에서는 확대경이 동원된다. 원래의 자연스러운 모서리인지, 인위적으로 칼로 잘라낸 모서리의 모양인지 확대경을 보면 구별이 된다. 물론 이런 감정은 지폐 수집으로 정점에 도달한 최호진 씨 정도의 레벨이니까 가능한 이야기다.

최호진 씨는 항상 지폐 감별을 위해 면장갑, 확대경, 핀셋, 자를 준비해가지고 다닌다. 나와의 만남에도 이 4종 세트를 지참하고 나타났다.

화 폐 수 집 가 의

돈 에 대 한 예 의

수집가들은 반지갑보다는 장지갑을 주로 사용한다. 반지갑은 지폐가 반으로 구겨지기 때문이다. 귀한 지폐는 지갑에 넣고 다니지는 않지만 그래도 돈에 대한 기본적인 '예의'가 남다른 것은 확실하다. 지폐를 지갑에 수납할 때도 지폐의 방향을 일치시킨다. 모든 지폐를 앞면으로 통일시켜서 수납한다. 그리고 고액권 순으로 정렬을 하는 것은 당연하다. 또한 다른 사람에게서 받은 지폐는 항상 일련번호를 꼼꼼히 살핀다. 가령 일련번호가 1111111이나 0000001같은 수집의 대상이 되는 지폐를 발견하는 횡재를 만나기도 한다. 거스름돈으로 동전을 받아도 반드시 발행 연도를 확인한다. 천 원권 지폐가 10만 원의 가치를 가진 희귀본인 경우도 있기 때문

화폐의 가치를 측정하는 그레이딩 grading

MLB 야구카드에서도 언급했듯이 그레이딩이란 화폐의 가치를 따지기 위해서 외국의 전문기관에 화폐를 보내서 등급을 받는 것을 말한다. 여러 회사가 있지만 그중에서 가장 유명하고 권위가 있는 곳이 PMG Paper Money Grading이라는 업체다. 보존 상태라는 것이 주관적이기 쉬우니 아예 믿을 만한 기관에 보내서 객관적인 상태를 인증받는 것이다. 그레이딩은 보통 동호회 차원이나 업자가 희망자를 모아서 단체로 발송을 하는데 짧게는 한 달, 길게는 석 달이 소요된다. 그레이딩을 마친 화폐는 플라스틱 케이스에 진공 포장되어서 돌아오는데 단단히 케이스에 담겨서 주인조차 실물을 만지거나 자세히 볼 수 없게 되어 있다.

등급 점수는 4점 이하에서 70점 사이다. 70점이 만점인데 미사용권이 65점이다. 현재까지 지폐에서는 70점이 존재하지 않았고 69점이 최고 점수였다. 지폐의 69점은 미사용의 상태를 넘어서 아예 조폐공사에서 만든 그 상태 그대로라는 것을 인증한다. 사람의 손에 닿은 적이 없는 상태라는 것이다. 그러나 현실적으로 웬만한 수집가들조차도 완전 미사용권으로 분류하는 67점과 69점의 상태를 구분하기는 어렵다고 한다.

동전의 경우는 70점이 존재한다. 다만 사람들이 사용하는 유통 주화에는 없고 기념 주화만 70점을 받는데 애초부터 유통의 목적이 아닌 소장이나 증정의 목적이어서 제조하자마자 조폐공사에서 포장하는데도 등급이 각양각색이다. 작업자의 실수나 기계의 오류 등에 따라서 상태가 달라지기 때문이다.

에 잔돈을 받으면 항상 꼼꼼히 확인한다.

좀 더 적극적인 화폐 수집가들은 소일 삼아 은행에 가서 지폐를 동전으로 교환하기도 한다. 수북이 쌓인 동전 속에서 귀한 놈을 찾아보겠다는 의지다.

수집가들은 새로운 권종의 지폐가 출시되면 귀한 몸이 될 것이 뻔한 앞

번호의 신권을 확보하기 위해 한국은행 앞에서 노숙도 불사한다. 2007년 1월 22일에 천 원권과 만 원권이 동시에 새로 나왔고 뉴스에도 보도가 되었다. 일반인들은 실질적으로 101번부터 구할 수 있는데 새로운 권종이 나오기 며칠 전부터 한국은행 앞에는 인파가 몰려들었고 줄은 길어졌다. 최호진 씨도 물론 3일 전부터 줄을 서고 싶은 마음은 굴뚝같았지만 집이 부산인 데다 직장과 가정이 있는 몸이니 서울에 있는 한국은행 본점은 포기하고 대신 한국은행 부산지점에 줄을 섰다. 1월 22일이면 추위가 한창 기승을 부릴 시기였다. 그나마 부산지점이라 하루 전날에 줄을 서면 되었지만 서울 본점은 3일 전부터 추위와 싸우며 노숙을 해야 했다. 3일 전부터 2인 1조로 텐트를 치고 줄을 서는데 두 사람 모두가 자리를 비울 수 없으니 식사나 화장실 볼일도 교대로 해야 했다. 어쨌든 최호진 씨는 아내에게는 출근한다고 말을 하고 실제로는 월요일인 1월 22일에 한국은행 부산지점에 2등으로 줄을 서고 있었다. 물론 직장은 결근했다. 그러나 의미가 있고 소장 가치가 있는 번호를 가진 지폐는 본점에서만 구할 수 있지 지방에서는 아무리 앞줄에 서봐야 의미가 있는 번호를 구할 수 없다고 한다. 그래도 혹시나 하는 지푸라기를 잡는 심정으로 한겨울에 노숙을 한 것이다. 최호진 씨는 부산에서 두 번째로 새로 발행된 지폐를 손에 넣은 사람이 되었고 그보다 몇 순위 아래에 같은 동호회의 화폐 수집가가 있었다. 고통은 창대했지만 그 소득은 미비하여 다만 부산에서 새 돈을 두 번째로 받은 의미만 부여받았다.

특이한 일련번호 화폐 수집

10년 전쯤부터 갑자기 화폐 수집가가 늘어나면서 기존에 없던 수집의 대상이 새로 생겨났다. 지폐별로 숫자를 맞춘다는 개념도 당시에는 없었는데 최근에는 특이번호의 개념이 생겼다. 화폐 수집가들이 선호하는 특이번호는 1111111, 2222222(솔리드노트), 1000000, 2000000(밀리엄노트), 1234567, 2345678(어센딩노트), 9876543, 7654321(디센딩노트), 1234321, 8765678(레이더노트), 2323232, 6767676(지그재그, 퐁당퐁당노트) 등이다.

이런 특이번호는 수집가나 화폐업자들이 수익을 만들기 위해서 인위적으로 만들어 낸 경우다. 마치 제과업계에서 빼빼로데이를 만들었듯이 일종의 파생상품이라고 보면 된다.

희귀 화폐와
그 가치

팔각정 오리지널 견양권과 유통권

일명 팔각정은 1969년 3월 21일에 발행 개시를 했다가 1973년 10월 30일에 발행이 중지된 50원 지폐다. 앞면에 탑골공원에 있는 팔각정이 인쇄되어 있어서 팔각정이라고 부르는데 견양권은 한마디로 견본품이며 견양이라는 문구가 새겨져 있다. 물론 견양권은 팔각정만 있는 것이 아니라 전체의 지폐와 주화에도 있다. 어쨌든 견양권은 일반 사람들이 통용해서는 안 되는 지폐이고 당연히 한국은행에서 보관한다. 용도는 주로 관계기관에 홍보용이나 증정용이다. 그런데 이 견양권만 수집하는 사람도 있는데 일련번호는 모두 0000000으로 표기되어 있고 다른 번호는 없다. 그런데 사람들이 실제로 사용하는 유통권은 붉은 글씨로 1번에서 24번까지 판번호가 매겨져 있는데 1번에서 24번까지 모든 판번호를 갖춘 세트를 완성하려는 수집가가 많다.

1번에서 24번 사이에서 가장 귀한 번호는 5번인데 이 한 장이 수십만 원을 호가한다. 팔각정 유통권 1~24번의 풀세트는 200만 원 정도의 가치를 가진다. 최호진 씨도 팔각정 유통권 풀세트를 완성하고자 각고의 노력 끝에 24종 중에서 무려 23종을 모으긴 했지만 단 하나 4번을 구하지 못했다. 그런데 마침 화폐 수집 카페 회원 중 한 사람의 게시물에서 그가 그토록 애타게 구하던 4번을 발견했다. 뛸듯이 기뻐한 그는 4번을 소장한 회원에게 정중하게 메일을 보냈다.

메일의 내용은 대충 이렇다. "아무개 선배님, 제가 팔각정 유통권 풀세트를 수집하고 있는데 4번을 구하지 못해서 고생을 하고 있습니다. 그런데 얼마 전 선배님의 게시물 사진을 보니 선배님이 4번을 소장하고 있다는 것을 알게 되었습니다. 저에게 4번을 양보해주시면 안 될까요?"

물론 처음에는 간단히 거절되었다. 책을 수집하는 사람도 그런 경향이 있다. 애초에 귀한 책인지도 몰랐다가 다른 사람들이 애타게 구하는 것을 보고 그 책이 귀한 책이라는 것을 깨닫기도 하고, 별 관심이 없던 책도 남들이 구하려고 애를 쓰는 것을 보면 무작정 그 책을 손에 넣으려고 하는 행태 말이다. 그래서 헌책방에 책을 구한다는 글을 게시할 때도 반드시 비밀글로 해서 서점 주인만 볼 수 있게 한다. 그렇게 하지 않으면 그 책을 애초에 몰랐던 수집가들도 그 책을 구하려고 나서기 때문이다. 최호진 씨에게 양도를 부탁받은 소장가도 마찬가지였다. 본인은 팔각정 4번에 대해서 중요성을 모르다가 최호진 씨의 메일을 받고 그제서야 4번의 중요성을 깨닫게 된 것이다. 당연히 "나도 사실은 팔각정 풀세트를 수집 중이다. 나에게도 중요한 것이니 양도할 수 없다"라는 답장이 날아왔다. 최호진 씨는 그 선배의 집에 무작정 찾아가 꼬박 3일 동안 무릎 꿇고 늘어졌다. 결국 호된 웃돈을 치르고 손에 넣었지만 지폐 하나를 구하기 위해서 삼고초려도 불사하지 않아야 하는 것이 화폐 수집가의 운명이다.

연결권

동전을 여러 개 포장하여 기념품으로 만든 것이 민트라면 지폐에는 연결권이 있다. 연결권이란 말 그대로 지폐가 2장, 4장, 40장의 단위로 연결된 기념 화폐를 말한다. 매년 한국은행에서 발행 날짜와 수량을 미리 공시를 한다. 연결권 판매를 전담하는 한국은행 자회사의 홈페이지에 가입을 하면 누구나 구매를 할 수 있는데 일부 수집가들이 너무 많은 연결권을 독차지하는 경우가 있어서 요즘은 아이디 하나당 세 장까지 구매할 수 있다. 연결권은 한정판이라 웬만하면 10퍼센트 정도의 가격 상승을 기대할 수 있기 때문에 이 정도의 수익을 노려서 편법으로 여러 개의 아이디로 많은 수량을 구매하는 사람도 종종 있다. 사두면 수익이 거의 나니까 많이 사두면 사둘수록 좋다는 식의 생각이다. 이런 편법을 보다 못한 한국은행측은 여러 개의 아이디라도 배송이 같은 주소로 되어 있는 구매자가 없는지 조사하기에 이른다. 연결권과 관련한 재미난 사건이 있다. 10년이 채 되지 않은 사건인데 텔레비전 뉴스에서 잘리지 않은 상태의 미 달러권 32매가 발견이 되었다고 보도했다. 이 정체불명의 지폐를 두고 여러 가지 추측이 난무했다. 대표적인 몇 개를 들면 위조 지폐를 만드는 사람이 위조 지폐를 만들다가 버렸다는 주장과 조폐창에서 빼돌린 미 달러권

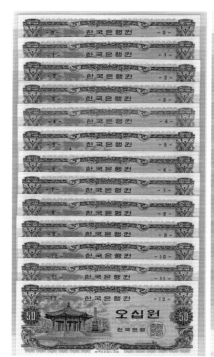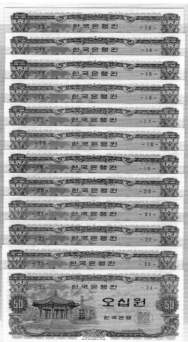

호된 웃돈을 치르고서야 완성할 수 있었던 팔각정 유통권 풀세트

이라는 주장이 그것들이다. 심지어 경찰과 검찰에 수사를 의뢰했다고 보도가 되었는데 사실 이 사건은 연결권에 대해 잘 아는 지폐 수집가의 입장에서는 어처구니없는 일이었다. 물론 조사를 마친 경찰에서 위조 지폐가 아니고 미국에서 제조한 홍보용 연결권이라고 발표를 하긴 했지만 말이다. 그만큼 그 당시에도 우리나라의 화폐 수집이 대중화되지 못했다는 것을 말해주는 사건이었다.

똥돈

똥돈이라는 민망한 별명을 가진 화폐는 1983년 6월 11일 발행 개시한 '나

천 원권'(2차 천 원, 현재 발행하는 직전 지폐)을 말한다. 1983년 이 화폐가 처음 발행되었을 때 돈에서 이상한 냄새가 난다는 소문이 퍼졌다. 소문은 사실이어서 시궁창 냄새 같은 악취가 나는 지폐였다. 소문이 소문인지라 사실관계를 조사했고, 미국에서 배로 몇 달에 걸쳐 가져온 인쇄용 잉크가 상한 냄새의 원인이라는 것을 밝혀냈다. 발등에 불이 떨어진 관계당국이 전량 회수에 들어갔지만 이 조치에 비협조적인 사람이 많았던지라 신권과 교환되지 않고 버젓이 보관된 분량도 많았다. 이때 회수되지 않고 살아 남은 '나 천 원권'은 똥돈이라는 명칭으로 화폐 수집 시장에서 거래가 되기 시작했다. 당시 똥돈을 가지고 있던 사람들은 주식 시장의 삼성전자의 주식을 가지고 있는 것과 비견되는 행운을 누렸다.

화폐 수집의 4대 천황은 수량이 매우 적어서 고가에 거래가 되었고 소장가라고 해봐야 기껏해야 몇 장이나 몇 개만 가지고 있었지만 똥돈은 한 다발(100장) 혹은 다발 묶음(1,000장)으로 가지고 있는 사람이 여럿 있었다. 액면가가 천원에 불과했던 지폐가 무려 100배까지 치솟는 바람에 로또에 당첨되는 것과 비슷한 예상치 못한 수익을 올리게 되었다. 한 다발 100장의 액면가 10만 원이지만 거래가는 1억 원이었으니 로또가 아니고 뭐란 말인가? 극소량만 남아 있는 지폐도 아닌데 왜 그렇게 비싼 가격에 거래가 되었는지 아직도 미스터리라고 최호진 씨는 회상한다. 더구나 그는 똥돈과 관련한 개인적인 에피소드도 겪었다.

무려 27년 전 다섯 살 터울의 큰 누나가 취업을 하고 월급을 받으면서 동생인 최호진 씨에게 용돈으로 나 천 원권(똥돈) 두 장을 미사용의 상태로 주었다고 한다. 누나가 힘들게 일해서 준 용돈이라 그는 그 돈을 쓰지 않고 두꺼운 백과사전에 고스란히 넣어두었다. 그 이후 계속 잊고 지

내다가 화폐 수집을 취미로 삼게 되면서 똥돈이라는 수집 아이템을 알게 되었다. 물론 그는 그 똥돈을 기억해냈고 몇십 년 만에 그 똥돈을 꺼내보았다. 과연 똥돈이 확실했고 액면가 1천 원 두 장을 인터넷 경매사이트에서 각각 10만 원이 넘는 가격에 판매를 했다. 물론 그 어마어마한 차액으로 다른 지폐를 구입했는데 그가 그 똥돈 두 장을 판매한 이유는 이미 그는 똥돈이라는 것이 유행을 타기 전에 5만 원에 구입한 다른 똥돈이 있었기 때문이다.

영제권

영제권은 영국에서 제조한 지폐를 말한다. 1962년 6월 10일 화폐 개혁을 단행할 때 전격적으로 사용되었다. 영국에서 미리 화폐를 제작해서 화폐 개혁과 동시에 국내에서 사용하기 시작했다. 물론 영제권이 국내에 들어오기 전날까지도 철통 보안이 유지되었다. 화폐 개혁이 단행되기 전까지는 미국에서 제작한 미제, 즉 거북선 도안의 지폐 5종과 한국조폐공사에서 제조한 환권이 통용되었다. 영제권은 1원, 5원, 10원, 50원, 100원, 500원으로 총 6종이다. 영제권이 수집가의 표적이 되는 이유는 지폐의 색깔이 예쁘고 무엇보다 지폐의 크기가 다양하기 때문이다. 현재의 화폐는 가로의 길이가 다를 뿐인데 당시의 영제권은 가로 세로의 길이와 높이가 모두 달랐다. 재미난 것은 영제권 100원 지폐에는 독립문의 그림이 새겨져 있었는데 '독립문'이 아닌 '득립문'이라고 오타가 난 상태로 유통이 되었다. 에러권이라고 해서 일련번호의 일부 숫자가 삐뚤어져서 위로 많이 올라갔거나, 아래로 처지는 등의 한두 장의 오류는 지금도 존재하지만 특정 지폐의 전체가 오류가 난 것은 드문 일이다. 어쨌든 모든 영제 100원 지폐는 '독립문'이 아닌 '득립문'이라고 표기되어 있다. 아무래도 우리나라가 아닌 외국에서 제조되었고, 화폐 개혁을 전격적으로 시행하느라 급하게 제작하는 과정에서 발생한 실수라고 추측한다.

현재 사용할 수 있는 지폐의 종류가 몇 종이나 될까? 정답은 무려 29종이다. 우리가 매일 사용하는 지폐지만 이렇게 많은 종류의 지폐가 사용 가능하다는 사실을 아는 사람은 드물다. 1962년 6월 10일 즉 화폐 개혁 이후에 발행된 '원' 표기의 모든 지폐는 모두 사용 가능하다.

화폐 수집가들이 처음으로 접하는 수집 테마도 현행권 29종이다. 그러니까 현재 사용 가능한 지폐를 수집하는 것인데 최호진 씨도 다른 수집가와 마찬가지로 현행권 25종을 한 번 모아보자는 생각으로 화폐 수집의 길로 들어섰다. (그가 수집을 시작할 당시에는 신권이 발행되지 않아서 현행권이 25종이었다). 화폐 수집가들이 현행권을 수집하면서 가장 마지막으로 수집하는 것은 현행권 중에서도 가장 고가인 영제 50원권이다. 최호진 씨도 24종을 수집하고 마지막으로 영제 50원권을 남겨두었다. 드디어 2004년 9월 30일 인터넷 경매에서 29만 4천 원에 낙찰을 받았다. 그날은 그에게 역사적인 날이어서 아직도 날짜와 낙찰가를 생생히 기억한다. 이틀 뒤 영제 50원권이 도착했다. 낙찰을 받고 도착하기만을 기다리던 이틀 동안 얼마나 설레었는지 영제권을 받는 순간 가슴이 터져버리는 줄 알았다고 한다. 콩닥거리는 심장을 간신히 진정시키고 장갑으로 부족해 핀셋까지 갖춘 뒤에야 포장을 조심스럽게 개봉했다. 그의 눈앞에 말로만 듣던 영제 50원권이 들어왔는데 그에게는 피카소의 명화보다 더 아름답게 보였다. 그날부터 최호진 씨는 한동안 잠을 쉽게 이루지 못했다. 잠을 청하면서 누워도 천장에서는 영제 50원권이 계속 그려졌다. 잠을 설

국내 최고가 지폐

국내에서 유통된 화폐 중에서 최고가로 거래된 지폐는 한국은행 신 100환 황색지다. 1953년 제2차 긴급통화조치를 단행할 때 한국은행은 미국에서 제조한 화폐를 국내에서 제조한 화폐로 바꾸고자 1953년 3월 7일 발행한 신 10환과 1953년 12월 18일 발행한 신 100환권을 한국조폐공사에서 제조했다. 그런데 이 두 지폐는 제조는 국내에서 했지만 미국에서 수입한 황색의 조폐지를 이용해서 제조했다. 그러나 불과 몇 개월 뒤부터는 미국산 황색이 아닌 백색의 국산 용지로 발행했다. 그러니까 미국에서 수입한 황색 조폐지로 제조되었고 발행 기간이 불과 몇 개월이라 높은 희소성 때문에 최고가의 명예를 차지한다. 황색지와 백색지는 인쇄된 색이 완전히 달라서 육안으로도 쉽게 구분이 된다. 황색지의 가격은 현재 미사용 상태로 거래되는 것이 없을 정도로 희귀하다. 거의 미사용 상태에 가까운 것이 1,500만 원 정도이고 미사용 상태로 존재한다면 2,000만 원이 넘을 것이다. 지폐의 상태 중에서 가장 낮은 병품이나 낡아서 찢어진 보품이라도 40~50만 원에 거래된다.

국내 유통 화폐 중 최고가에 거래된 한국은행 신 100환 황색지

치다가 중간에 깨서 영제 50원권을 꺼내 보기를 반복했다. 이런 생활은 한 달 넘게 계속되었다.

화폐 수집가,
그러나 평범하고 모범적인 가장

얼마 전부터 최호진 씨에게 또 다른 취미가 생겼다. 햇살이 좋은 날이면 베란다에 나가 그동안 수집한 지폐를 감상하는 일이다. 새로 구입한 지폐나 평소에 아끼는 지폐를 꺼내어 햇빛에 비추어 보면서 확대경으로 인쇄면의 상태를 꼼꼼히 살핀다. 만에 하나 있을지도 모르는 '작업'의 흔적을 찾아내기 위함이 아니다. 지폐는 인쇄 방식에 따라서 평판 인쇄와 요판 인쇄로 분류가 되는데 평판 인쇄는 인쇄지에 잉크를 그냥 찍기만 하는 제조 방식, 말하자면 판화의 방식이며, 요판 인쇄는 잉크에 볼륨감을 주어 잉크가 도드라지게 하는 방식이다. 예전에는 기술이 부족해 평판 인쇄가 대부분이었는데 현재는 대부분 요판 인쇄 방식으로 발행한다. 요판 인쇄의 경우 햇빛에 반사된 잉크의 영롱한 볼륨감과 빛의 각도에 따라 변하는 잉크의 색상이 보는 이로 하여금 눈물이 나게 할 정도로 아름답다. 그렇다면 평판 인쇄는 어떨까? 평판 인쇄라고 할지라도 기본적으로 지폐는 특수 잉크로 제조하기 때문에 평판 인쇄에 사용된 잉크의 반짝이는 신비로운 빛과 미세한 볼륨감은 오히려 요판 인쇄보다 더 황홀경에 빠지게 할 정도로 아름답다.

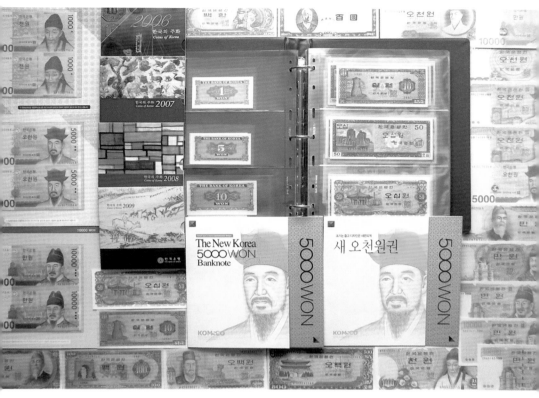

최호진 씨는 화폐뿐만 아니라 돈을 묶는 띠지까지도 수집한다. 심지어 100장을 묶는 띠지와 1,000 장을 묶는 띠지도 구별해서 수집한다. 뿐만 아니라 지폐 발행을 한다는 홍보 포스터도 모은다.

　돈을 모으는 것을 취미로 삼는 최호진 씨의 지갑에는 현금이 얼마나 들어있을까? 정확히 만 원 지폐와 천 원 지폐가 한 장씩 각각 앞면으로 맞추어져 들어 있었다. 돈을 모은다고 해서 반드시 부자는 아니다. 최호진 씨는 화폐 수집 외에 다른 곳에는 가급적 돈을 쓰지 않는다. 소주 한두 잔만 기울일 뿐이지 음주가무도 즐기지 않는다. 화폐 수집 카페의 닉네임도 딸의 이름을 사용할 만큼 가정적이고 가족을 위해서 최선을 다하는 이 시대의 평범하지만 모범적인 가장이다.

브랜드 커피도 아까워서 마시지 않으며 수집에 몰두하고, 수집함에 있어서 미친 듯이 몰두하는 그를 보면 화폐 수집이 한량이 하는 한가한 취미 생활은 아니라는 것을 알겠다. 돈이 많이 드는 취미이긴 하지만 마찬가지로 정성이 가장 중요한 덕목이다.

행복한 가정생활을 위한 부적, 청첩장

수 집 가 의   편 지 와
탄 원 서

청첩장 수집가 문형식 씨의 관련 자료를 수집하다 보니 제일 먼저 그가 각계각층의 유명인사에게 보낸 편지와 탄원서가 눈에 띈다. 문형식 씨의 편지를 받은 사람의 면면을 아무리 살펴봐도 그 공통점을 찾기 어렵다. 우선 한명숙 전 국무총리, 야구 선수 박찬호, 양궁 국가대표 선수 윤미진, 네덜란드를 비롯한 여러 해외의 대사관, 노씨 종친회가 눈에 띄는데 이들은 어떤 이유로 수집가 문형식 씨의 간절한 편지를 받았을까?

그 해답은 이렇다. 한명숙 총리는 최규하 전 대통령의 장례 위원장을 맡았다는 이유로 최규하 대통령의 장례식 순서지를 부탁하는 편지를, 야구 선수 박찬호는 자신의 결혼식을 우리나라의 많은 사람들이 축복하고,

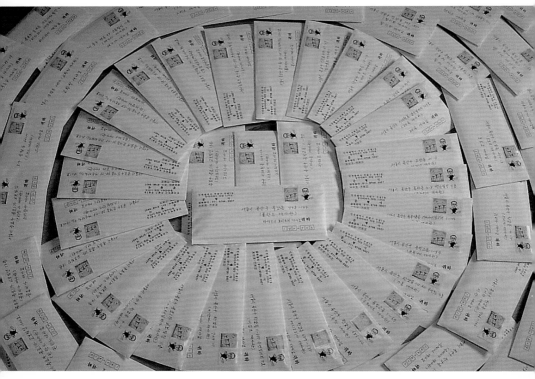

청첩장을 모으기 위해 보낸 수많은 편지와 탄원서들. 몇몇 편지만 읽어도 문형식 씨의 청첩장과 가정에 대한 애착을 느끼기에 충분하다.

또 청첩장을 구하기 용이하도록(?) 서울 시청 앞 광장에서 치렀으면 좋겠다는 제안 편지를, 전 양궁 국가대표 선수인 윤미진은 자신의 결혼 청첩장과 사진을 부탁받았는데 그 사진은 반드시 활의 시위가 입술에 맞닿는 장면이어야 한다는 편지를, 해외의 대사관들은 각 나라의 결혼 청첩장을 보내달라는 요청 서안을, 노씨 종친회에는 노무현 전 대통령의 딸 노정연 씨의 청첩장을 보내달라는 편지를 보냈다.

사실 문형식 씨는 이미 컴퓨터나 인터넷에 익숙하지 않고 능숙하게 다루는 연배가 아니다. 그러나 잠시 동안의 인터넷 검색만으로도 그가 인

터넷이라는 매체를 이용해서 얼마나 다양하고 광범위하게 청첩장을 수
집하기 위해서 활동을 펼쳐왔는지 쉽게 확인이 가능하다. 웬만한 사람들
은 잠시 잠깐의 호기심으로 그칠 일을 그는 치밀하게 오랫동안 실행에
옮겼다는 점에서 마땅히 그 용기와 결단력, 그리고 성실함을 높게 인정
해야 한다.

　몇 통의 편지와 탄원서만 읽어도 문형식 씨의 청첩장과 가정에 대한 애
착을 느끼기에 충분하다. 주말이 다가오면 나이 지긋한 분들은 참석해야
할 결혼식이 세 건이네 네 건이네 하면서 한탄한다. 아예 한 가정의 탄생
을 알리는 청첩장을 세금 고지서 취급하기 일쑤다. 청첩장을 보내는 당사
자들도 편의를 위한다지만 청첩장에 계좌번호를 기입하는 세심한 배려
를 발휘할 때가 많다. 가까운 인척이 아니면 천덕꾸러기로 취급하는 남의
청첩장의 무엇이 문형식 선생을 매료하게 만들었을까?

결혼,
인생에서 가장 중요한 행사

한국전쟁이 발발한 1950년에 출생한 문형식 씨는 경북 구미에서 고등학
교를 졸업한 후에 서울의 대학으로 진학했는데 돈벌이가 수월하겠다는
생각에 공대에 진학했다. 문형식 씨가 어렸을 때 부친은 한국전쟁으로 전
사했고 지인과 공동으로 마련한 서울의 집마저 전쟁으로 모두 잃은 상황
이라 그의 이런 결정은 이해가 된다. 그러나 공과대학에 진학한 일은 쉽
지 않은 결정이었다. 당시만 해도 고향의 어르신은 공대 이야기가 나왔을

때 "아니 기술을 배우는 공부도 대학에서 하느냐?"고 물으셨고, 다른 한 분은 "한의학과보다는 역시 법학과가 최고 아니냐?"라고 하셨으니 말이다. 그는 장래의 비전을 생각해서 공대에 진학했지만 애초에 문학을 좋아했다. 대학을 졸업하고 타고난 성실함으로 중소기업의 CEO까지 역임한 그는 현재 은퇴 후 가족과 오순도순 산다.

문학적 재능이 뛰어나진 않았지만 시와 수필을 좋아했던 그는 서울에 살면서 유명 문학가의 결혼식에 관심을 가지게 된다. 그때부터 그는 유명인의 관혼상제에 참석하기 시작하는데 김동리 작가의 회갑잔치, 황금찬 시인의 각종 시상식, 심지어 주요섭 선생의 장례식에도 참석했다. 그러나 그는 유명한 문인들과의 개인적인 친분이 없기 때문에 '초대받지 못한 하객'의 신분이었다.

초등학교 은사의 딸과 결혼한 그는 애초부터 결혼이 인간만사에서 가장 중요한 행사라고 생각했고 결혼생활의 소중함과 중요성을 깊이 깨달았다. 그러다가 1972년 11월 26일 고향의 4년 선배가 안양역 앞에서 결혼한다는 청첩장을 받았다. 그 당시 그의 나이가 23살이었는데 그의 인생에서 처음으로 받은 청첩장이었다. 그 나이 또래에서는 청첩장이 부모님 앞으로만 왔지 본인이 직접 청첩장의 수신자가 되기는 어려웠다. 난생 처음으로 청첩장을 받은 문형식 씨는 뿌듯하고 기쁜 감정을 오래 간직하기 위해 그 첫 청첩장을 소중히 간직하기로 했다. 그로부터 1년 뒤 급기야 학교를 함께 다닌 친구의 청첩장을 받게 되는데 그 신기함과 어른이 되었다는 자랑스러움 때문에 그 청첩장도 소중히 간직하기로 했다.

그때부터 그는 청첩장을 받으면 일단 버리지 않고 보관하기 시작했고 이것이 그의 청첩장 수집의 기초가 되었다.

그가 인생을 살면서 크게 느낀 점이 있다고 한다. 사람에게는 세 가지 크게 중요한 사건이 있는데 첫째가 출생, 둘째가 결혼, 셋째가 죽음이라는 것이다. 이 생각을 하면서부터 그는 본격적으로 청첩장을 수집하기로 마음먹었다.

그의 초창기 수집 대상은 여러 나라의 지폐였다. 그러나 지폐는 우표와 함께 흔한 수집의 대상이었고 지폐를 수집해서는 1등을 하지 못하겠다는 생각에 수집의 대상을 청첩장으로 바꾼다. 청첩장은 수집하는 사람이 매우 드무니 쉽게 최고가 되지 않겠느냐는 생각이었던 셈이다. 청첩장을 수집하기로 결정한 그는 일단 다락방부터 뒤지기 시작했다. 과거에 버리지 않고 보관해두었던 지인들의 청첩장이 무사히 잘 있는지 확인하기 위해서였는데 다행히 그 청첩장들은 잘 있었다.

수집으로
사회에 공헌하기

그는 수집 초창기부터 다양한 사람들의 청첩장을 손에 넣기 위해서 무쏘의 뿔처럼 돌진하는 사람은 아니었다. 그도 초창기에는 청첩장이라는 흔치 않은 수집 대상을 다소 부담스러워했고 당연히 주위 사람의 시선을 의식했다. 그래서 조심스럽게 남몰래 청첩장을 수집했는데 2001년 직장을 퇴직하면서 이를 계기로 공개적으로 청첩장을 수집하기 시작한다. 방송과 각종 언론에 인터뷰를 마다하지 않았고 인터넷을 통해서도 적극적으로 청첩장을 구하기 위해 구애를 펼쳤다. 그가 방송에 나가고 언론에 모

2014년 축구 선수 박지성과 아나운서 김민지의 결혼식 청첩장은 특별한 디자인으로 많은 사람들의 관심을 끌기도 했다.

습을 비춘 이유는 단순히 자신의 수집 활동을 자랑하기 위함이 아니었다. 외부에 자신의 활동을 알림으로써 더욱 많은 청첩장을 수집하고, 많은 사람들의 협조를 얻을 수 있으리라는 생각 때문이었다.

수집가 문형식은 항상 자신의 수집 활동과 관련해 사회적인 공헌을 하기 원하는 사람이다. 내가 직접 만나보고 그의 활동에 대한 자료를 수집하면서 느낀 바로는 그랬다. 애초에 그가 청첩장을 수집하게 된 계기가 따지고 보면 결혼 생활과 가족을 무척 소중하게 생각했기 때문이다. 그는 '이혼'(그는 이혼을 '이 더하기 혼'이라고 떼어 말한다)이라는 말을 사용하지 않는다. 지금처럼 이혼이 흔하고, 아무런 문제가 되지 않는 시대에 가정과 가족의 소중함을 중시함으로써 그 가치를 지키기 위한 노력이다.

그는 88 서울올림픽 때 뭔가 나라를 위해서 기여하고자 했는데 그 뜻을 이루지 못한 걸 아쉬워했다. 그때는 엄연히 직장인이었고 수집 활동을 본격적으로 시작하기 전이어서 그에게 쉽지 않은 일이기는 했다. 그러나 2002년 월드컵 때는 뭔가 나라를 위해서 공헌하는 일을 하기로 결심했다. 고심 끝에 그는 월드컵을 맞이해서 우리나라를 방문하는 외국인과 내국인을 위해서 '세계 결혼 청첩장 전시회'를 개최하겠다고 결심했다. 대충 어림잡아 계산해보니 '세계 결혼 청첩장 전시회'를 열려면 자금이 800만 원 정도는 필요했다.

평범한 직장인이자 가장으로서는 큰 금액인 800만 원을 마련하기 위해서 그가 고심하고 있을 때 한 지나간 신문기사가 눈에 들어왔다. 1999년 북한에서 귀순한 한 남자가 결혼 소개 업체의 행사를 통해서 결혼했는데 그 결혼 중개업체에서 누구든지 그 부부의 청첩장을 북한에 있는 부모에게 전달하면 1,000만 원의 상금을 주겠다고 한 것이다. 시기가 많이 지났지만 그 이벤트의 유효 기간이 통일 때까지라고 밝히고 있어 문형식 씨는 한번 도전해볼 만하다고 생각했다.

그는 그 신문기사를 보자마자 결혼 중개회사에다 편지를 썼다. 그 현상금이 아직도 유효한지 그리고 그 상금을 받아간 사람이 이미 있는지 여부를 문의했다. 그리고 상금을 받는다면 월드컵이 시작되는 하루 전날인 2002년 5월 30일에 계획 중인 '세계 결혼 청첩장 전시회'를 개최하는 비용으로 사용하겠다고 약속했다.

물론 문형식 씨는 이를 통해서 더 많은 청첩장을 수집하겠다는 생각이었고 실제로 이 일을 성사시키기 위해서 외국의 대사관에 편지를 보내기도 했지만 아쉽게도 그 결혼 중개회사가 문형식 씨의 제안에 아무런 답변을 하지 않아 그의 모든 계획은 무산되고 말았다. '세계 결혼 청첩장 전시회'는 구체적인 계획과 시도를 해보기도 전에 실패를 해서 그의 실패를 기억하는 사람이 없지만 그는 지금도 그 일을 아쉬워한다. 그러나 그는 결국 30년간의 청첩장 수집 생활을 통해서 누구나 알 만한 국내외의 인사를 포함해서 1,300여 장이 넘는 청첩장을 수집했다.

문형식 씨는 그동안의 수집 생활을 통해 1,300여 장이 넘는 누구나 알 만한 국내외 유명 인사들의 청첩장을 수집했다.

청 첩 장 을 수 집 하 며

인 생 을 배 우 다

그의 수집 인생에서 빼놓을 수 없는 에피소드는 서강대학교 왕상한 교수의 청첩장과 관련이 있다. 왕상한 교수의 결혼이 의미 있는 것은 주례를 안 하는 것으로 유명한 법정 스님이 유일하게 주례를 섰던 결혼식이었기 때문이다.

법정 스님은 평소 주례 부탁을 받을 때 "결혼도 안 해본 사람이 어떻게 주례를 서느냐?"며 정중히 거절했는데 스무 살의 왕상한 교수가 큰 뜻 없이 "혹시 내가 결혼한다면 주례를 해주시겠느냐?"고 조심스럽게 여쭈자 법정 스님은 "다른 사람이 아닌 상한이가 결혼한다면 주례를 서 주어야지"라고 웃어넘겼다고 한다. 그런데 20년 후 왕 교수가 옛날 약속을 꺼내들고 법정 스님을 찾아와 법정 스님이 처음이자 마지막 주례를 했다고 한다.

시간이 좀 지난 후, 그 사연을 알게 된 문형식 씨는 왕상한 교수의 청첩장을 구하고 싶었다. 그래서 왕 교수에게 청첩장을 부탁하는 편지를 썼다. 편지를 받은 왕상한 교수는 본인에게도 남아 있는 청첩장이 없고 주변 사람들에게 모두 물어보았지만 청첩장을 가지고 있는 사람이 없다며 미안해했다. 없는데 어떻게 주겠느냐는 하소연에 그는 결국 청첩장을 손에 넣지는 못했지만 소득이 전혀 없었던 것은 아니었다. 수집 생활에서 구하고자 하는 물건을 못 구했을 때 마음을 다스리는 법을 배우게 되었기 때문이다. 결국 수집이라는 취미가 자신의 즐거움을 위한 것인데 구하려는 물건을 구하지 못했다고 화를 내면 결국 취미 생활이 스트레스의 주범이 된다는 그의 말에 고개가 끄덕여졌다.

축구 스타 안정환은 2000년 결혼식을 했는데 스타의 결혼식이다 보니 초대장을 받은 사람만이 결혼식장에 입장이 가능했다. 문형식 씨는 당연히 초대장이 없었고 청첩장은커녕 결혼식장 입구에서 경호원에게 제지를 당한 수모를 겪었다. 그는 경호 책임자에게 본인은 청첩장 수집가이며 결혼식장에 들어가서 밥을 먹으려는 목적이 아니니 제발 들어가게 해달라고 부탁했지만 거절을 당했다.

그는 포기하지 않고 경호 책임자에게 자신이 청첩장 수집가라는 사실을 강조하며 제발 청첩장 하나만 구해달라는 부탁을 했고 매서운 겨울 날씨에도 아랑곳하지 않고 역시 같은 처지인 안정환 선수의 팬들과 밖에서 하염없이 기다렸다. 결국 문형식 씨의 부탁을 받은 경호원이 안정환 선수의 청첩장을 건네주었다. 그렇게 2000년에 결혼한 안정환 선수는 2002년 월드컵에서 맹활약을 했고 특히 이탈리아전에서 극적인 골을 기록한 후 반지 세리머니를 보여주었는데 그 순간 문형식 씨는 안정환 선수의 결혼식 때 고생했던 보람과 뿌듯함으로 기뻐서 어쩔 줄을 몰랐다.

문형식 씨는 유명인사의 결혼식 소식을 주로 신문에 의지하는데 항상 메모를 한다. 국민 타자 이승엽 선수의 결혼식도 일찌감치 그 날짜와 장소를 적어두었고 삼성 라이온즈의 오랜 팬이라 더욱 기대를 많이 했다. 그런데 결혼식 일주일 전부터 정작 중요한 결혼식 시간을 착각했다고 한다. 결혼식은 오후 1시에 열리는데 4시로 착각했고 당일 오후 3시에나 식장에 도착했다.

그러나 이미 오후 1시에 열린 결혼식은 모두 끝나고 직원들이 식장을 청소하고 있는 장면만 보게 된다. 기가 막히고 어이가 없었지만 정신을 차리고 잘 살펴보니 엘리베이터를 경호원이 지키고 있었다. 아마도 폐백은 아직 끝나지 않은 것 같았다. 청첩장을 받을 수도 있겠다는 희망이 생겼다. 그는 청소를 하는 직원에게 이승엽 선수의 청첩장을 구해달라고 요청했지만 그 직원도 어찌할 방법이 없었다. 대신 그 직원은 휴지통에서 건져낸 이승엽 선수의 축지를 건네주었다.

그러나 문형식 씨는 축지에 만족하지 않았다. 축지를 받아 쥐고도 30여 분을 더 프런트에서 버티고 있었는데 마침내 엘리베이터에서 신랑 신부의 친구로 보이는 선남선녀 열 명 가량이 우르르 나오는 것을 목격하고 그들을 황급히 쫓아갔다. 그들에게 자신이 결혼식에 온 이유와 상황을 설명하면서 청첩장을 양도해달라고 사정했지만 친구들은 낯선 이를 경계해서인지 청첩장을 주지 않았다. 그러나 문형식 씨의 진심이 통했는지 한

예식 시간을 잘못 기억해 예식이 끝나고 나서야 도착한 식장에서 겨우 구한 이승엽 · 이송정 부부의 결혼식 축지. 그는 청첩장 외에도 결혼 축지나 관련 기념품도 여럿 모았다.

참을 부탁한 결과 신부의 친구 중의 한 명이 본인이 가지고 있던 청첩장을 건네주었다. 문형식 씨는 이승엽 선수의 청첩장을 구하면서 어떤 일을 하자면 끈기와 포기하지 않는 정신이 필요하다는 교훈을 얻었다며 그때의 일을 지금도 뿌듯해한다.

가수 싸이의 경우는 조금 특별하다. 평소 유명인사를 자기 나름대로 A, B, C의 등급을 매겨서 수집을 해왔는데 싸이의 경우는 아무래도 나이 대와 노래와 퍼포먼스의 스타일이 상이한 점이 많아서 C급으로 분류를 했다. 싸이는 워커힐 호텔에서 결혼을 했는데 본인의 취향과도 맞지 않고 C급 인사로 분류를 해놓은 터라 가지 않을까 생각도 했지만 뭔가에 씌었는지 싸이의 결혼식장을 찾았고 청첩장을 손에 넣었다. 그렇게 문형식 씨에게는 C급으로 시작한 가수 싸이였지만 어느 날 〈강남 스타일〉로 월드스타가 되었고 덕분에 자신도 뛸듯이 기뻤다고 한다. 싸이의 성공을 자랑스럽게 생각한 나머지 잡지사에서 수집 관련해서 인터뷰를 할 때 수많은 청첩장 중에서 싸이의 청첩장을 들고 사진을 찍었다.

탤런트 송일국의 청첩장 수집은 그 결혼식의 주례 선생에게 직접 부탁했는데 사연을 전해들은 송일국 측이 청첩장뿐만 아니라 답례품까지 풀세트로 보내주었다고 한다.

청첩장을 소중히 간직하는 부부는
이혼하지 않는다

문형식 씨에게 청첩장은 단순히 결혼식을 알리는 알림장이 아니라 결혼이라는 일생일대의 사건을 추억하게 하고, 간직함으로써 행복한 결혼생활을 하게 되는 징표가 되며 가정을 넘어서 타인과의 긴밀한 관계를 만들어주는 가교다. 평소 그는 결혼하는 사람에게 반드시 청첩장 세 장은 간직하라고 당부한다. 부부가 각각 세상을 떠날 때 가슴에 품고 땅에 묻히게 하기 위함이며 부모의 사후에 자식들이 부모의 청첩장을 간직하여 자신들의 뿌리를 되새겨 가정이라는 울타리를 소중히 여기게 하기 위해서다. 그는 청첩장을 소중히 간직하는 부부와 자식은 절대로 이혼을 하지 않는다는 생각을 오래전부터 해왔다.

일반적으로 스타들이 결혼을 하면 많은 팬들이 떠난다고 한다. 그러나 문형식 씨는 그 반대다. 스타들의 결혼을 계기로 청첩장을 받고 그 순간부터 그의 열렬한 팬이 되며 그의 성공을 함께 기뻐한다. 그는 청첩장으로 맺어진 인연을 평생 동안 함께한다.

일반적으로는 은퇴 이후 할 일이 없어서 고민이 되는데 문형식 씨는 반대로 할 일이 너무 많아서 고민이다. 우선 그는 청첩장 수집으로 기네스북에 등재되는 것을 목표로 삼았다. 또한 장기적인 목표이긴 하나 언젠가는 반드시 '세계 청첩장 박물관'을 건립하고 싶어 한다. 그러자면 해외의 청첩장을 다양하게 수집해야 하는데 이를 위해서 문형식 씨는 각 대사관에 공문을 보내서 그들의 독특하고 전통적인 청첩장을 보내달라고 부탁을 할 계획이다. 실제로 그는 지인을 통해서이긴 하나 동티모르의 국회의장 청첩장을 구하기도 했고, 아랍에미리트연합을 비롯한 중동 국가의 청첩장을 다수 소장 중이다. 박물관을 건립하고 나면 다음 목표로 그는 '이더하기 혼(이혼)'의 예방 주사를 마련하는 프로그램을 만들어서 모든 부부가 백년해로 하는 사회를 위해 공헌할 계획이다.

우리 문화와 문학의 자양분, 괴담

괴 담 이 란 ?

괴담과 놀이 기구는 묘하게 닮았다. 남녀노소가 즐기지만 특히 아이들이 무서워하면서도 조르는 대상이다. 귀신 이야기를 들려주면 별 오두방정을 떨면서도 여름이면 들려달라고 조른다. 놀이기구를 타면 온갖 비명을 지르면서도 놀이동산 가는 날을 손꼽아 기다리는 것과 다르지 않다. 그러고 보면 괴담은 대부분 비극이어서 카타르시스를 제공하기 때문에 사람들이 무서워하면서도 한편으로는 즐기는 듯하다.

2014년 초 전 세계에 〈렛잇고 Let it Go〉의 열풍으로 즐겁게 해준 영화 〈겨울왕국〉을 만든 월트디즈니는 일치감치 전 세계의 민담을 수집해왔다고 한다. 단순히 무서운 이야기라고 치부하는 민담이나 괴담이 중요한 무형 자산이며 때로는 전 세계 사람들을 감동시키는 유형 자산으로 변모할 수 있다는 것을 우리는 실감했다. 한·중·일 3국의 괴담을 분석 연구한 사료인 《귀신, 요괴, 이물의 비교문화론》에 의하면 괴담이란 '요사스러운 이야기'이며 일회성의 이야기로 끝나지 않고 사람에게 흥미를 유발시켜 지속적으로 회자되고 기록되어 읽힌다.

《귀신, 요괴, 이물의 비교문화론》에 의하면 괴담은 '괴이'가 무엇에 의해 야기되었느냐에 따라 크게 세 가지로 분류된다. 첫 번째는 괴이의 원인을 자연 속에서 찾는 유형인데 대량의 채벌을 막기 위해 그나마 정직한 채벌꾼의 꿈에 뱀이 나타나 채벌을 멈출 것을 요청하는 괴담이 여기에 해당된다.

두 번째 유형은 괴이의 원인을 인간 속에서 찾는 유형인데 가족, 부부, 교우, 주종 관계의 '뒤틀림'이 원인이 된다. 우리가 어린 시절 즐겨보았던 '전설의 고향'에 등장하는 귀신이 대부분 여기에 해당된다. 이 유형에 등장하는 유령은 보통 생전의 모습으로 출현하는데 나타난 것이 자신이라는 것을 인식시키기를 원하기 때문이다. 유령이 출연하는 이유는 '뒤틀림'과 '원한'을 풀기 위해서이거나 혹은 '원한의 마음'을 단순히 이야기하고 싶어서이기도 하다. 이 유형의 괴담이야말로 동아시아 괴담의 본류이며 오늘날 괴담의 걸작이라고 불리는 대부분의 것들을 포함한다.

세 번째 유형은 상술한 두 가지의 절충형에 해당되며, 괴이를 야기하는 원인이 인간 측에 있지만 괴이 그 자체는 자연 속에서 찾는 사고방식이다. 어떤 인물의 원한이 홍수나 역병을 일으켜 많은 사람들에게 고통을 주는 이야기가 여기에 속한다.

'괴이를 믿는 마음의 상태'에 대해 고찰하여 큰 성과를 남긴 야나기타 구니오柳田國男는 유령과 요괴를 등장하는 시각과 장소, 상대에 따라 구분했는데 즉 '유령'은 새벽 2~3시 반으로 상징되는 한밤중에 어디에서라도 나타나고, 특정 상대에 대해서 나타나며, 요괴는 초저녁과 새벽의 어스름한 시간대에 특정한 장소에서 누구에게라도 나타난다고 한다. 일본의 국문학자 스와 하루오諏訪春雄는 유령을 '원래 인간이었던 자가 죽은 후, 사람의 속성을 지니고 나타난 것'으로 요괴는 '인간 이외의 것, 혹은 사람이 사람 이외의 형태를 취하고 나타난 것, 그리고 사람 이외의 존재가 사람의 형태로서 나타난 것'으로 정의하기도 한다. 이 역시 《귀신, 요괴, 이물의 비교문화론》에 나오는 이야기다.

꽃 중 년 괴 담 수 집 가
이 상 민

소설가이자 칼럼니스트, 콘텐츠 기획자이면서 다양한 분야에 걸쳐 전방위적인 글쓰기를 하고 있는 꽃중년 이종 집필가인 이상민 씨가 괴담을 수집한 계기는 이렇다. 그는 어린 시절 부모가 이혼을 하자 경북 의성에서 조부모와 함께 살게 되었는데 할머니가 무속인이었다. 그의 할머니는 고객들의 길흉화복을 점치는 점쟁이라기보다는 나쁜 귀신을 쫓아내는 역할(퇴마사)을 주로 하셨다. 할머니 본인이 귀신에 씌어서 다른 사람에게 붙은 나쁜 귀신을 쫓아내셨는데 일을 마치고 돌아오는 길에는 할머니가 오들오들 무서움에 떠셨다고 한다. 귀신이 자신의 몸속에 자리 잡고 있을 때에는 괜찮았지만 일단 귀신이 떠나면 할머니 본인도 무서워했던 것이다.

귀신을 쫓아내고 돌아오는 길이 무서웠던 할머니는 손자인 이상민 씨를 즐겨 데리고 다녔는데 무속인인 할머니의 눈에도 이상민 씨의 기운이 남달라서 할머니의 든든한 버팀목으로 여겼다. 신기하게도 이상민 씨와 동행하면서 더 이상 할머니는 집으로 돌아오는 길에 공포를 느끼지 않았고 그는 할머니로부터 많은 괴담을 들었다. 그때부터 이미 이상민 씨는 귀신에 대한 두려움이 없었고 오히려 귀신에 대한 친화력마저 생겨서 괴담 수집가로서의 자질을 갖추었다.

성인으로 자라는 과정에서 복잡한 집안의 사정에 대한 불만이 있었지만 부친에게 '빚을 지기 싫어서' 사고 따위는 치지 않았고 대신 '괴담' 수집에 몰두했다. 그러나 '작가'로서 자리를 잡고서부터는 취미로서가 아닌 직업상 필요해서 괴담을 본격적으로 수집하게 되었다.

원래 괴담이란 기록이 전제되어야 하는데 요즘은 인터넷의 영향으로 미처 기록이 되기 전에 이야기들이 금방 사라진다고 한다. 문학의 소재로 괴담이 절실한 이상민 씨는 보다 적극적으로 괴담 수집에 몰입했는데 그가 괴담을 수집하는 데에는 발품이 중요한 자산이다.

그가 좀 더 젊은 시절에는 시간 날 때마다 전국 방방곡곡을 돌아다녔다는데, 이때는 주로 몸을 의탁했던 숙박업소 주인에게 직접 괴담을 전해 듣곤 했다. 일단 괴담을 들으면 그는 그 괴담의 배경이 되는 장소를 직접 찾는 대담성을 발휘한다. 그가 발굴한 중요한 괴담인 '중고차 시장 BMW'도 그가 직접 발품을 팔아 얻은 결과물인데, 서울 강북 소재의 중고차 시장을 빈번하게 다니다가 친해진 한 업주와 술을 마시다가 우연히 들은 경우다. 중고차 시장으로 흘러들어 오는 차들은 온갖 사연들이 많은데 유독 한 달에 열 번 거래가 된 고급 외제차 BMW에도 사연이 있었다. 중고차 사장에게 들은 그 차에 얽힌 사연은 이랬다.

중고차 판매점 사장은 문제의 BMW가 한 달에 열 번이나 거래가 되니 사고팔면서 이윤이 남아 처음엔 좋아했는데, 열 번째 다시 그 차를 사들일 때는 궁금증과 괴이함을 참지 못하고 팔러온 자동차 영업사원에게 왜 이 차를 다시 팔려고 하는지 물었다. 그 영업사원은 외제차를 갖고 싶었던 차에 시세보다 훨씬 저렴하게 나온 문제의 BMW를 구매하고 무척 기뻐했다. 차를 구매하자마자 지방 출장을 가는데 어쩐지 오싹한 기분이 들어서 무심코 차창을 보았는데 자기 얼굴이 자신을 보고 있었다. 기겁을 한 그는 급하게 창문을 내렸는데도 여전히 자신의 얼굴이 차 속의 자신을 들여다보고 있는 걸 보고 놀란 나머지 가드레일에 충돌하고 말았다.

괴이한 일은 이것뿐만이 아니었다. 자신의 아내가 새로 산 BMW를 자랑하느라 친구들과 통화를 하면서 운전을 했다고 한다. 그런데 뒷좌석에 있는 아이들이 장난을 치는 바람에 통화에 방해가 되어 전화를 끊었다. 별생각 없이 아이들에게 장난을 치지 말라는 주의를 주려고 뒷좌석으로 시선을 돌리는 순간 딸아이에게서 전화가 왔다. 그 순간 그녀는 아이들을 집에 두고 온 사실을 기억해냈다. 차마 아무 말도 못하고 온몸이 오싹해진 채 간신히 톨게이트를 통과하는데 톨게이트 직원이 "딸아이가 참 예쁘네요"라고 말했다고 한다. 그녀는 더 이상 참지 못하고 괴성을 질렀고 놀라기는 톨게이트 직원도 마찬가지였다. 이 두 사건을 겪은 차주인 영업사원은 차를 팔았고, 중고차 매장의 사장은 왠지 찜찜해서 문제의 그 BMW를 폐차시켰다고 한다.

IMF 같은 사회적으로 큰 어려움을 겪는 시절에는 유난히 사연이 많은 차가 중고차 시장으로 흘러들어 온다. 그 차 역시 잘나가던 회사의 사장이 몰다가 불황의 어려움으로 고민한 나머지 차 안에서 연탄가스를 마시

작가로서 자리를 잡으면서부터 문학의 소재로 괴담이 절실했던 이상민 씨는 취미로서가 아닌 직업상 필요에 의해 괴담을 수집하게 되었다.

고 자살했는데 그 차를 새로 산 사람들이 한결같이 괴이한 일을 겪었다며 호소를 했다고 한다.

확실히 괴담은 잘 사는 시대보다는 불황으로 인한 명퇴나 자살이 많은 시대에 흔하다. 반대로 2002년 월드컵과 같은 전 국민이 즐거워하고 축제 분위기였던 시절은 괴담이 현격이 줄었다.

괴 담 의
사 회 사

〈겨울왕국〉의 예처럼 괴담이나 민화는 중요한 문화 자산이며 가시적인 경제적 성과를 내기도 하는데 괴담에 대한 많은 연구, 조사, 기록이 유지

되고 관리되는 일본에 비해 우리나라는《용재총화》를 제외하면 자랑할
만한 저작이 없어서 문학적인 소스로 괴담을 활용하기가 곤란한 것이 현
실이다. 괴담은 단순히 무서운 이야기가 아니라 억울함에 대한 호소, 자
신이 겪은 부당함에 대한 항변 등이 많은데 이는 사회적인 부조리를 고
발하는 매체로서 기능을 담당한다는 증거이고 괴담에 대한 연구와 자료
수집이 절실한 이유가 된다.

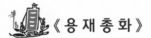 **《용 재 총 화》**

조선 중기 예문관과 성균관의 최고 학자이자 관료인 성현成俔, 1439~1504이 지은 책으
로 1525년 간행되어 필사본으로 전해오던 것이, 1909년 조선고서간행회朝鮮古書刊行
會에서 간행한 ≪대동야승大東野乘≫에 채록되어 널리 알려지게 되었다.
고려로부터 조선 성종에 이르기까지 형성되고 변화된 민간 풍속이나 문물, 제도, 역
사, 종교, 문학 등 문화 전반에 걸쳐 다루고 있어, 당시의 문화를 이해하는 데 많은 도
움을 주는 책이다. 이 책은 유명인들의 일화나 해학담뿐 아니라 일반 대중이나 천민
들의 이야기까지 다양한 설화를 담고 있어 오늘날 민속학이나 구비문학 연구의 자
료로서 중요성이 크다.

2012년 서해문집에서 출간한《용재총화》. 이외에도 여러 출판
사에서 새로 번역되어 출간되고 있다.

괴담은 사회적인 부조리를 고발하는 매체로서의 역할뿐만 아니라 아이들의 예절 교육에 효과적인 '터부'가 포함되어 밥상머리 교육으로서 기능도 수행한다. 가령 문지방을 밟고 지나다니지 말라는 식의 터부가 포함된 괴담은 평범한 지시나 잔소리보다 아이들에게 훨씬 효과적이기 때문에 나쁜 버릇을 고칠 수도 있다는 이야기다. 뿐만 아니라 괴담은 이야기 자체보다는 각자의 자발적인 상상에 의해 더욱 공포심을 자극시키기 때문에 단순한 학습지보다는 훨씬 더 아이들의 상상력을 키우는 데 도움이 된다는 것이 이상민 씨의 지론이다.

괴담은 시대에 따라 그 콘셉트가 변화하는데 그게 자연스럽고 필연적이긴 하다. 왜냐하면 과거엔 조부모와 손자의 생활 패턴이나 환경이 거의 같았으니 괴담이 잘 통하고 공감되었지만 요즘이야 어디 그런가? 예전에는 '자는 아이를 호랑이가 물어갔지만' 요즘 호랑이는 동물원에서만 실제로 볼 뿐 비현실적인 동물일 뿐이다. 그래서 요즘 괴담은 '봉고차에 태워 끌고 갔다'는 식의 표현이 더 실감나고 공감을 얻는다고 한다. 그리고 요즘 괴담은 과거의 것에 비해서 좀 더 구체적이고 사건의 형식을 갖춘 것이 많다. 예전처럼 두루뭉술한 숫자의 개념이 아니어서 "다섯 명이 만두집에 갔는데 그 중 네 명이 나왔고 한 명은 인육으로 만든 만두를 먹고 나오지 못했다"는 식이다.

그러나 확실히 24시간 IT 기기와 함께하고, 유치원생도 스마트폰을 갖고 다니는 우리 세대는 괴담이 부모 자식 간에도 구전되기 힘들다. 어쩌다 유치원 교사가 아이들에게 무서운 이야기를 들려주면 그 아이가 부모에게 고자질해서 당장 항의 전화를 받아야 하는 게 요즘 우리나라다. 게다가 생활 패턴이 하루가 다르게 급변하는 우리 사회는 10년 전의 괴담조차도 구시대의 유치한 이야기로 취급받기 십상이다. 공감을 얻지 못하는 괴담은 금방 폐기되며 괴담을 입에 자주 올리면 스마트 세대에 뒤떨어진 비이성적인 사람으로 취급받기 일쑤다.

이런 사정 때문에 사실 국내에서는 괴담이 본격적으로 연구되고 수집되기가 어렵다. 우리나라의 괴담과 관련해서 웃기고도 슬픈 이야기를 하자면, 괴담을 다루는 한 케이블 방송에서 이상민 씨에게 섭외 요청이 와 인터뷰라도 하면 모 종교 단체로부터 벼락같은 항의가 쇄도한다고 한다. 왜 미신의 소산인 괴담에 관한 내용을 방송으로 내보내느냐는 것이다. 과거 〈이야기 속으로〉를 비롯한 괴담을 다룬 프로그램이 양호한 시청률에도 불구하고 폐지된 이유 중의 하나가 모 종교 단체의 극렬한 항의와 경고 때문이라는 이야기가 있을 정도다. 그러나 비슷한 내용을 다루는 〈서프라이즈〉는 괴담 이야기를 종종 다루는 데도 살아남은 비결이 방영 시간대가 그 종교인들이 종교 행사를 갖는 시간대이기 때문이라는 우스갯소리가 나올 정도다.

그러면 일본은 괴담을 어떻게 다루고 있을까? 괴담을 그냥 실없는 사람이 지껄이는 황당무계한 이야기로 취급하는 우리와 달리 일본은 괴담을 하나의 연구 과제로 삼아 괄목할 만한 자료를 남기기 시작한 게 벌써 수백 년 전의 일이다. 괴담을 터부시하는 우리와 달리 일본은 괴담 전문 잡지만 여러 권 있고 괴담을 수시로 투고받는다. 한마디로 일본은 괴담의 천국이다. 일본 괴담의 특징은 아이가 많이 등장한다는 것인데 이는 출산에 대한 공포를 반영하는 것이라고 이상민 씨는 분석한다.

또 일본은 뿌리는 같은데 내용이 조금씩 다른 다양한 버전의 괴담도 많다. 각 지역별로 특수성이 가미된 독특한 괴담이 발달되었는데 이는 일본 괴담의 풍요로움에 크게 도움이 되고 이런 풍성한 괴담은 애니메이션, 영화를 비롯한 대중문화의 발달에 중요한 밑거름이 되고 있다.

평소에 이상민 씨는 문학을 지망하거나, 밥벌이로 삼고 있는 후배들에게 《삼국유사》를 일독하도록 권한다. 《삼국유사》의 야담이나 괴담이 문학적인 자양분이 되기에 충분하다고 생각하기 때문이다. 《삼국유사》만 잘 읽어도 평생 쓸 이야깃거리가 나온다는 소리다. 아울러 《삼국유사》가 과거의 괴담을 밑바탕으로 해서 창작되었듯이 오늘의 괴담을 잘 수집하고 기록한다면 미래 세대 문학가들의 큰 자양분이 될 것이라고 확신한다.

역사를 담는 그릇, 영상 장비

사 진 이 라 는
예 술 과 취 미

사진은 비교적 진입 장벽이 낮은 예술이다. 가령 그림만 해도 그림에 남다른 소질을 가지고 태어나지 않는 이상, 누가 봐도 '이건 낙서가 아니고 그림이구나'라는 생각을 갖게 만들려면 꽤나 긴 수련이 필요하다. 그림에도 소질이 없고 음계도 읽지 못하는 나 같은 사람에게 사진이라는 예술은 꽤 매력적이다. 사진 전문가가 들으면 무식의 소치이기는 하겠지만 셔터를 누르고 인화만 하면 공모전에 출품이 가능하니까 말이다. 사실 한때 사진작가라는 타이틀을 욕심내서 사진협회에서 주관하는 여러 공모전에 출품을 했고 촬영 대회를 다니기도 했지만 그쪽과는 취향이 맞지 않아 지금은 하지 않는다.

그러나 사진이라는 예술이나 취미가 가진 엄청난 순기능을 최근 발견했다. 평생을 초등학교 교사로 근무하다가 오래전에 퇴직한 친지에게 전화를 드리니 낮 시간인데도 약주를 한잔 하고 계셨다. 그것도 아주 기분좋게 떠들썩한 분위기 속에서 말이다. 무슨 일인지 여쭤보니 그날 사진작가로 등단하게 되었단다. 사진작가라는 호칭을 쓰려면 사진작가협회에서 주관하는 촬영 대회와 공모전에 참가하여 일정 수준 이상의 입상 경력이 있어야 하고, 각종 사진 관련 교육에도 참석해야 한다. 협회에서 요구하는 자격 요건을 갖추려면 꽤나 긴 시간과 노력 그리고 입상 경력이 필요한데 그분은 이 모든 필요조건을 그것도 단기간 내에 완수했다고.

명함에 '사진작가'라는 호칭을 자랑스럽게 넣게 된 그분은 아들이 서울대학교에 합격이라도 한 것처럼 기쁘고 즐거워보였다. 덩달아 나도 기분이 좋아졌다. 아무려면 어떤가? 사진이라는 매체를 통해서 즐거우면 그만 아닌가? 노년에 사진작가라는 미션을 완수하기 위해서 전국을 다니면서 여행도 하고 사진도 찍고 입상도 해서 본인이 즐겁다면 더 이상의 행복은 없다. 아무 하는 일 없이 시간만 때우는 노년의 일상보다는 훨씬 활기찬 삶이고 권장할 만하다.

서울의 삼청동이나 혜화동의 벽화마을 같은 사진 찍기에 좋은 장소에 가보면 예순도 훨씬 넘어 보이는 할아버지 할머니들이 한눈에도 고급스러워 보이는 DSLR과 렌즈를 가지고 촬영을 다니시는 모습을 보곤 한다. 평생을 일과 자식을 위해 봉사한 분들인데 노년에 조금 비싼 장비로 취미 생활을 하는 분들을 설마 장비병에 걸렸다고 비하할 사람은 없으리라.

사진이라는 예술과 취미에 굳이 나이를 국한할 필요는 없지만 노년의 즐거움으로 찾는 좋은 도구임에 분명하고 촬영을 하자면 자연스럽게 여행도 많이 하게 되니 나는 나이 드신 분들께 적극적으로 권한다.

무슨 취미건 간에 장비의 중요성은 강조해도 지나치지 않다. 그리고 고가의 장비는 아무래도 더 나은 결과물을 내놓는다. 물론 가격 대비 성능을 따지면 꼭 최고가의 장비를 고집할 필요는 없겠지만 아무래도 기왕에 사진을 하게 되었으니 더 좋은 장비를 추구하는 게 인지상정인가 보다. 국내 최대의 사진 커뮤니티인 'SLR 클럽' 같은 곳도 "사진 사이트가 아니고 장비 사이트다"라는 비아냥을 듣고 있으니 말이다. 고수는 장비를 탓하지 않는다고 하지만 그건 고수의 이야기이고 또 그만한 위치에 있으니 하게 되는 말이기도 하다.

내 생각은 이렇다. 좋은 사진 장비를 많이 갖출수록 좋다. 그러나 아무리 좋은 장비라도 자신이 활용하는 범위 내에서만 갖추는 것이 좋다. 중형급의 카메라와 최고급의 줌 렌즈 3개를 갖추고 한나절만 다녀보라. 어깨엔 피멍이 들고 평소에 묵직했던 물건들이 깃털처럼 가볍게 느껴진다. 그리고 사진작가가 아닌 다음에야 렌즈를 갈아 끼우는 일이 생각보다 간편하지 않다. 의외로 번거롭고 귀찮은 게 렌즈를 갈아 끼우는 일이다.

뚜렷한 목표 없이 주섬주섬 렌즈를 많이 들고 다니기보다는 차라리 하나의 렌즈로 촬영하다 보면 사진 실력도 좋아지고 사진에 대한 나름의 철학도 생긴다고 어느 사진가가 말했다. 앙리 카르티에 브레송Henri Cartier Bresson도 평생 35밀리미터 렌즈로만 수많은 작품을 만들어냈다. 여러 렌즈를 섭렵해보고 자신이 좋아하는 화각을 발견한다면 그 화각에 맞춰서 정착하면 좋지 않을까?

그러나 이 모든 말은 이상적인 말이고, 사진가라면 누구나 장비 자체에 욕심을 내기 마련이라는 점은 인정해야겠다. 물론 저렴하고 금이 간 줌렌즈에 청테이프를 칭칭 감은 채 해외 촬영을 떠나셨던 사진작가 최민식 선생 같은 분은 예외의 경우로 봐야겠다. 아마추어와 프로의 구분없이 사진가는 모두 좋은 장비에 욕심을 낸다.

물론 내가 그렇다고 모두가 그런 것은 아니지만 나를 포함한 아마추어 사진가들은 좋은 사진을 보면 주로 이렇게 질문한다. "이 사진 어떤 렌즈로 촬영한 거예요?" 결과물보다는 대체 무슨 장비로 찍으면 저런 사진이 나오는 걸까 궁금해한다. 내가 생각하기에 이런 질문은 해당 작가에게 실례가 되는 질문이니 삼가는 게 좋겠다.

아무나 할 수 없는
사진장비 수집

포토넷 출판사에서 나온 《사진가의 장비》라는 책을 보면 사진가들이 실제로 사용하는 장비들을 대충은 알게 된다. 물론 프로 작가들도 장비를 바꿈질 하니 그 책에 등장하는 장비들과 바뀐 경우도 많겠다. 《사진가의 장비》에 등장하는 장비들은 사진에 관심을 가지고 있는 사람이라면 누구나 알 만한 것들이며 그들이라고 특별하지는 않다. 다만 모든 장비들은 작품 활동에 반드시 필요하고 또 거의 모든 장비를 용도에 맞게 잘 활용한다. 프로 작가라고 해서 무겁고 값비싼 최상위 모델만 사용하지는 않는다. 의외로 대다수의 작가들은 똑딱이라고 부른 컴팩트 카메라를 서브로 가지고 다닌다. 컴팩트 카메라가 무거운 DSLR보다 더 유용한 순간이 많기 때문이다. 그들은 장비를 설명할 때 반드시, 왜 이 장비를 마련했는지 그 이유를 설명한다. 그들에게 장비는 필요에 의해서 장만하고 휴대하는 것이지 다른 이유는 없다. 그리고 보면 프로 작가들은 촬영에 필요한 장비뿐 아니라 촬영을 하기 위한 보조 장비에 무척 많이 투자를 한다.

비상약, 필기도구, 책, 방한 바지, 일회용 비옷뿐만 아니라 험악한 시위 현장에서 자신을 보호해줄 헬멧, 포커싱 천을 고정해주는 빨래집게, 빛의 양을 조절하기 위해서 낚싯대를 휴대하기도 한다. 뿐만 아니라 모 작가는 본인은 비흡연자이지만 흡연자를 위해서 항상 성냥을 가지고 다니기도 한다. 그런 점들이 아마추어와 프로의 차이가 아닐까 싶다.

다른 취미도 만만찮겠지만 사진 장비를 수집하자면 돈이 많이 든다. 카메라와 렌즈는 일반적으로 비싸다. 야단스럽게 카메라와 렌즈를 수집하다 보면 당연히 식구들의 눈총을 받는데 이게 무서운 수집가는 아예 장비 가격에서 '0'을 하나 빼는 거짓말도 한다. 조금 더 과감한 사람이라면 카메라를 사면 렌즈는 끼워준다는 거짓말을 하기도 하는데 이런 뻔한 거짓말에 속는 사람들도 종종 있나 보다. 아니면 속는 척하는 것인지도 모르겠다.

개인적인 취향으로도 카메라와 렌즈는 수집을 하기에 정말 매력적인 물건이다. 공간을 많이 차지하지 않으면서도 광채가 흐르는 물건 아닌가? 게다가 다른 물건에 비해서 중고 가격이 나쁘지 않아서 급할 때 중고로 팔아도 큰 손해를 보지 않는다. 그리고 의외로 사진보다는 카메라와 렌즈 자체에 매력을 느끼는 사람이 많다 보니 웃기기도 하고 슬프기도 한 에피소드도 많다. 사진 관련 커뮤니티에서 전설과도 같은 '백통 국자 사건'도 그중 하나다.

백통은 캐논 EF 70-200L IS USM 렌즈의 애칭인데 하얗고 통처럼 길쭉해서 붙여진 별명이다. 요즘은 단종되었지만 판매가 될 때는 200만 원이 넘던 고가의 렌즈인데 렌즈를 좋아하는 어느 남편이 이 렌즈를 구입하고 서는 기껏해야 수십만 원짜리라고 거짓말을 한 모양이다.

처음엔 그러려니 했던 그의 아내가 마침내 렌즈의 실제 가격을 알게 되었고 화가 난 아내가 '국자'로 사정없이 '백통'을 내려쳐 망가뜨리고 말았다. 그러고는 "나는 시장에서 돈을 아끼려고 400원도 깎으려 한다"는 쪽지를 남기고 친정으로 가버린 웃기지만 슬픈 사연이다.

그래서 카메라와 렌즈 수집은 아무나 접근할 수 있는 일은 아니다.

국내 영상 촬영 장비의 대부,
김 태 환

우리나라의 영상 촬영 장비의 1세대이자 대부인 김태환은 권투 선수 출신이다. 경북 영천이 고향인 그는 '먹고살기 위해' 열세 살 때 가출을 감행했다. 역시 사진에 대한 관심 때문이 아니라 단순히 생계를 위해서 영천 시내의 한 사진관에 취직했는데 물론 허드렛일을 도맡았다. 당시에는 명절 때 온 가족이 모여서 영화 구경을 하고 기념사진을 찍는 게 유행이자 호사였는데 이 덕분에 사진관은 호황을 누렸다고 한다.

어느 날 주인이 자리를 비우면서 손님이 오더라도 절대로 촬영을 하지 말고 돌아올 때까지 절대로 손님을 떠나게 하지 말라는 엄명을 내렸다. 그러나 마침 사진관을 찾은 손님들은 기다리다가 지쳐 그냥 가기 일쑤였고 이를 견디다 못한 김태환 씨는 본인이 직접 촬영하기로 마음먹었다. 당시에는 플래시에 요즘처럼 전기를 이용하지 않고 촬영용 '화약'

으로 빛을 냈는데 이게 사건을 일으켰다. 김태환 씨가 셔터를 누른 순간 화약이 폭발하면서 사진관 내부를 장식했던 만국기에 불이 붙고 말았다.

다행히 불은 껐지만 후환이 두려웠던 소년 김태환은 도망을 치고 말았다. 지금은 사진가로서 중요한 역할을 하며 큰 업적을 남긴 사진작가이지만 그의 첫 사진 촬영은 허탕인 셈이었다.

그는 역시 생계를 위해서 복싱을 했는데 나중에는 국제심판까지 역임했다. 권투선수 생활을 하던 1970년대 후반에 비디오카메라가 처음 나왔고 당시엔 고가였던 8mm 촬영 장비를 구입했다. 그가 영상 촬영 장비를 구입한 계기는 남달랐다. 비디오 분석이 있을 리가 없던 그 당시엔 판정에 대한 시비가 많았고 선수도 판정 결과에 대한 불만이 많았는데 한번 판정을 받으면 경기 내용을 다시 되돌려 보지 못하니 억울해도 화를 삭이는 방법 말고는 달리 방법이 없었다고 한다.

그래서 경기 내용을 분석하고, 번복은 못하더라도 선수들에게 본인의 경기 내용을 알려주기 위해서 영상 장비를 구입했다. 하지만 당시에는 영상 현상 장비가 없어서 촬영 테이프를 일본에 보낸 다음 보름 가량을 기다려서 받았다고 한다. 그는 1979년에 장충체육관에서 복싱 시합을 마친 후에 세운상가에서 소형 비디오카메라를 처음 보았다. 당시 대구 신암동의 땅값이 평당 5,000원 할 때 비디오카메라의 가격은 500만 원이라는 엄청난 가격이었다. 어두컴컴한 곳에서 영사기가 보여주는 화면만 보았던 그는 밝은 곳에서 자신의 모습을 영상으로 보여주는 그 장비를 잊지 못해 결국 상경해서 비디오카메라를 구입하고 만다.

충격을 받아서 고장이 나면 책임을 못 진다는 주인의 경고에 그는 서울역에서 대구에 도착할 때까지 무릎 위에 조심스럽게 모셔왔고 그 이후 비디오 작가로서의 행보를 시작했다. 특히 1987년엔 사재를 털어 '사단법인 한국비디오작가협회'를 설립하는 의욕을 보였고 많은 비디오 촬영 대회를 제정하고 개최하기에 이른다.

사진가 김태환,
수집가 김태환

사진가 김태환은 '기록 사진'을 추구한다. 즉 현재 우리가 살았던 모습을 사진으로 남겨 후세가 우리 시대의 생활과 건축물을 언제라도 보게 하자는 신념이다. 가령 우리가 자랑하는 불국사가 보수되기 전의 사진이 없다면 불국사의 옛 모습을 알 수 없다. 대구에만 해도 500명이 넘는 사진 작가가 존재하지만 불과 25년 전의 대구역 사진조차 존재하지 않는 현실

사진가로서의 김태환은 '기록 사진'을 추구한다. 즉 현재 우리가 살았던 모습을 사진으로 남겨 후세가 우리 시대의 생활과 건축물을 언제라도 보게 하자는 신념이다.

을 그는 한탄한다. 이런 생각으로 그는 대구의 월드컵 경기장이 착공하기 전부터 완공될 때까지 무려 6년에 걸쳐서 촬영을 했고 5분짜리 영상 자료로 만들어서 당시 대통령이 방문했을 때 전광판을 통해서 방영했다.

내가 자란 시골 마을의 옛 모습은 2000년에 태어난 딸아이가 감히 상상하기 힘든 모습인데 그걸 어찌 말로 설명하겠는가? 언어의 역량에도 한계가 있는 법이다. 그래서 옛 사진은 돈으로 환산하기 힘든 가치를 가진다. 사진가 김태환은 그런 사진을 추구한다.

내용보다는 형식에 치우치는 경향이 많은 오늘날 사진계의 상황을 고려하면 더욱 가치 있는 작업이다. 눈빛출판사 이규상 대표가 말했듯이 형식은 내용을 담는 그릇이지 주인은 아니다.

그가 수집을 하게 된 계기는 초등학교 은사님의 영향이 크다. 그 은사는 평소 아이들에게 길가에 있는 돌도 집에 두면 3년 안에 반드시 쓸 일이 생긴다고 가르쳤다. 그의 영향인지 그가 설립한 영상박물관은 놀랍게도 지금은 흔적조차도 없는 사진 조명용 '화약'도 보관 중이다. "수집은 역사의 훼손에 맞서온 유일한 무기다"라는 신념으로 1999년 대구시 중구 화전동에 건립한 영상박물관의 소장 자료는 개인의 수집 목록이라고는 믿기지 않을 만큼 방대하다.

세계에서 제일 작은 박물관을 표방하지만 국내에서는 유일한 비디오카메라 박물관이기도 하다. 각 국가에서 제작된 비디오카메라와 영상 관련 기계, 사진기, 영사기, TV 영화필름, 영상물 콘텐츠 자료 등을 자랑한다.

주요 전시품으로는 8mm 소형영화카메라, 8mm 소형영화영사기, 16mm 영사기, 환등기, 사진카메라, 분리형 비디오카메라, 분리형 비디오포터블, 문자발생기, 진공관 녹음기, 홈비디오, 진공관 라디오, 축음기, 진공

1999년 김태환 씨가 대구시에 건립한 영상박물관은 개인의 수집 목록이라고는 믿기지 않을 만큼 소장 자료가 방대하다. 세계에서 제일 작은 박물관을 표방하지만 국내에서는 유일한 비디오카메라 박물관이기도 하다.

관 TV, 축음기판, 16mm 및 8mm 영화 필름, 기타 비디오 영상 자료 관련 서적 등 총 1,500여 점에 달한다.

이외에도 영화 카메라로는 미국 키스톤 사의 K-8(1930년 생산), 더블(필름 사용) 카메라 외 50여 점, 영사기 16mm, 8mm 50여 점을 소장하고 있고 비디오카메라는 세계 최초 제품인 소니 분리형 베타 1100 비디오 카메라와 3100분리형 포터블 비디오, 역시 세계 최초의 VHS 비디오카메 라 빅타 CV-2001, 도시바 분리형 1호 1K-1850 카메라, 빅타 VHSC 1호, VM-600 카메라, 베타 일체형 1호 BMC-100 카메라, 최초의 VHS 가정용

김 태 환 씨 의 희 귀 수 집 품

세계 최초 8mm 비디오카메라
(SONY CCD—V8 f 11.5—70mm1.1.4).

1948년 생산된 세계 최초의 폴라로이드
카메라(POLAROID LAND CAMERA).

세계 최초 베타 컬러 일체형 광학식 파인더 비
디오카메라(SONY BMC—100 f9—54mm1.1.2).

1976년 발매된 최초의 VHS 가정용 홈비
디오(VICTOR HR—3300).

최초의 코닥 35mm 카메라 (KODAK35
코닥 F.51mm).

1967년 판매된 오픈릴 흑백 비디오포터
블 녹화기(SONY.DV—2400).

홈비디오(1976년), 빅타 HR3300 외 400여 점을 보유했다.

2000년 일본 카메라 연감이 선정한 20세기 명기 100선 중 30점과, 라이카 M형, 특히 1936년 발매 당시 서울 가회동 스무 칸짜리 한옥집 가격과 맞먹었다는 콘탁스ⅢContax Ⅲ도 영상박물관의 자랑거리다.

또한 코닥 35mm 1호 카메라인 코닥35(1938년), 최초 폴라로이드 카메라(1948년)인 폴라로이드 95, 국산 1호 카메라인 코비카 렌즈와 1969년 아폴로 우주선이 달에 착륙 최초로 달표면에 남긴 인간의 발자국을 촬영한 핫셀블라드(18K 금장) 1,400대 중 0877번, 1974년에 제작한 롤라이 35(은장) 1,500대 중 1124번 등 300여 점은 기념비적 가치가 뛰어난 소장품이다.

이들 이외에도 진공관 TV, 녹음기 및 라디오, 사진 관련 서적이나 잡지도 많이 소장했는데 이 수집품들은 모두 김태환 씨의 사진에 대한 열정과 연구 정신을 반영한다. 또한 영상박물관에서는 다양한 다큐 영화도 무료로 상영하는데 이 박물관의 관람 시간은 일요일을 제외한 매일 오전 10시부터 오후 5시까지다.

66 수집은 최후의 것까지 모두 다 소유하는 것이 아니라
전혀 끝나지 않을 것 길을 천천히 걸어가는 것이다. 99

코카콜라, 그 화려한 디자인에 빠지다

콜 라 병 수 집 이
마 케 팅 공 부 ?

세계인이 주목하는 스포츠 축제인 올림픽과 월드컵 등은 단지 스포츠 경기만 치루는 게 아니다. 대회가 개막되자마자 각 기업들의 마케팅 시합도 개막되는데 치열한 각축전을 벌인다. 스포츠 마케팅이라고 하면 보통 에어조던으로 대표되는 나이키를 연상하기 쉽지만 올림픽과 월드컵에서 가장 돋보이는 광고를 펼쳐왔고, 국제축구연맹의 가장 오래된 후원사는 전 세계에서 가장 유명한 브랜드인 '코카콜라'다.

코카콜라의 스포츠 마케팅 중에서 빼놓을 수 없는 주요한 아이템이 '월드컵 한정 제품'이며 전 세계의 콜라병 마니아들은 이 한정판을 구하

◀ 2010년 밴쿠버 동계올림픽 성화봉송 기념 콜라.

기 위해서 또 다른 경쟁을 벌인다. 일반인들에게 콜라를 수집하는 것은 낯선 풍경이겠지만 콜라의 본고장 미국에서는 1974년에 코카콜라 수집가 클럽Coca-Cola Collectors Club이 조직되어 그 아래 주별로 지부Chapter들이 따로 있으며 수만 명이 회원으로 활동한다. 정기적으로 월간 소식지를 발행하고, 코카콜라사에서 유일하게 별도의 라이센스 비용을 받지 않고 코카콜라의 이름과 트레이드마크를 자유롭게 사용할 수 있도록 허락된 단체다. 코카콜라의 수집가 클럽이지만 코카콜라사와의 관련도 없고, 후원도 없다. 오직 코카콜라와 관련 물품을 소장하고 수집하기 위한 목적을 지향한다. 클럽에서 매년 공식적으로 주최하는 국제 정기 총회를 비롯하여 각 지역의 지부별로 크고 작은 행사들을 개최한다. 말하자면 적어도 미국에서는 콜라 수집이 별난 몇 사람만의 희귀한 취미는 아니라는 사실이다. 사실 미국뿐만 아니라 말레이시아만 해도 2014년 5월에 제4차 연례 코카콜라 수집가 박람회가 개최될 정도로 점차 콜라 수집가는 전 세계로 확산되고 있는 추세다.

미국의 짐 버거Jim Burger라는 수집가가 벼룩시장에서 5달러를 주고 구매한 '와인 병'을 무심결에 보다가 놀랍게도 코카콜라 설립자의 이름이 새겨져 있는 것을 발견했다. 결국 조사 끝에 그 병은 무려 130년 전에 최초로 생산된 전 세계에 단 세 개만 존재하는 콜라병이라는 것이 밝혀졌고 구매한 가격의 1,500배의 가치가 있는 것으로 평가돼서 화제가 되기도 했다.

콜라 수집가 김근영 씨는 카드사, 통신사 등 여러 회사에서 마케팅 전문가로 활약하다가 현재 식품 전문 쇼핑몰 운영 책임자로 일하고 있다. 사실 그의 콜라 수집은 자신의 직업과 연관이 있는데 마케팅 전문가로서 세계 최고의 브랜드 가치를 가진 기업인 코카콜라의 병을 수집하고 연구하는 것은 곧 그 자체가 훌륭한 마케팅 공부다.

왜 하필
콜라병인가?

일본의 문예평론가이자 미술 수집가였던 야나기 무네요시는 "아름다운 무언가를 찾으려는 마음이야 딱히 어느 누구라 할 것도 없이 모든 사람의 마음에 애초부터 존재하는 바"라고 말했다. 기성세대가 어렸을 때 구슬과 딱지를 모으고, 요즈음 아이들이 포켓몬 카드를 모으는 것을 보면 수집이라는 것이 어느 몇몇 사람의 유별난 취미 활동은 아니며 다만 그 대상물에 대한 열정이 얼마나 오래 가느냐의 문제라고 김근영 씨는 말한다.

　콜라를 수집하면서 김근영 씨는 왜 하고 많은 수집 품목 중에서 콜라를 선택했느냐는 질문을 수도 없이 많이 받았다. 그는 "그냥 좋아서"라는 극히 단순한 대답을 가장 먼저 한다. 학문적·직업적 백그라운드와 연관 있어서든 아니면 직관적으로 코카콜라의 로고나 패키지 디자인이 아름다워서든 그가 좋아하기 때문에 소유욕이 발동한다는 것이다. 두 번째는 콜라 수집은 일기나 메모처럼 자신만의 방법으로 시간을 기록하는 과정이기 때문이다. 코카콜라 패키지 디자인에는 모든 역사는 아니지만 당대의 중요한 행사가 디자인으로 담겨 있다. 올림픽, 월드컵 또는 전 세계적으로 이슈가 되거나 특정 발매국의 상황이나 이벤트가 작은 캔 또는 병위에 디자인으로 남겨지는 것이다. 다시 말해서 콜라는 단지 하나의 수

2009년 이탈리아의 유명 디자이너들이 디자인한 한정판 코카콜라(좌측부터 알베르타 페레디, 마르니, 베로니카 에트로, 앙겔라 미소니, 도나티나 베르사체, 블루마린, 모스키노, 펜디).

집 품목이 아닌 개인적이거나 사회적인 추억과 기억을 되살려주는 매개체로서 역할을 한다. 가령 2002년 월드컵 코카콜라 제품을 보면 축구라는 운동으로 온 국민이 하나가 되던 2002 월드컵을 기억하고, 2010년 밴쿠버 동계올림픽 코카콜라를 보면 김연아 선수가 금메달을 획득한 감격적인 순간이 김근영 씨의 눈앞에 선하다.

세 번째는 기대하지 않던 사소한 재미인데 수백, 수천만 원짜리 명품 백을 수집할 순 없지만 그보다 훨씬 적은 돈으로 페레가모나 베르사체, 카를 라거펠트의 디자인을 수집할 수 있다는 것이다. 또 다프트 펑크Daft Punk 나 데이비드 게타David Guetta 같은 세계적인 뮤지션들이 부르는 노래가 아닌 그들이 디자인한 코카콜라를 소유하는 것도 색다른 재미다.

네 번째, 혼자의 힘으로는 수집에 한계가 있다 보니 자연스레 같은 취미를 가진 사람들과 교류를 하게 되는데 특히 코카콜라 같은 경우 해외 수집가가 압도적으로 많다 보니 자연스레 외국인들과 교류를 한다. 페이스북과 같은 SNS가 보편화되어 예전보다는 훨씬 더 쉽고 편하게 소통할 수 있다. 기회가 되면 수집가들이 자발적으로 주최하는 박람회나 회합에 참여도 하고, 해외에 가게 되면 직접 만나기도 하고, 외국에서 오는 친구들을 직접 만나기도 한다.

그리고 애초에 의도하진 않았지만 시간이 지나면서 수집품의 가치가 올라 기대하지 않았던 금전적 이익을 얻기도 한다. 서울올림픽이 열렸던 1988년에 발매된 호돌이가 그려져 있는 코카콜라 병은 현재 시세가 100만 원이 넘을뿐더러, 그 돈을 주고서도 구하기가 어렵다. "이 세상에서 가장 행복한 사람은 수집가다"라는 요한 볼프강 폰 괴테Johann Wolfgang von Goethe의 말처럼 김근영 씨에게는 콜라 컬렉션을 소유한다는 자체가 최고의 행복이고 만족감을 준다.

예술적인
디자인에 반하다

김근영 씨의 실질적인 콜라 수집은 그가 출장차 간 2000년 시드니 올림픽 때 주경기장에 마련된 코카콜라 기념품 가게에서 시드니 올림픽 마스코트가 인쇄된 캔콜라를 보고 첫눈에 반하면서부터다. 그동안 보아왔던

김근영 씨는 일반 제품뿐 아니라 수집용 한정판 패키지와 각종 제휴 프로모션용 컵과 전화기, 필기구, 전화카드 등 코카콜라가 만들었거나 코카콜라가 그려져 있는 것들은 모두 모았다.

콜라병과는 확연히 다른 멋스러운 디자인이 그의 눈길을 사로잡았다. 우선 눈에 띄는 대로 시드니 올림픽 마스코트 버전 세 개를 사 모으면서 그의 콜라 수집 인생은 시작되었다.

음료수로만 알고 있던 코카콜라가 올림픽 경기장에서 올림픽 기념 핀(배지)도 만들어 팔고, 다양한 브랜드 상품들을 만들어 파는 것을 보고 '아, 이거다!' 하는 생각이 들었다. 그래서 여기저기 찾아보니 이미 많은 사람들이 코카콜라를 수집하고 있었다. 제품 패키지(병, 캔)를 수집하는 사람부터 코카콜라가 오래전부터 다양하게 만들어서 공급했던 각종 판촉물이나 광고물을 수집하는 사람까지 수집의 분야도 다양했다. 병, 캔 같은 일반 제품 패키지부터 수집용 한정판 패키지뿐만 아니라 각종 제휴 프로모션용 컵과 식당이나 소매점에 제공하는 판촉용 컵, 전화기, 필기구, 전화카드 등 코카콜라가 만들었거나 코카콜라가 그려져 있는 것들은 열심히 모았다. 그리고 마침내 지금은 1,000여 점이 넘는 콜라 컬렉션을 일궈냈다.

김근영 씨는 국내에서 구하기 힘든 한정판을 손에 넣기 위해 외국 수집가와의 맞교환도 감행한다. 2012년 9월 14일 페이스북 친구인 필리핀 출신 수집가인 노먼Norman 씨에게서 쪽지가 왔다. 9월 26일부터 29일까지 한국에 방문할 예정인데, 어디에 가면 코카콜라 병들을 구입할 수 있는지, 특히 그해에 출시되었던 장 폴 고티에 Jean Paul Gaultier 에디션을 구하고 싶다고 했다.

그래서 한국에 오면 필리핀 코카콜라 병들과 김근영 씨의 한국 코카콜라 병들을 교환하기로 약속했다. 2012년 9월 28일이 명절 전 마지막 출근일이어서 일찍 퇴근을 하고 노먼 씨를 만나러 강남에 있는 호텔로 향했다. 명절 전날이라 그런지 도로 사정은 최악이었고 계속 SNS로 대화를 주고받았지만 결국 노먼 씨는 직접 만나지 못하고 그가 데스크에 맡겨둔 콜라병만 챙겨서 왔다.

김근영 씨가 2000년 시드니올림픽 때 기념품 가게에서 처음 수집한 콜라. 시드니 올림픽 마스코트 버전 세 개를 시작으로 그의 코카콜라 수집 인생은 시작되었다.

희귀 콜라 수집 방법

이베이

"이베이에 없으면 세상에도 없다"는 구호가 헛말이 아니다. 세계 최대의 온라인 장터답게 그 어떤 사이트보다 판매 물량이 풍부하다. 그리고 결제 방식도 익숙해지기만 하면 국내 쇼핑몰보다 더 간편하고 안전하다. 각 회원별로 신용도가 정확히 표기되어 있어서 사기 당할 확률이 오히려 국내 중고 장터보다 낮은데 아무래도 언어의 장벽 때문에 제품에 하자가 있다든지 불만이 있을 경우 여러 가지 불편한 점은 많다.

콜레트(Colette)

프랑스 파리에 위치한 패션 편집 매장이다. 프랑스에서 발매되는 한정판들을 실시간으로 취급하고 있으므로 정기적으로 모니터링하면 좋은 아이템들을 만날 수 있는 장점이 있다. 그러나 해외배송은 DHL만 지원하여 배송비가 비싼 것이 흠이다.

Coca-Cola Bottles - New Releases

페이스북 내에 개설된 코카콜라 수집가들의 클럽이다. 전 세계 코카콜라 신규 발매 소식을 소재로 한 페이지로 회원들이 자발적으로 입수한 신규 제품들의 정보를 등록하고 또 자신이 입수한 소장용 콜라를 포스팅한다. 콜라 수집가의 입장에서는 새로운 아이템에 대한 정보도 얻고 다른 회원들의 수집품을 감상하는 기회도 되니 여러 모로 유용한 곳이다. 운영자가 별도의 블로그를 통해 개인 간 교환 및 거래도 하고 있다.

코카콜라 수집가 카페

최근에는 한국에도 코카콜라를 수집하는 인구가 늘어나다 보니 인터넷상에 수집가 카페가 다수 생겨나고 있다. 그중 '코카콜라의 아름다운 세상'과 '코카콜라를 사랑하는 모임'은 활동 회원 수도 많고 열정적으로 활동하는 수집가들이 많아 많은 도움을 받을 수 있을 뿐만 아니라, 카페 내 회원 간 분양 및 교환도 활발하게 이뤄지고 있다.

김근영 씨는 코카콜라 수집의 한 방법으로 SNS를 효율적으로 사용한다. 그의 친구 목록에는 콜라 수집가뿐만 아니라 콜라와 연관이 있는 품목인 다른 음료수, 맥주 수집가도 있다. 그가 국내에서는 구하기 힘든 '코카콜라 물통, 음료수통 2종' 세트를 구하게 된 계기도 평소에 벨기에의 맥주 컵 받침대 수집가와 친분을 유지했기 때문이었다. 600밀리리터의 제법 큰 사이즈에다 붉은 색 코카콜라 문양이 디자인된 이 제품은 튼튼한 알루미늄 소재여서 고급스러움을 더한다.

특이한 컬렉션,
특별한 컬렉션

그가 수집한 콜라 중에는 아주 특이한 수집품과 특별한 수집품이 있다. 특이한 수집품은 말 그대로 제품의 디자인이나 희소성 측면에서 소장 가치가 높고 색다른 컬렉션을 말하고, 특별한 소장품은 타인에게는 일반적인 제품이라도 그에게는 특별한 의미를 지니는 컬렉션을 말한다. 그가 소개하는 특이한, 그리고 특별한 컬렉션을 살펴보자.

125주년 기념 코카콜라

2011년은 코카콜라가 세상에 나온 지 125주년이 된 해이다. 하나의 브랜드가 100년이 넘도록 최고의 인지도를 구가하고 꾸준히 젊은 느낌을 유지한다는 것도 놀랍지만 브랜드 가치가 65조에 이른다는 사실은 더욱 놀랍다. 코카콜라가 100년이 넘은 브랜드지만 여전히 인기를 누리고 있는

국내에서 출시된 '코카콜라 125주년 기념 세트'. 옛날 텔레비전 모양의 상자에 네 병의 콜라가 담겨 있다.

것은 무엇보다 브랜드 이미지를 젊고 건강하도록 유지한 공이 크다. 젊고 건강한 브랜드의 이미지를 유지하는 비결이 무엇일까? 제품 설계, 생산, 판매, 마케팅뿐만 아니라 콜라를 담는 용기를 기본 틀을 유지하면서도 꾸준히 새로운 디자인과 버전을 내놓기 때문이다. 125주년을 맞은 코카콜라사는 다양한 프로모션과 기념 패키지를 출시했는데 '125주년 기념 코카콜라'는 중요한 프로모션 중의 하나다. 세계 각 나라별로 다양한 125주년 기념 한정판을 내놨는데 그중 눈에 띄는 몇 개의 버전을 소개한다. 우선 영국은 일러스트레이터 제임스 자비스James Jarvis와의 협업으로 한정 발매된 6종 캔 세트 한정판을 내놨다. 제임스 자비스는 영국 출신의 세계적인 일러스

'코카콜라 125주년 타이완 패키지 세트'는 각기 다른 세 개의 컨투어 병과 이를 담고 있는 박스로 구성되어 있는데 화려한 디자인을 자랑한다. 특이한 것은 각 병마다 각각 다른 디자인 회사나 디자이너의 이름이 인쇄되어 있다.

트레이터이자 장난감 디자이너이다. 패션 디자이너로 시작했지만 현재는 자신의 회사 아모스토이_{Amos Toys}에서 독특한 캐릭터들을 디자인하고 있는데 콜라 캔의 빨간 배경과 우스꽝스러운 장난감 캐릭터의 디자인이 잘 어울려 콜라 캔이라기보다는 마치 장난감 같은 생동감을 준다.

과거 캘린더와 같은 판촉물에 많이 사용했던 캘린더걸 이미지가 그려져 있는 '코카콜라 125주년 기념 프랑스 까르푸 매장 한정판'은 예술의 나라 프랑스다운 버전이다.

'코카콜라 125주년 기념 타이완 패키지 세트'는 각기 다른 세 개의 컨투어 병과 이를 담고 있는 박스로 구성되어 있는데 화려한 디자인을 자랑한다. 삼각기둥 모양의 박스에 포장되어 있고, 각 병마다 각각 다른 디자인 회사나 디자이너의 이름이 인쇄되어 있다. 화려하고 밝은 색의 디자인, 비보잉을 하는 소년의 모습을 마치 비디오로 연속 촬영한 느낌의 디자인, 고대 동굴의 예술작품을 형상화한 것 같은 고풍스러운 디자인의 세 가지 종류로 출시되었다.

'코카콜라 125주년 기념 프랑스 까르푸 매장 한정판'은 마치 하나의 여배우 화보처럼 아름다워 예술의 나라 프랑스다움을 드러낸다.

코카콜라 라이프

녹색 라벨이 새겨진 낯선 이 콜라는 단순히 라벨 색상만 교체하여 친환경 이미지를 강조한 제품이 아닌 코카콜라 제품 최초로 설탕 대신 스테비아 천연감미료를 사용하여 기존 제품 대비 칼로리를 약 60퍼센트 감소시킨 제품이라고 한다. 코카콜라 라이프의 출시는 살을 찌우는 대표적인 식품으로 알려진 탄산음료 시장에서 저칼로리를 지향하는 전쟁이 시작된다는 신호탄이라는 시각이 많다.

코카콜라 라이트Coca-Cola Light 샹탈 토마스 콜라보

코카콜라 라이트가 샹탈 토마스Chantal Thomass와 콜라보로 제작한 제품이다. 샹탈 토마스는 한국에서는 그다지 알려져 있지 않지만 세계적인 유명세를 가지고 있는 란제리계의 대모라고 칭송받는 디자이너이다.

2014년 출시된 세계적인 란제리 디자이너 샹탈 토마스와의 콜라보. 이 제품은 속옷을 형상화한 디자인에 바탕색도 전형적인 속옷 색상인 핑크색을 채택한 세상에서 가장 섹시한 콜라병이다.

얇은 소재의 옷을 입어서 속살을 의도적으로 비치게 하는 란제리 룩이 샹탈 토마스의 콘셉트인데 란제리의 이미지가 물씬 풍기는 속옷의 레이스와 리본을 콜라병의 디자인으로 삼았다. 속옷을 형상화한 디자인에 바탕색도 전형적인 속옷 색상인 핑크색을 채택한 세상에서 가장 섹시한 콜라병이다. 리본 문양의 끝부분에 디자이너 샹탈 토마스의 이름이 새겨져 있고 뚜껑도 일반적인 트위스트 캡이 아닌 빨간 색상의 크라운 형태라 수집가의 소유욕을 더욱 자극한다.

2007년 스페인 홀리데이(크리스마스) 에디션 코크

이 에디션은 박스 형태와 일반 출시 두 가지 버전으로 출시되었는데, 김 근영 씨는 운이 좋게도 박스 세트를 손에 넣었다. 콜라가 서너 병은 들어 있을 것 같은 크기의 박스인데 정작 콜라병은 단 한 개가 들어 있다. 그러 나 박스 외부의 가운데 띠지를 빼고 좌우를 열면 마치 광장에 세워진 것 같은 웅장한 크리스마스 트리의 한가운데에 붉은색 콜라가 나타난다. 보 통의 크리스마스 버전이 산타클로스 할아버지가 새겨져 있는데 반해 이 스페인 버전에는 젊은 연인들이 등장한다.

2007년 스페인에서 나온 홀리데이 에디션. 이 에디션은 박스 형태와 일반 출시 두 가지 버전으로 출시되었는데, 김근영 씨는 운이 좋게도 박스 세트를 손에 넣었다.

김근영 코카콜라

김근영 씨는 놀랍게도 자신의 이름이 새겨진 콜라를 소장 중이다. 2013~2014 '코카콜라 마음을 전해요' 패키지 프로모션의 일환으로 한국 코카콜라에서 그에게 빨간 트럭 모양의 포장 안에 '김근영'이라는 이름이 새겨진 콜라 6병 세트를 선물했다. 이 세트는 트럭 모양의 박스는 하드보드지로 만들었고 길이가 55센티미터, 높이는 16센티미터 정도인데 트럭의 운전석 부분을 개봉하면 그 안에 들어 있는 콜라를 꺼낼 수 있는 독특한 형태다.

2013~2014 '코카콜라 마음을 전해요' 패키지 프로모션의 일환으로 한국 코카콜라에서 그에게 빨간 트럭 모양의 포장 안에 '김근영'이라는 이름이 새겨진 콜라 6병 세트를 선물했다. 이 세트는 트럭의 운전석 부분을 개봉하면 그 안에 들어 있는 콜라를 꺼낼 수 있도록 제작된 독특한 형태다.

코카콜라 스노보드

김근영 씨가 가장 구하기 힘들었다고 소개하는 애장품은 코카콜라 스노
보드다. 2003년 11월부터 2004년 1월 31일까지 3개월 동안 '북극곰과 100
가족의 따뜻한 겨울 여행'이라는 행사의 일환으로 생산된 제품이다. 한국
코카콜라에서 오스트리아 살로몬Salomon사에 주문 생산한 상품인 것으로
알려져 있고 행사 경품으로 200개가 주어졌으므로 더이상 생산된 것이
없다면 전 세계에 200개 밖에 없는 한정품이 되는 셈이다. 그런데 일부는
실제 사용 후 폐기 처분한 사람들도 많을 테니 실제로 남아 있는 물량은
100개가 채 안 될 가능성이 높은 희귀성을 자랑한다. 이 한정판을 구하기
위해서 열심히 경품 응모를 했지만 결국 당첨되지 못한 그는 결국 인터넷
경매 사이트를 통해서 저렴한 가격에 구하는 행운을 누렸다.

그가 아끼는 희귀 소장품으로는 러브 빙Love Being 버전을 꼽는다. 코카
콜라가 2005년에 세계적으로 유명한 다섯 개의 청량음료 그래픽 디자인
스튜디오를 선정하여 젊고 창의적인 소비자를 겨냥한 소장용 패키지인
'M5magnificent 5'을 제작했는데, 현대적이고 감각적인 디자인이 특징이다.
영국, 브라질, 미국, 남아프리카, 일본의 다섯 개의 그래픽 디자인 회사
가 참여했고 세계 최고급 회원제 클럽과 라운지에서만 공개되었다. 이 다

김근영 씨가 가장 구하기 힘들었다고 소개하는 코카콜라 스노보드. 한국 코카콜라에서 '북극곰과
100 가족의 따뜻한 겨울 여행' 행사 경품으로 만들어진 200개 한정판

섯 개의 모델 중에서 유럽을 대표하는 영국의 디자이너스 퍼블릭Designer's
Republic사 버전이 러브 빙이다. '러브 빙'이라는 그래픽과 나비와 하트 문
양이 세련되게 디자인된 이 제품은 2005년 세계 알루미늄협회가 선정한
올해의 캔으로 선정된 바 있고 인터넷 경매 사이트에서 10만 원에 가까
운 금액에 거래되었다.

자신의 컬렉션을 공감해주는 관객이
가장 큰 보람

수집가들의 공통적인 문제는 수집품의 보관 장소다. 대부분의 수집가들
에게 장래 희망을 물어보면 공통적으로 개인 박물관이나 카페 같은 자
신만의 수집품을 전시할 공간을 마련하는 것이라고 답한다. 김근영 씨도
현재는 공간적 한계로 인해 쉽사리 수집품을 늘리지 못하고 있다고 털
어놓는다.

수집의 또 하나의 문제는 가족의 이해 문제다. 다행히 가족이 같은 취
향을 가지고 있고 수집 활동에 동참하는 경우라면 문제가 없겠지만 그렇
지 않은 경우라면 이것 역시 큰 문제가 될 수 있다. 김근영 씨도 결혼 초
창기에는 음주가무보다 건전한 취미 활동이라고 많이 이해해주던 아내
가 하나둘씩 늘어나는 수집품을 보며 이제는 그만했으면 좋겠다고 자주
이야기한다고 한다.

1,000여 점이 넘는 각양각색의 콜라 컬렉션을 소장한 김근영 씨는 사
실 콜라를 통해서 자신의 전문 분야인 마케팅 공부를 겸하지만 더 큰 보

람은 자신의 컬렉션에 대해 공감해주는 관객을 만나면서 느낀다. 세계 각국의 이벤트와 풍습 그리고 개성 있는 디자이너의 작품인 콜라는 하나의 거대한 미술 작품이라고 해도 틀리지 않는다. 2010년 〈기억의 풍경〉이라는 미술 전시회에 그의 콜라 컬렉션이 당당히 전시되었고 많은 관람객의 탄성과 공감을 얻었는데 수집이라는 일상의 행위도 엄연히 미술 작품이 될 수 있다는 좋은 예를 보여주었다. 또 2013년에는 여가 활동이 예술로 승화될 수 있다는 가능성을 보여주기 위한 〈서브컬처 익스프레스-여가의 새 발견〉에도 그의 콜라 컬렉션이 전시된 바 있다.

IMF를 거치면서 화폐나 양주, 우표, 전화카드 같은 기존의 주류 수집품의 가치가 하락하면서 그것들을 수집하던 사람들이 최근 코카콜라 수집 세계로 많이 넘어오고 있어서 그곳에도 적잖은 변화가 생겼다고 한다.

수집품이라는 것이 일반적으로 원형 상태로 잘 보존되어 있을수록 그 가치를 높게 평가받는데 콜라는 식품이라는 태생적인 한계를 가지고 있다. 캔의 경우 시간이 지나면 삭아서 내용물이 새어나오는 문제가 있어서 외국에서는 내용물을 뺀 다음 소장하는 것이 일반적이다. 전시를 하는 경우 밑창은 보이지도 않다 보니 전체를 도려내거나 대못으로 여러 개의 구멍을 뚫기도 한다. 비교적 밀봉이 뛰어난 병의 경우도 9·11 테러 이후 강화된 액체류 반입 반출 제한 정책으로 인하여 우편이 제한되는 나라도 늘고

있고, 우편료를 절약하기 위해 뚜껑을 딴 후 내용물을 비우고 빈 병과 뚜껑만 배송하는 거래가 외국 수집가들과의 교환에서는 일반적이다.

구매자는 빈 병을 받으면 리캐퍼(집맥주 등을 만들 때 내용물 삽입 후 유리병에 뚜껑을 씌우는 기계)를 이용하여 콜라 액을 다시 주입한다. 특히 유리병 제품의 경우에는 콜라의 내용물을 넣어야 온전한 비주얼을 감상할 수 있기 때문이다. 그런데 유독 한국의 코카콜라 수집가들은 이 재병입을 극도로 꺼린다. 그래서 외국 수집가들과 교환하거나 구매할 때도 항상 개봉하지 않은 온전한 상태의 병으로 구매하고 우체국에서 액체 반출을 허용하지 않는 국가에서는 비싼 돈을 주고서라도 페덱스나 DHL로 거래를 한다.

캔의 경우 내용물을 비워야 할 상황이라면 캔 따는 손잡이 아래 부분에 작은 구멍을 내는 조심스러운 방식을 사용한다. 이런 국내 수집가들의 태도는 디테일을 중시하는 성향에 기인한 부분도 있지만 수집을 단순히 소장이나 전시라는 개인적 만족 활동을 넘어 경제적인 투자로 생각하는 비중이 높기 때문일 거라고 김근영 씨는 조심스럽게 추측한다. 즉 다시 팔 때를 생각해서 최대한 원형 상태를 유지해야 보다 쉽게 처분하고 제값을 받을 수 있다는 생각 때문에 재병입을 꺼린다는 설명이다. 이렇게 지나치게 디테일에 집착하고 수집을 투자의 수단으로만 바라보는 수집가들이 적지 않다는 사실에 김근영 씨는 아쉬움을 토로한다.

《이상한 나라의 앨리스》 VS. 《드래곤볼》

전 작 주 의 ,
작 가 의 인 생 에 빠 져 드 는 일

책 수집은 영원히 채워지지 않는 미완의 취미다. 탐욕의 존재인 인간에게 궁극의 완성이 존재하기란 힘들지만 책 수집에 있어서 만족이란 단어는 더욱이 존재할 여지가 없다. 카메라나 오디오 같은 물품의 경우 책에 비해서 훨씬 비싸긴 하지만 최고 사양 모델을 무리해 장만하면 잠시나마 수집 욕구에서 비켜날 수 있다. 하지만 책에는 최고 사양 모델이란 것 자체가 존재하지 않으며 일주일에 수백 권씩 쏟아지는 물량 공세에 맞서 욕심대로 맘껏 수집을 한다는 자체가 불가능한 일이다. 말하자면 신기루를 좇는 일이나 매한가지다.

 나의 경우 어린 시절 꿈이었던 네 면의 벽을 모두 책장으로 채우겠다는 욕심은 운이 좋게 이룰 수 있었다. 그러나 이제 겨우 40대 후반이며, 앞으로 책을 읽을 시간도 수집할 책도 많은데 서재는 꽉 차서 책을 사봐야 둘 곳이 없다.

이런 지경에 이르자 내가 생각해낸 꼼수는 이렇다. 즉 읽기용 책은 도서관이나 지인에게서 빌려 보고, 소장할 책은 전문 분야를 정하자는 것이다. 내가 선택한 전공 분야는 '사진집'이다. 사진집을 전공으로 삼은 이유는 시각적으로 아름답고, 사진이라는 매체는 언어에 대한 장벽이 없다는 것이 매력으로 작용했기 때문이다.

사진집으로 큰 서재를 가득 채우는 일은 수십 년이라도 힘든 과제다. 어찌됐든 공간의 압박에서 해방될 수 있고, 나만의 전문 분야를 챙길 수 있어 나는 나의 선택에 만족한다. 나와 같은 이유는 아니지만 특정 작가나 특정 분야의 책만을 골라서 수집하는 수집가가 있다. 루이스 캐럴Lewis Carrol의 책을 수집하는 윤성근 씨와 만화책《드래곤볼》수집가 한경수 씨가 대표적이다.

일반적인 수집의 세계에서는 잡식은 어려운 영역이다. 피규어만 해도 그렇다. 스포츠, 뮤지션, 영화, 애니메이션, 식품 완구 등 영역은 무궁무진한데 전부를 아우르기엔 돈도 돈이거니와 전시할 공간도 턱없이 부족하고 모든 카테고리에 대한 지식이 필요하니 거의 전지전능한 사람이어야 가능하다. 그래서 잡식성의 수집가는 아무나 걷는 길이 아니다.

그러나 책은 사정이 좀 다르다. 한 작가의 작품 전체를 전작하고 모으는 일이 잡식성의 책 수집가보다 더 어렵다. 한 작가의 책을 전작하고 모으기 위해서는 그 사람의 인생에 빠져들어야 하며, 혼연일체에 가까운 공감이 필요하다. 그리고 한 사람의 모든 저작을 구비하는 일은 생각보다 어렵다. 이윤기 선생처럼 번역가를 겸하는 경우 전체 저작이 수백 권인 경우가 많고 외국 작가의 경우는 원서의 판본도 다양할 수 있고, 번역본은 언급할 필요도 없이 더 다양하다.

　이런 이유로 나는 루이스 캐럴의 저작을 탐구하고 수집하며 원서와 번역서를 가리지 않고 읽는 윤성근 씨를 석사 학위에 버금가는 연구 성과를 거두고 있는 것으로 생각한다.

운명의 책,
《이상한 나라의 앨리스》를 만나다

1975년생인 그는 서울 은평구 응암동에서 2007년부터 '이상한 나라의 헌책방'을 운영하고 있다. 그가 일찌감치 헌책방 주인으로서의 자질을 보인 것은 초등학교 시절인데 놀랍게도 그는 남들이 이사하면서 버린 책을 주워서 즐겨 읽었고 다시 그 책을 친구나 심지어 선생님께 되팔았다고 한다. 서울 성북구 정릉에서 태어났지만 아버지가 탄광 일을 하셨기 때문에 강원도 태백 근처 황지라는 곳에서 어린 시절을 보냈다. 서울에 올라와 대학에서 컴퓨터를 전공했고, 졸업 후 IT 회사에 취직해서 몇 년 동안 일을 하다가 책을 읽는 일에 몰두했다. 책을 읽기 위해 회사를 그만둔 그는 출판사와 대형 헌책방에서 일을 하다가 지금의 헌책방을 직접 차려서 운영하기 시작했다.

　그가 탄광에서 어린 시절을 보낸 때를 회상해보면 당시에도 이미 광업은 쇠퇴일로를 향하고 있었다. 당연히 탄광촌이라 할지라도 폐광이 많았

어린 시절 남들이 이사하면서 버린 책을 주워서 읽고, 그 책을 친구나 선생님께 되팔았던 그는 일찌감치 헌책방 주인으로서의 자질(?)을 보였다.

다. 폐광은 대개 나무판자로 입구를 막아놓고 '위험! 출입 금지!'라고 섬뜩한 붉은 글씨의 안내 문구를 걸어놓고 있었다. 그런데 아이들 입장에선 그런 곳에 더욱 흥미가 생기기 마련 아닌가? 저 판자를 넘어서 폐광에 들어가면 뭔가 재미난 일이 생길 것만 같다는 생각에 아이들은 폐광에 들어갔다가 어른들한테 혼이 나는 일이 비일비재했다.

폐광에 대한 묘한 호기심을 고스란히 가지고 서울로 다시 돌아온 그가 《이상한 나라의 앨리스》라는 책을 봤을 때 신선한 충격을 느낀 것은 당연한 일이었다. 《이상한 나라의 앨리스》의 시작이 말하는 토끼를 따라서 앨리스가 굴속으로 들어가는 장면이었기 때문이다. 굴을 통과하면 저 너머에는 신기하고 재미있는 나라가 펼쳐지는 스토리가 어린 시절 폐광에 얽힌 일들과 절묘하게 맞아 떨어진 것이다. 그러니 그에게 《이상한 나라의 앨리스》가 얼마나 재미있었겠는가?

그러고 나서 조금 더 자랐을 때 작가인 루이스 캐럴을 알게 됐고 대학생 때는 비로소 그 책을 영어 원서로 읽기에 이른다. 그런데 원서로 읽어 보니 그가 그때까지 알던 '굴속에 들어가면 재미난 세상이 펼쳐진다'는 단순한 동화가 아닌, 그가 전혀 알지 못했던 행간의 의미와 함축적인 말장난이 숨겨진 대단한 고전이었다. 그래서 더욱 루이스 캐럴과《이상한 나라의 앨리스》에 빠져들었고 책과 여러 물건들을 수집하기 시작한 것도 그 즈음 일이었다.

한 권의 책을 위해
200권 을 사 다

지금이야 다양한 종류의 원서도 수집하고 있지만 그도 초창기에는 우리나라에서 펴낸 번역서를 주로 모았다.《이상한 나라의 앨리스》가 널리 읽히면서 루이스 캐럴의 작품이 중구난방으로 엄청나게 출판이 되었다. 더구나 저작권에 대한 개념조차 희미했던 시절에는 해적판의 종류가 너무 많아서 정확한 집계는 어렵지만 어림잡아도 수백 종이 넘는 판본이 출간되었다. 그래서 명색이 루이스 캐럴의 수집가지만 그도 모르는 판본이 아직 많다.

그렇게 국내 번역서 위주로 수집을 하다가 회사를 다니면서부터는 가끔 외국에 나갈 일이 있으면 그 나라 서점에서 반드시 루이스 캐럴의 책을 사기 시작했다. 헌책이건 새 책이건 상관없이 구입했고 구입하는 기준은 아무래도 책 속에 있는 일러스트였다.《이상한 나라의 앨리스》만 하더라도 처음엔 '존 테니얼John Tenniel'이 삽화를 넣었는데 그다음으로는 영국의 유명한 일러스트 작가인 '아서 래컴Arthur Rackham'이 이어받았고 그 후로는 정말 셀 수도 없이 많은 작가들이 삽화를 작업했다. 평범한 디즈니 애니메이션 삽화부터 시작해서 최근엔 우리나라에도 많이 알려진 그림책 작가인 '앤서니 브라운Anthony Browne', '헬렌 옥슨버리Helen Oxenbury' 등이 삽화를 넣은 책도 있다.

특히 우리가 선진국이라고 부르는 서양 국가에서 번역한《이상한 나라의 앨리스》를 보면 삽화를 그 나라 스타일로 그렸다. 예를 들면 프랑스에서 펴낸 책을 보면 본디 영국 사람이어야 할 주인공 앨리스를 프랑크족 여성으로 그려 놨다. 피부가 하얗고 코가 높은 그런 식이다. 또 이탈리아나 스페인에서 출간된《이상한 나라의 앨리스》는 제법 섹시한 느낌마저 든다. 이런 식으로 나라별로도 다른 삽화를 즐기는 재미가 쏠쏠하다.

이웃나라 일본만 하더라도 루이스 캐럴 학회가 있고 수집가들도 많이 활동하고 있는 데 반해 우리나라에서는 루이스 캐럴이 그렇게 큰 학술적 연구의 대상이 아닌 것인지 여전히 루이스 캐럴과 그가 쓴 책에 대해서 자료가 부족한 현실이다. 그렇다 보니 우리나라에선 그가 값지다고 생각

우리나라에서도 인기가 많은 앤서니 브라운과 헬렌 옥슨버리가 일러스트를 그린《이상한 나라의 앨리스》.

우리나라에서 처음으로 번역된 루이스 캐럴의 책은 1962년 계몽사에서 펴낸 것으로 어린이 과학소설의 선구자라고 할 만한 한낙원 선생이 번역했다. 제목은 《이상한 나라의 애리스》.

하는 책을 싼 값에 입수했을 때가 기쁘다. 그렇다고 루이스 캐럴의 애호가로서 이런 현상을 마냥 기뻐하기는 힘들다. 왜냐하면 그만큼 관심이 적기 때문에 일본에 비해 책값이 싼 것 아니겠는가?

그러던 그가 몇 년 전, 우리나라에서 처음으로 번역된 루이스 캐럴의 책을 다른 사람의 서재에서 봤을 때 심장이 멎는 줄 알았다고 한다. 계몽사에서 1962년에 펴낸 책인데 번역은 우리나라 어린이 과학소설의 선구자라고 할 만한 한낙원 선생이 했다. 그때는 이미 그가 헌책방을 하고 있던 때라서 책을 구매하러 어떤 집에 찾아갔던 것인데 거기서 우연히 1962년판 앨리스 책을 발견한 것이다. 그것도 계몽사에서 펴낸 작은 책으로는 가장 멋진 빨간색 표지였다.

그는 당연히 그 책에 굉장한 관심을 갖고 있었으나 겉으로 표현하지는 못하고 그 책과 함께 200여 권 정도를 그 집에서 사갖고 돌아왔다. 사실 거기서 건질 만한 책은 거의 없었다. 그는 그 책 한 권만을 염두에 두고 200여 권을 샀던 것이다. 한 권만 지목해서 구입하면 책을 판매하시는 분이 가격을 높게 부르지 않을까 미리 걱정을 한 이유였다.

시간이 지난 다음 책을 판매했던 사람에게 다시 그때 이야기를 하면서 "내가 당시에 그 책 하나 때문에 불필요한 책 200권을 덤으로 샀다"고 고

백하자 크게 웃으면서 이렇게 말했다. "그 책이라면 저에겐 아무 쓸모도 없는 책인데요. 관심 있다고 말씀해주셨으면 그냥이라도 드렸을 겁니다."

그는 수집하는 입장이기 때문에 그 책이 얼마나 귀한 줄 아는 것이고 당연히 수집에 관심이 없는 사람이라면 그 책은 그저 1960년대 낡은 어린이 책일 뿐이었다. 어쨌든 그때 값진 대가를 지불하고 얻은 그 책은 아직까지도 잘 보관하고 있다.

헌 책 방 ,
생 계 와 수 집 을 한 번 에 ……

그가 수집한 책들은 모두 그 나름으로 아끼는 이유를 가진다. 그중에서 특별히 아끼는 책은 앞서 언급한 우리나라에서 처음으로 번역한 1962년판 《이상한 나라의 애리스》('앨리스'가 아니라 '애리스'다)와 미국의 소더비 경매에서 내놓은 경매 안내 책자 중에 《이상한 나라의 앨리스》와 루이스 캐럴 관련된 물품만 모아서 따로 컬렉션을 엮은 소더비 경매 '앨리스' 특집판이다. 작곡가 진은숙이 참여한 독일 오페라 〈이상한 나라의 앨리스〉 프로그램북도 그가 아끼는데 진은숙은 잘 알려진 진보 논객 진중권의 친누나다. 그녀가 작곡한, 조금은 그로테스크한 분위기의 오페라가 2007년 독일에서 초연을 했는데 그때 나왔던 공연 프로그램이다. 물론 이것들의 가격은 일일이 매길 수 없을 정도로 값진 것이며 나중에라도 판매할 생각을 해본 일이 없으니 가격을 생각해본 적도 없다.

루이스 캐럴의 책과 그와 관련된 것들을 모으다 보면 주위의 반응이 역시 '뭐 저런 걸 모으지?' 하는 시선이 많다. 그가 운영하는 헌책방에도 컬렉션 중에 몇 권을 갖다 놓았는데 아이들이 와서 마구 꺼내서 만질 때는 가슴이 덜컥거린다. 아이들은 그의 루이스 캐럴 컬렉션을 단순히 흔한 그림책으로 생각하기 때문에 함부로 다루는데 그에겐 소중한 컬렉션이니 그의 반응이 충분히 이해가 된다.

헌책방을 운영하는 그에게 책을 수집하는 일은 어찌 보면 당연한 일이다. 손님과 대화를 할 때도 자신이 책을 쓰는 작가이기도 하면서 한편으로 루이스 캐럴의 책을 수집한다고 하면 어쨌든 신뢰의 눈길로 자신을 대한다고 한다. 여러 곳을 돌아다니면서 그가 가지지 못한 루이스 캐럴의 책들을 계속 발굴해보는 재미란 일과는 또 다른 차원에서 흥미롭다.

책을 좋아해서 헌책방 일을 하고 있지만 무엇이든 자기가 좋아하는 걸 일로 하면 금방 싫증이 나기 십상 아니겠는가? 그런데 그는 헌책방을 운영하면서 동시에 자신이 즐기는 앨리스 책 발굴 사업도 동시에 하고 있어

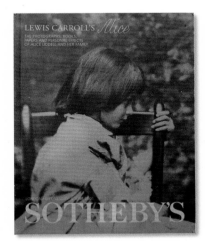

윤성근 씨가 특별히 아끼는 《이상한 나라의 앨리스》와 루이스 캐럴 관련된 물품만 모아서 따로 컬렉션을 엮은 소더비 경매 '앨리스' 특집판

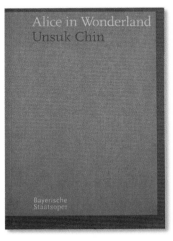

진보 논객 진중권의 누이이자 작곡가인 진은숙이 참여한 독일 오페라 〈이상한 나라의 앨리스〉 프로그램북

일에 싫증이 생기지도 않을뿐더러 앨리스 책에 대한 정보도 많이 얻을 수 있으니 헌책방 일과 수집이라는 두 마리 토끼를 함께 잡고 있는 셈이다.

수집이란 끝나지 않을 것
같은 길을 걸어가는 것

루이스 캐럴이 쓴 책 《이상한 나라의 앨리스》는 1865년에 처음으로 출판되었다. 수집가들이 눈독을 들이는 책은 당연히 이때 나온 초판이겠지만 그 가격이 엄청나기 때문에 윤성근 씨 같은 사람은 꿈도 못 꾼다. 하지만 언젠가는 그때 나온 책을 가질 수 있다는 희망으로 그날이 오기를 기다린다. 꼭 그 책을 소유하느냐 그렇지 않느냐는 사실 중요하지 않다. 왜냐하면 그걸 가지고 싶다는 생각을 갖고 사는 것 자체가 그에게는 충분히 재미있는 일이기 때문이다. 어쩌면 그걸 정말로 손에 넣는 순간 이 모든 즐거움이 한꺼번에 사라질지도 모른다. 어찌 보면 모든 수집가들의 공통적인 숙명이 아닐까? 사냥을 하고 꿈꾸는 과정이 오히려 재미있지 실제로 그 물건을 손에 넣었을 때는 허탈함도 상당하다는 게 많은 사람들의 경험담이다.

작년에 그가 일본 도쿄에서 유명한 진보쵸 헌책방 거리에 갔을 때 거기서 1800년대 후반에 나온 루이스 캐럴의 책을 발견했던 일을 기억한다. 《이상한 나라의 앨리스》는 아니었고 그 후속작인 《거울 나라의 앨리스》였는데 실제 루이스 캐럴의 친필 서명본이었다. 루이스 캐럴은 평소 보라색 펜으로 사인을 했는데 이 책에는 그 보라색 사인이 색깔도 변하지 않고 그대로 있는 것이었다. 당연히 비싸겠지, 생각하면서 책방 주인에게 가격을 물었는데 40만 엔(우리 돈으로 약 400만 원 정도)이라고 해서 넘볼 수 없는 가격을 원망만 한 채 자리를 떠나야 했다.

아주 가끔, 어떻게 알고 오는 것인지 모르겠는데 일본 사람이 그의 책방에 와서 한낙원 선생님이 번역하신《이상한 나라의 앨리스》를 보여달라고 할 때가 있다. 일본에는 '앨리스' 애호가들이 많고 어쩌면 어느 매체엔가 자신의 이야기가 실렸기 때문에 그걸 보고 먼 곳까지 찾아오는 것인지도 모른다. 그럴 때 그는 유리 케이스에 소중하게 보관하고 있는 그 책을 꺼내서 보여준다. 일본 관광객은 그 책을 보면서 연신 환호를 내지르고 그는 책을 건네주면서 책장을 넘겨보라고 한다. 그런데 놀랍게도 대부분의 일본인들은 손사래를 친다. 너무도 귀한 책이기 때문에 함부로 만질 수가 없다는 이유다. 대신 그에게 책장을 넘겨달라고 요청한다. 본인들은 그 광경을 그저 옆에서 지켜보는 것만으로도 행복하다는 이야기다.

그런데 그가 앞서 말한 1962년 판《이상한 나라의 앨리스》는 사실 초판이 아니라고 한다. 그가 찾아본 것에 의하면 계몽사에서 실제 초판을 낸 것은 1959년의 일이다. 하지만 계몽사에서도 기록이 남아 있지 않아서 이 사실을 모르고 있다고 한다. 그렇기 때문에 1959년판의 존재는 신문 아카이브의 기록상으로만 남아 있고 그도 실존하는 1959년판 책을 본 적이 없다.

그렇다고 1959년판이 국내 첫 번역판이라는 확신도 없다. 왜냐하면 일본만 하더라도 번역본이 1910년대에 나왔기 때문에 이 책이 일제강점기 시절 우리나라로 들어와 번역됐을 가능성도 배제하지 못하기 때문이다. 확실한 증거는 남아 있지 않지만 그는 적어도 1910년 후반에서 1930년 후반 사이에 우리말로 번역됐을 가능성이 있다고 믿는다. 1940년 이후

윤성근 씨에게 있어서 수집은 최후의 것까지 모두 다 소유하는 것이 아니라 전혀 끝나지 않을 것 같은 길을 천천히 걸어가는 것이다.

는 일제의 문화 말살 정책 때문에 우리말 번역본이 적기 때문에 우선은 이 정도를 염두에 두고 여전히 그 정체를 틈틈이 찾아보고 있다고 한다.

그러나 그 일이 성공하기가 참 어려운 것이 '이상한 나라의 앨리스'라는 제목으로 번역되지 않았을 가능성이 존재하기 때문이다. 어린이 책이니까 그에 어울리는 다른 제목으로 번역됐을 가능성이 있다. 육당 최남선이 번역한 《레미제라블》이 《너 참 불쌍타》로 나왔고, 이광수는 1913년에 해리엇 비처 스토 Harriet Beecher Stowe의 《엉클 톰스 캐빈》을 《검둥이의 설움》으로 번역했던 걸 미루어 짐작해보면 충분히 일리가 있는 추리가 아니겠는가?

"수집은 최후의 것까지 모든 걸 다 소유하는 것이 아니다. 전혀 끝나지 않을 것 같은 길을 천천히 걸어가는 것, 거기에 수집의 의미가 있다"고 그는 믿는다. 그래서 그는 루이스 캐럴의 책과 물건들을 수집하는 데 그렇게 심각하게 열을 올리기보다는 그 자체를 즐기는 쪽이다. 그는 무언가 목표가 나타나면 그걸 얻게 되기까지 과정을 즐기기 때문에 수집만큼 즐거운 취미가 또 없다고 믿는다.

'드래곤볼 세대'의
탄생

윤성근 씨와는 또 다른 분야에서 전문적인 책을 수집하는 사람이 있다. 한경수 씨다. 그는 만화책을, 그것도 토리야마 아키라鳥山明의 《드래곤볼》을 전문적으로 수집한다.

《드래곤볼》은 일본 만화의 영원한 신화이자 배틀물의 교과서라는 호칭도 부족해서 동호인들 사이에서는 일본 소년만화 역사상 가장 위대한 작품으로까지 칭송된다. 《드래곤볼》은 '철완 아톰'의 데츠카 오사무手塚治蟲와 함께 일본 만화의 2대신이라고 불리는 토리야마 아키라가 일본의 《주간 소년 점프》에서 1984년 51호부터 1995년 25호까지 약 10년 동안 연재한 만화다. 전 세계에 흩어진 일곱 개의 구슬을 모두 모으면 어떤 소원이라도 이루어준다는 드래곤볼을 구하기 위해서 모험을 떠나는 주인공 손오공의 이야기를 그린다.

이 작품은 토리야마가 대히트작이자 그의 첫 장편이었던 《닥터 슬럼프》의 연재를 그만두기로 결심하자 슈에이샤의 편집부에서 그의 결심을 받아들이는 대신 3개월 이내에 새로운 작품을 연재할 것을 부탁하면서 시작되었다. 이 만화의 기본적인 토대는 중국의 고전인 《서유기》에서 따왔고 일곱 개의 구슬을 모으는 아이디어는 《난소사토미 팔견전》에서, 제목은 이소룡의 영화 〈용쟁호투〉에서 따왔다고 알려진다.

1980년대 초반 일본 문구점 팬시 매상의 절반 가까이를 차지할 정도로 인기 광풍을 일으키며 "일본 코믹 만화의 패러다임을 바꾸었다"라고까지 평가받았던 《닥터 슬럼프》 작가의 차기작이었기에 팬들은 물론 관련

《드래곤볼》은 토리야마 아키라가 일본의 《주간 소년 점프》에서 약 10년 동안 연재한 만화다. 전 세계에 흩어진 7개의 구슬을 모두 모으면 어떤 소원이라도 하나 이루어준다는 드래곤볼을 구하기 위해서 모험을 떠나는 주인공 손오공의 이야기를 그린다.

산업에 종사하는 유수의 대기업들까지 주목한 작품이 《드래곤볼》이었다. 그러나 연재 초기 《드래곤볼》의 인기는 기대와는 달리 매우 평범, 아니 정직히 얘기해 기대 이하의 수준으로, 잡지에 연재된 21개 작품 중 15위 이하를 기록할 정도로 형편없었다. 아무리 히트 작가의 새 연재작일지라도 순위에 오르지 못하면 가차 없이 연재 종료의 칼을 빼드는 것이 관례였으니, 원래대로라면 《드래곤볼》은 그대로 사라져야 했을 비인기작이었다. 그러나 전작 《닥터 슬럼프》가 TV애니메이션, 극장용 작품, 각종 캐릭터 상품에 이르기까지 관련 산업으로 어마어마한 수익을 올리면서 관련 업계에서는 "토리야마의 그림은 돈이 된다"라는 확신이 있었다. 이에 따라 《드래곤볼》은 연재를 시작하기도 전에 몇몇 스폰서들과 계약을 맺어 애니메이션 제작 및 관련 상품의 발매 일정이 잡혀버리는 이례적인 케이스의 작품이 되어버렸다.

따라서 출판사 입장에선 기존 방침과는 무관하게 《드래곤볼》을 바로 포기할 수 없었고 작가와 담당 편집자는 《드래곤볼》의 인기를 올리기 위해 작품의 노선을 변경하기로 결심, 기존의 코믹 어드벤처 풍의 이야기를 액션, 배틀에 중점을 두어 '소년 주인공의 성장'에 초점을 맞추었는데 이

전략이 제대로 맞아떨어지며 그야말로 선풍적인 인기를 누리게 되었다. 2006년 기준 일본 내 1억 5,000만 부 이상 전 세계 2억 3,000만 부 이상이 팔린 이 대작은 도서뿐만 아니라 많은 관련 상품이 출시되면서 이른바 '드래곤볼 세대'를 탄생시켰다.

 불멸의 만화 드래곤볼

《드래곤볼》이 국내에 출시된 것은 서울문화사의 《아이큐 점프》의 별책부록으로 소개된 1989년 12월 14일이었다. 《드래곤볼》은 국내 만화사에서 큰 의미를 가지는데 무엇보다 최초의 정식판 일본 만화다. 그 전까지는 일본 만화임을 숨기거나 간혹 일본 만화임을 밝히더라도 모두 해적판에 불과했다. 어쨌든 기념비적인 《드래곤볼》의 출시로 인해서 매호 10만 부 정도 팔리던 《아이큐 점프》는 《드래곤볼》 연재 이후로 60만 부까지 발행 부수가 늘어나는 호황을 누렸다.

《드래곤볼》의 국내 정식 판매 부수는 서울문화사를 통한 2,000만 부이지만 그 당시 범람했던 해적판의 판매 부수까지 포함하면 《드래곤볼》의 실제 판매 부수는 최소 그 몇 배에 이를 것으로 추정된다. 더욱 놀라운 것은 《드래곤볼》이 1995년에 연재가 중단되었는데도 불구하고 여전히 일본 시장만 해도 연간 3,000억 원의 매출을 올린다는 사실이다. 미국의 가족 애니메이션 시장 점유율 1위이며 야후와 라이코스 검색 순위도 2002년과 2003년에 1위를 기록한 이후에도 선전을 계속 이어나간다.

그러면 이 무지막지한 대작의 원작자인 토리야마의 누적 수입은 얼마나 될까? 드래곤볼 수집가인 한경수 씨가 다양한 자료를 분석한 결과 토리야마는 그동안 《드래곤볼》로 약 3,000억 원을 벌어들인 것으로 추산되며 이 금액마저도 오로지 '만화책'으로만 올린 수입이다. DVD, 게임, 피규어 등의 관련 상품으로 파생된 수입이 포함되지 않았다. 통상적으로 일본에선 미디어믹스 제품의 판매 시 판매 금액의 5퍼센트가 원작자의 로열티로 지불되며 책의 인세보다 몇 배나 되는 수익을 얻게 된다.

《드래곤볼》 수집의

백미

이 거대작에 심취해《드래곤볼》을 수집하는 한경수 씨는 학창시절 공부보다는 야구와 만화 그리고 음악에 탐닉했다. 특히 만화를 좋아했는데 등교할 때 가방 가득 만화책을 가져와서 반 아이들에게 배포하는 공급책이기도 했다.

드래곤볼 세대라면 누구나 이 만화에 열광하고《아이큐 점프》의 애독자였지만 그렇다고 해서 그들 전부가《드래곤볼》을 열광적으로 수집하지는 않는다. 그러나 한경수 씨는 그걸 한 사람이다.《드래곤볼》은 책뿐만 아니라 다양한 관련 콘텐트와 상품이 출시되는데 한경수 씨도 모든 관련 상품을 수집한다. 그러나 그가 애초부터 수집한 것은 '책'이었고 다른 아이템들은 책을 좋아하다 보니 부가적으로 수집하고 소장하게 된 것이다. 물론 책을 제외한 다른 상품 중에도 책보다 훨씬 비싼 한정판 제품이 많다. 그러나 역시 그의 수집의 원류는 책이다. 그렇다면《드래곤볼》의 많은 판형과 버전 중에서 그가 가장 아끼고 힘들게 구한 판형은 무엇일까? 이 질문에 대한 그의 대답을 명쾌하게 듣기는 힘들다. 그가《드래곤볼》을 아끼고 사랑하는 만큼 모든 수집품이 다 소중하지 어느 하나를 꼬집어 가장 아낀다고 말하기가 쉽지 않기 때문이다.

굳이 가장 애착이 가는 아이템을 고르라고 하면 한경수 씨는 '별책부록판 드래곤볼 풀 컬렉션'을 말한다. 한마디로 새로 단행본으로 나온 판형이 아니고《아이큐 점프》에 연재되었던 총 233회분의 별책부록판을 모두 모은 전집이다. 이 풀 컬렉션의 완성은 한경수 씨의《드래곤볼》수집 인생에 아주 큰 의미를 부여한다.

일본에서는《주간 소년점프》를 통해 〈트랭크스 외전〉(단편) 포함 총 520회차로 연재가 되었는데 국내에서는 그 절반도 안 되는 233회차로 완결된 이유는 첫째 국내 연재 초기에는 페이지를 대폭 증면하여 일본의 2~3회 분량을 한 회에 수록했기 때문이고, 둘째《아이큐 점프》는 연재 순서대로 게재하느라 주인공인 '오공'의 유년기 시절을 다루고 있는 데 반해 발 빠른 해적판 업자들은 당시 일본의 최신 연재분이었던 '프리저 편'을 팩스로 받아서 책으로 찍어내고 있었다. 해적판 업자들의 순발력에 위기감을 느낀《아이큐 점프》측에서는 단행본 8권 부분에 해당하는 '레드리본군과의 대결' 중에 1부 완결이라는 형태로 연재를 중단하고 무려 단행본 열여섯 권 분량을 건너뛰는 초강수를 둔 끝에 해적판의 연재 속도와 거의 같은 24권 중반 부분부터를 2부로 즉시 연재했기 때문이다. 따라서 단행본 9권부터 24권 중반까지의 내용은 잡지나 별책부록으로 연재된 바 없이 바로 단행본으로만 출시되었고 국내에서는 애초부터 연재 분량이 존재하지 않게 되었다.

별책부록판《드래곤볼》의 완전한 컬렉션을 태생적으로 구할 수 없는 국내《드래곤볼》애호가에게는 아쉬운 일이지만 해적판 업자와의 긴박한 싸움을 벌여야 했던 정식 라이센스 업체의 입장에서는 어쩔 수 없는 상황이었다.

아무리《드래곤볼》의 수집가라 할지라도 절판된 지 20년이 지난 총 233회분의《드래곤볼》의 부록을 모두 구하는 것은 굉장히 어려운 일이다. 그리고 한경수 씨도 애초부터 이 별책부록판을 모두 구하려고 생각하지 않았고 어린 시절 사서 소장하고 있었던 몇 권이 전부였는데 우연히 몇 권

《드래곤볼》의 부록은 두 가지 형태가 존재한다. 별도로 제공된 '별책부록'과 잡지 속에 포함된 '책 속 부록'이 그것이다. 국내에 연재된 총 5년의 기간 중에서 거의 4년간은 별책부록으로 연재되었고, 연재 마지막 1년과 그 중간인 1993년의 8주간이 책 속 부록으로 연재되었다.

의 별책부록을 추가로 손에 넣게 되면서 '한번 해볼까'라는 결정을 했다.

233회분의 부록은 두 가지 버전이 뒤섞여 있다는 게 수집을 더욱 어렵게 한다. 별책부록과 책 속 부록 중에 더 구하기 어려운 쪽은 물론 책 속 부록이다. 별책부록은 독립된 책의 형태이니 가끔 그것을 소장하는 사람이 있긴 하지만 책 속 부록은 사정이 다르다. 대다수의 만화 잡지들이 부피가 커서 이사를 한다든지, 집을 정리하고 청소를 할 때 가장 먼저 버려진다. 이런 이유로《드래곤볼》이 연재된 책 속 부록이 대부분 속절없이 재활용되었고 연재가 끝난 지 20년이 지나버린 지금은 구하기도 어렵고 가끔 매물이 나온다고 해도 상당한 가격을 형성한다. 쉽게 말해서 돈이 있어도 신의 보살핌이 없는 한 구하기가 힘들다는 이야기다. 이 판형을 구하기가 힘든 것이 수집가라고 해서 별다르겠는가? 한경수 씨는 현재까지의 수집 인생 기간 내내《드래곤볼》부록 버전을 구해왔는데 최근에야 간신히 풀 컬렉션을 완성할 수 있었다.

얼굴도 모르는
소중한 인연

《드래곤볼》의 별책부록은 구하기가 매우 어려워서 한경수 씨는 청계천이나 부산의 보수동 헌책방 골목 등에서 한두 권씩 손에 넣기 시작했는데 본 잡지인 《아이큐 점프》가 1,500원에 팔렸는데 《드래곤볼》 별책부록은 6,000원 정도에 거래되었다고 한다. 헌책방을 순례하며 어느 정도 수집이 되었을 때 본인의 블로그에 수집 현황에 대한 게시물을 올렸는데 어느 날 한 회원으로부터 쪽지를 받았다. 내용인 즉은 별책부록 중에서도 입수 난이도가 높은 것이 주인공의 어린 시절을 다룬 제1부의 20권 세트인데 연락을 준 장본인은 1부 세트를 모두 소장 중이라는 것이었다. 당시 한경수 씨는 1부 중에서 겨우 6권만을 구한 상태였으니 얼마나 기뻤겠는가. 한경수 씨 입장에서는 그 소장가가 팔아주는 것만으로도 엄청나게 고마운 상황인데, 그 회원은 한경수 씨의 게시물을 보고 무료로 양도하겠다

한경수 씨는 만화책 외에도 《드래곤볼》과 관련된 것이면 거의 모든 것을 수집한다. 특히 DVD나 피규어, 포스터 등은 그가 심혈을 기울여 모으는 품목이다. 《드래곤볼》에 관련해서는 전문 DVD 수집가나 피규어 수집가, 포스터 수집가들보다 훨씬 많은 것을 알고 있고, 또 소장하고 있다.

는 뜻을 밝혔다. 가만히 생각해보니 본인보다는 한경수 씨가 소장하는 편이 낫겠다는 것이 그 회원의 생각이었다.

당시 과일과 채소를 판매하는 일을 하고 있던 한경수 씨는 너무 고마웠던 나머지, 책값은 못 치르더라도 미약한 보답이나마 과일 박스라도 보내주고 싶으니 주소를 알려달라고 요청했다. 그러나 《드래곤볼》의 별책부록을 무료로 양도한 그 회원은 책을 택배로 보낼 때 받는 사람의 주소만 적었을 뿐 정작 보내는 자신의 주소는 적지 않았다. 한경수 씨는 그 회원의 호의에 너무나도 고맙고 감격한 나머지 택배를 보낸 송장을 소중히 간직했다.

그 외에 한경수 씨의 주목해야 할 수집품은 '《드래곤볼》 명장면 포스터'가 있다. 앞으로의 그의 수집 목표는 약 30여 개의 언어로 번역된 것으로 알려진 《드래곤볼》의 모든 전 세계 버전을 한 세트씩 수집하는 것이다. 현재는 일본과 한국 외에 북미, 태국, 중국, 홍콩, 독일판 정도를 소장하고 있다.

《드래곤볼》
풀컬러판

《드래곤볼》 풀컬러판은 일본의 《소년점프》에 연재되었던 《드래곤볼》의 연재분을 디지털 채색화 작업을 거쳐서 스토리 별로 섹션을 나눈 다음 새롭게 발매한 버전이다. 채색 작업은 한국을 비롯해 홍콩, 대만 등 여러 국가의 전문 업체에 의뢰해 외주 형태로 진행했다. 수 년 전 한경수 씨의 지인이 《드래곤볼》 풀컬러판 유년기편의 채색 의뢰를 받은 회사에서 근무 중이었는데 지인의 말을 빌리면 채색 작업 후 국내 관리자의 승인 후에도 일본의 《소년점프》 말단 편집자뿐만 아니라 편집장, 국장을 거쳐서 최종적으로 원저자인 토리야마 아키라의 승인을 받아야 작업이 진행될 수 있고, 이 단계를 거치다가 어느 한 곳에서라도 지적을 받으면 작업을 다시 해야 하는 극악의 난이도를 자랑했다고 한다.

이런 극악의 작업 과정에 지쳐서 "돈을 아무리 많이 줘도 작업 과정이 너무 까다로워서 못 하겠다"고 일본 측에 투정을 부렸더니 돌아온 대답은 "하기 싫으면 하지 마라"였다고 한다. 이런 디지털 채색판이 다시 책의 형태로 출간되는 것은 《드래곤볼》이 최초인데 출판사의 새로운 수익 모델로 가능한지 테스트하는 시험 단계다. 그러나 현재까지는 기대보다 반응이 훨씬 좋아서 《원피스》, 《나루토》, 《블리치》 등 다른 주요 작품들도 《드래곤볼》처럼 디지털로 채색해 유료 다운로드 서비스가 진행되고 있다. 이 풀컬러판의 단행본판은 연재 당시 밝혀지지 않은 비하인드 스토리에 대한 토리야마 아키라의 인터뷰를 비롯한 많은 추가 정보가 수록되어 있어서 더욱 만족감을 준다.

풀컬러판 관련해서도 흥미로운 에피소드가 있는데 국내에서 풀컬러판의 출판 계약을 획득한 서울문화사가 계약 직후 바로 한경수 씨에게 연락을 한 것이다. 예전에 동 출판사의 잡지에서 인터뷰했던 인연으로 친분이 있었고 《드래곤볼》에 대한 애정을 익히 알고 있는 터라 좋은 소식도 전해주고 또 겸사겸사 몇몇 조언을 듣기 위해서 연락했던 것이다. 한경수 씨는 과거 번역본의 오역과 캐릭터 간의 서열 등에 관한 잘못된 부분을 늘 담아두었던 터여서 관계자에게 풀컬러판을 낼 때 번역을 새롭게 하느냐고 질의를 했다. 그러나 출판사에서는 번역은 새로 하지 않는다는 답변을 했고 한경수 씨는 다른 오역은 그렇다 치더라도 각 캐릭터 간의 인간관계, 즉 가장 기본적인 반말, 존댓말 관계라도 수정하는 것이 어떠냐는 제의를 했다. 가령 모든 캐릭터에게 존댓말을 하는 예의 바른 캐릭터를 국내 번역판에서는 반말을 마구 하는 것으로 번역했다든지, 위압감을 주는 말투가 특기인 캐릭터를 평범한 말투로 바꿔버렸다든지 등의 오류를 수정해줄 것을 부탁했다. 그러나 출판사에서는 비용의 문제로 난색을 표시했고 대신 한경수 씨에게 기존 잘못된 번역에 대한 교정을 부탁해왔다. 이 제안을 흔쾌히 허락했고 이런 연유로 한경수 씨는 풀컬러판의 출간에 참여했다.

《드래곤볼》이 이어준
그의 사랑

1978년생인 그는 1998년과 1999년이 그의 인생에서 가장 재미났던 시절이라고 회고한다. PC통신이 유행해서 '하이텔' '나우누리'의 소모임이 활성화되던 시절이었다. 당시 군 입대를 앞둔 한경수 씨는 그때 유행하던 만화인《H2》와《터치》의 동호회에 가입했고 신촌 주변에서 종종 모임을 가졌다고 한다. 지금은 사라진 신촌의 독수리 다방이 주로 모임 장소였는데 회원이 총 200명 정도였고 삐삐를 통해 연락을 취해서 직접 모인 사람은 대략 20명 내외였다. 갑작스러운 만남을 뜻하는 '번개'라는 용어가 처음 생긴 시대답게, 채팅을 하다가도 번개를 해서 자장면을 함께 먹고 농구를 즐기던 유쾌한 시절이었다.

그런 호시절을 보내고 군대를 다녀오니 PC통신 문화는 사라지고 인터넷 문화가 대세를 이루고 있었다. 따라서 PC통신 시절의 소모임의 끈끈한 유대감은 찾아보기 힘들었다. PC통신 시절에는 통신사가 한 가지 장르에 대해서 한 모임만 승인한 관계로 서로 간에 유대가 끈끈했지만 인터넷 시대는 누구나 어떤 장르든지 원하는 대로 모임을 결성할 수 있기 때문에 아무래도 응집력이 퇴색될 수밖에 없었다. PC통신의 모임이 그리웠던 한경수 씨는 과거의 영광을 재현하고자 2005년에 블로그를 개설했다. 블로그는 주로《드래곤볼》에 관한 포스팅으로 채워졌고 1990년대 추억을 함께한 동호인들 덕분에 금방 최대 방문객을 자랑하는 명소가 되었다.

한경수 씨는 여기에 만족하지 않고 PC통신 시절처럼 오프라인 모임을 주도하기 시작했다. 전국 각지에서 20명 남짓의 회원이 참석하곤 했는데 네 번째 모임에서 블로그 이웃이었던 그림을 그린다는 고3 학생이 자신도 참여해도 되느냐고 문의해왔다. 물론 그는 흔쾌히 허락했는데 닉네임이나 그림의 화풍이 남자 같아서 당연히 남자라고 생각했는데 의외로 여고생이었다. 예술고등학교에서 그림을 전공하는 그 여고생도 물론《드래곤볼》마니아인데 다섯 살 때 엄마와 함께 미용실에 갔다가 처음 본 이후로《드래곤볼》의 매력에 빠져들어 그 마음을 현재까지 유지하고 있는 만만치 않은 이력의 소유자였다.

《드래곤볼》의 애호가가 된 그 학생은 순전히《드래곤볼》때문에 만화가가 되기로 결심하고 예고에 진학했던 터였다. 그림에 재능이 충분했는지 고등학교 2학년 때 미술대회에 나가 입상한 덕분에 이미 대학 진학이 결정된 상태여서 고3이라는 신분에도 불구하고《드래곤볼》동호회 모임에 참석한 것이다. 물론 그 여고생은《드래곤볼》을 열정적으로 수집하고 포스팅하는 한경수 씨에게 흥미가 생겨 "대체 이런 블로그를 운영하는 사람은 어떤 사람인가" 궁금해 모임에 참석했다고 한다.

그때부터 그녀와의 인연은 본격적으로 시작되었고 모임 때마다 자주 보기 시작했다. 그들의 친분은 그녀가 대학을 입학하고서도 계속되었고 오래지 않아 자주 만나서 영화도 보고 차도 마시는, 데이트를 즐기는 연인이 되었다. 여자 친구가 된 그녀는 만화가의 꿈을 여전히 키워가고 있어서《아이큐 점프》에서 만화를 연재했던 모 만화가의 문하생으로 들어갔고 2016년쯤엔 정식 만화가로 데뷔할 예정이다.

그녀는 인터넷 시대의 개막 이후 쇠퇴한 PC통신 시대의 동호회 모임을 재건하는 공을 세우기도 했다. PC통신 시대를 겪지도 않았는데 말이다. 본인이 경험하지 못한 PC통신 시대의 동호회 모임에 대한 로망이 있었고 한경수 씨가 본인의 블로그를 토대로 모임을 가지다 보니 모두들 한경수 씨 한 명에게만 시선을 집중하게 되어 즐겁지만 한편으로 불편하다는 하소연을 듣고선 소매를 걷고 나섰다.

그녀는 PC통신 시대의 정감이 넘치고, 유대감이 강한 소규모의 오프라인 모임을 가지고 싶었다. 그녀의 계획은 이러했다. 포털 사이트의《드래곤볼》카페를 만들되 소수만 가입시키고 자연스럽게 오프라인 모임을 연계할 생각이었다. 그녀가 카페를 개설했다는 소식을 듣고 한경수 씨가 카페에 들렀더니 본인의 닉네임으로 개설되어 있었다. 깜짝 놀라 이유를 물으니 여자 친구의 말인즉, 포털 사이트에 '드래곤볼'을 검색하면 연관 검색어로 한경수 씨의 닉네임이 항상 뜨더라는 것이다. 그들은 일단 카페를 비공개로 두었다가《드래곤볼》과 인연이 깊은 7이란 숫자를 이용해

한경수 씨는 《드래곤볼》뿐 아니라 프로야구팀 LG 트윈스 이상훈 선수의 열렬한 팬이기도 하다. 그는 이상훈 선수의 지난 경기 영상들을 녹화해 DVD로 보관하고 있을 정도다.

7월 7일에 오픈하자고 합의했다. 예정대로 7월 7일 날 카페를 오픈했는데 호응이 좋아서 일 년에 두 번 오프라인 모임을 가진다. 모임 이름은 '드그당(《드래곤볼》을 그리워하는 당)'이고 모임 때마다 전국 각지와 심지어 일본에서 40명 내외의 회원이 참석한다. 《드래곤볼》 아이템 등을 경품으로 걸고 게임 등을 즐기며 시간을 보내는데 일반 친목 모임과 별다를 바 없지만 10대부터 40대까지 다양한 연령대의 회원들이 한자리에 모여 어색함 없이 교류를 나눌 수 있다는 것은 그 모임만의 장점이다.

《드래곤볼》이 마련해 준

직장

2013년 3월에 1995년 이후 무려 18년 만에 〈드래곤볼〉의 새로운 극장판이 개봉되었다. 이 극장판이 남다른 것은 다른 이벤트성의 극장판이 아니고 원작자가 직접 시나리오를 쓰고, 감수도 하고, 예전의 스토리에 이어서 새로운 스토리를 만들었다는 것이다. 당연히 일본 현지에서는 대히트였다. 한경수 씨는 이 극장판을 감상하기 위해 일본까지 갔는데 그때 한국에서도 개봉이 되면 좋겠다는 생각을 했다. 그러나 냉정히 생각해보니 판권도 비쌀 터이고 일본 현지에 비해 관객 수가 적을 것으로 예상돼서 실현되기 힘들겠다고 판단했다. 그런 와중에 한 업체에서 그 극장판을 수입하기 위해 접촉 중이라는 소문을 들었는데 마침 블로그를 교류하는 지인이 그 소식을 전해주었다.

한 포털 사이트의 게시판에 어떤 네티즌이 문제의 〈드래곤볼〉 신극장판을 너무 보고 싶어서 보지 못하면 죽을 것 같다는 식의 질문도 아닌 푸념을 늘어놓는 글을 올렸는데 그 글에 대한 댓글로 어떤 사람이 "내가 〈드래곤볼〉 극장판 수입업자이고 정 그렇게 보고 싶으면 나에게 연락을 해라. 보여주겠다"라고 답을 남겼다고 한다. 그런데 다른 네티즌들은 그 댓글을 장난으로 치부하고 욕설과 비웃음으로 대응하고 있다는 이야기였다. 한경수 씨는 본인이 직접 확인에 나섰다. 〈드래곤볼〉의 수입업자라고 밝힌 사람에게 직접 쪽지를 보내서 정말 수입한 것이 맞느냐고 물었다. 답장이 바로 왔다. 쪽지를 보낸 사람은 정말 〈드래곤볼〉 수입업체의 사장이었다. 그가 전화를 걸어온 때가 2014년 7월 말쯤이었는데 8월 말에 개봉을 앞두고 있다고 했다. 그러면서 한경수 씨의 정체(?)를 물었다. 한경수 씨의 블로그를 보았는데《드래곤볼》에 관한 방대한 자료에 깜짝 놀랐던 것이다.

영화 수입사 사장은 마침 초벌 번역에 의한 1차 자막이 막 완성되어 관계자 시사회를 갖는데 참석해서 함께 보고 혹시 수정해야 할 부분 등이 있으면 의견을 줄 수 있겠냐고 제의를 해왔고 한경수 씨는 흔쾌히 수락한 후 여자친구와 함께 영화 수입사를 찾았다. 일단 시사회를 마치고 그

는 1차 자막의 어색한 점 등도 이야기하고 한국에서의 성공 가능성 여부와 한국의 팬 층에 대한 이야기를 대표와 나누었다. 그 자리에서 영화사 대표는 그에게 한국의 대표 팬이니 감수를 해주지 않겠느냐는 제의를 덧붙였다. 기실 그 영화사 대표는 《드래곤볼》에 대해서는 잘 알지 못했다고 한다. 이 제의에 한경수 씨는 한 달 동안 친구에게 가게를 맡기고 영화 일에 매달리기 시작했다.

《드래곤볼》의 마니아로서 자연스럽게 좋은 아이디어도 내고, 홍보도 열심히 하고, 관련 기관에 협조를 구하는 등 누구보다 열심히 근무했다. 사실 그는 그 제안을 받기 전에 이미 영화의 수입이나 마케팅에 관심을 가지고 있었다. 어쨌든 정열적으로 근무하는 그를 유심히 지켜본 영화사 사장은 그에게 영화쪽 일을 계속 해보는 게 어떻겠느냐고 또 다른 제의를 했다. 전문적인 영화에 대한 지식보다는 열심히 하는 자세가 중요하며, 한경수 씨의 성실한 태도를 보니 다른 영화를 다루더라도 잘할 것 같다는 의견도 덧붙였다. 다소의 고민은 있었지만 한경수 씨는 영화사 사장의 제의를 고맙게 받아들였고 그 후 현재까지 그 영화사에서 일을 하고 있다.

앞에서 언급했던 윤성근 씨나 한경수 씨의 책 수집은 단순히 수집가 개인의 수집욕에 그치는 것이 아니다. 한 시대를, 또는 우리 모두의 유년 시절을 풍요롭게 해준 작품들의 방대하고도 다양한 자료들을 수집했다는 사실은 개인의 성취감을 넘어서 후대에 중요한 사료로서의 가치를 더해준다. 이러한 수집가들의 노력은 우리 사회를 문화적으로 더욱 풍요롭게 할 것이 분명하다.

젊음을 대표하는 아이콘, 농구화

농구화,
신는 것에서 모으는 것으로 진화하다

가수 데프콘, 빅뱅의 G드래곤, 개그맨 김신영, 배우 박해진의 공통점은 무엇일까? 이 질문에 대한 정답을 아는 당신은 농구화 수집가일 가능성이 높다. 특히 박해진은 소장하고 있는 농구화만 1억 원어치가 넘는 열혈 농구화 수집가로 유명하다.

중학교 2학년 때 처음으로 나이키라는 브랜드를 알았고 1만 2,000원짜리 나이키 운동화를 신으면 졸지에 친구들 사이에서 명사가 되는 시대를 살아온 나로서는 농구화를 수집하는 취미가 생소하다. 그러나 유명 스타의 이름을 딴 다양한 농구화는 하나의 중요한 비즈니스 영역이 되었다. 그러고 보니 유명 스타의 브랜드 가치를 스포츠 용품에 접목시킨 것은 테니스에서는 이미 매우 오래된 일이다. 가령 안드레 애거시Andre Agassi 나 피트 샘프러스Pete Sampras 시절부터 이미 국내의 동호인들은 애거시와 샘프러스가 사용하는 테니스 라켓 모델명을 줄줄 꿰고 있었다. 그러나 사실 그들은 도색만 일반인들이 사용하는 라켓과 같은 모양을 했을 뿐 실상은 그들의 입맛에 맞는 맞춤형 라켓을 사용하지만 동호인들은 자신이 사용하는 라켓이 유명 스타가 사용하는 라켓이라는 자랑을 서슴지 않았다.

농구화는 테니스용품과 달리 아예 선수의 이름을 브랜드화했는데 물론 이 풍조는 농구의 신 마이클 조던Michael Jordan이 원조다. 이제는 조던뿐만 아니라 다른 유명 스타들의 이름을 딴 농구화가 여러 브랜드에서 출시되고 있다. 나이가 든 어르신들은 도저히 이해가 되지 않지만 농구화도 한정판으로 출시되어 애초 판매가보다 몇 배나 오른 가격에 거래가 되는 일이 이제는 드물지 않다.

2012년에 출시된 에어조던 11 레트로 'BRed'가 대표적인 경우인데 농구화 중에서 최고의 품질과 명성을 자랑하는 에어조던인만큼 출시 전부터 많은 애호가들의 이목을 집중시켰고 출시 당일에는 이 제품을 구하기 위해서 기나긴 줄을 서야 했다. 그마저도 일부만 이 제품을 살 수 있었다. 당연히 품절이 된 이 모델은 애초 출시 가격보다 몇 배나 비싼 가격에도 구하기 힘든 물건이 되었다. 사정이 이렇게 되니 이제는 운동화 재테크라는 용어마저 나오는 상황이다. 물론 재테크를 목적으로 농구화를 거래하는 이는 매우 드물겠지만 그만큼 농구화라는 품목이 매력적인 수집의 대상이라는 것을 방증한다. 농구화가 주력인 한 운동화 수집 동호인 카페의 회원 수는 무려 12만 명이다. 이 정도면 농구화 수집이 요즘 젊은이들의 주요 수집 아이템이자 취미 생활을 넘어서 젊은이들을 대표하는 하나

농구화가 주력인 한 운동화 수집 카페의 회원 수는 무려 12만 명이다. 이 정도면 농구화 수집이 요즘 젊은이들의 주요한 수집 아이템이자 취미 생활을 넘어 젊은이들의 대표 아이콘이라고 해도 무방하다.

의 아이콘이 된 셈이다.

조던 농구화는 급기야 미국 사회를 대표하는 하나의 아이콘이 되었는데 200달러가 넘는 가격임에도 불구하고 새로운 모델이 출시될 때마다 미국이라는 큰 나라가 술렁인다. 이 농구화를 구하기 위해서 줄을 서는 것도 모자라 학교마저 결석하고 긴 줄의 행렬에 동참하는 청소년들이 있을 정도다. 2011년에는 미국 LA에서 한정판으로 판매가 되었던 '나이키 에어조던 11 콩코드'를 사겠다고 한 매장에 무려 2,000명의 농구화 애호가들이 들이닥치는 바람에 경찰이 최루가스를 뿌려서 해산시킨 사건도 있었다. 요즘 젊은이들이 얼마나 농구화에 열광하는지 잘 알려주는 대목이다.

Air Zoom
Kobe 1

김태훈 씨는 사실 열혈 농구화 수집가는 아니다. 온라인 마케팅 일을 하는 김태훈 씨는 AZK1 Air Zoom Kobe 1이라는 닉네임으로 활동하는 농구화 카페 운영진인 한편 스트리트 매거진《스트릿 풋》에 매월 글을 기고한다. 또 '슈즈 리뷰어 AZK1입니다'라는 블로그를 운영하고 있는데 주로 농구화 리뷰에 관한 글이 많다. 그는 미친 듯한 수집보다는 차분하고 합리적이며 이성적인 수집을 하며, 농구화 선택에 고심하는 동호인들이 좀 더 편리하게 자신에게 맞는 농구화를 고를 수 있도록 농구화를 평가하는 리뷰어로 왕성하게 활동한다.

물론 그는 리뷰를 해주는 대가로 해당 업체로부터 보수나 인센티브를 받지 않는다. 다만 리뷰를 할 수 있도록 농구화 사진촬영을 하고 잠시 동안의 착화를 허락받을 뿐이다.

김태훈 씨는 나이키의 농구화 라인에서 단연코 가장 유명한 조던 시리즈보다는 '코비 시리즈'를 수집한다. 어떤 운동을 하더라도 장비에 관심을 가지고 자랑을 하기 마련인데 그의 학창시절에는 나이키의 에어 조던이나 리복의 샤크 시리즈가 최고 인기 제품이었고 그도 이런 신발을 신고

그는 매장에서 발매하는 모든 운동화를 사고야 말겠다는 탐욕보다는 줌-코비라는 하나의 라인을 수집 대상으로 한다. 그래서 그의 농구화 컬렉션의 약 70퍼센트를 줌-코비 시리즈가 차지한다. 말하자면 그는 줌-코비 농구화 전문 수집가인 셈이다.

싶었지만 넉넉하지 못한 집안의 형편 때문에 친구들의 것을 잠시 빌려서 신을 수밖에 없었다. 일찍이 철이 든 그는 다른 아이들처럼 막무가내로 부모님을 졸라서 그 신발을 사고 싶지는 않았다. 부모님의 형편을 생각해서 자신의 욕심을 누르고 누른 것이다. 그러나 이런 대견함이 그가 어른이 되어서는 농구화를 수집하게 된 계기가 되었다. 어린 시절에 간절히 원했지만 집안의 형편으로 하지 못한 소망을 어른이 되어 자신이 힘으로 돈을 벌게 되자 마음껏 펼쳤다고 해도 무방하다.

마이클 조던과 비교하기는 무리지만 코비 브라이언트Kobe Bryant도 사실 농구에 크게 관심이 없는 사람이라도 누구나 알 만한 NBA를 대표하는 슈퍼스타다. 소속팀 LA 레이커스의 심장이자 정신적 지주인 그는 현역 최고의 농구 선수라고 해도 지나치지 않다. 김태훈 씨는 코비를 현역 최고의 슈팅 가드이며 역대 NBA 톱 10에 들 수 있는 살아 있는 전설이라고 평가한다. 그러나 김태훈 씨가 코비에 매료가 된 것은 그가 외형적인 성적뿐만 아니라 정신력도 역대 NBA 역사상 가장 뛰어난 선수 중의 한 명으로 꼽히기 때문이기도 하다.

"야구를 향한 나의 열정은 스피드건에 찍히지 않는다"는 명언으로 야구에 대한 무한한 열정을 표현한 메이저리그의 위대한 투수 톰 글래빈 Tom Glavine에 버금가는 그의 농구에 대한 열정은 김태훈 씨를 매료시키기에 충분했다.

타고난 재능에 의지하지 않고 어느 누구보다 연습에 몰두하는 그의 성실성을 존경하는 김태훈 씨가 그의 시그너처가 새겨진 코비 시리즈를 수집하는 것은 어쩌면 당연한 일이겠다. 현재 그의 농구화 컬렉션의 약 70퍼센트를 줌-코비 시리즈가 차지한다. 말하자면 그는 대한민국 상위 1퍼센트 안에 들어가는 줌-코비 농구화 전문 수집가인 셈이다. 사실 그의 온라인상의 닉네임 AZK1도 코비 브라이언트 시그너처 농구화를 의미한다. 다른 시리즈까지 포함하면 그보다 수집 물량이 더 많은 동호인들도 많다. 그러나 그의 농구와 농구화에 대한 열정은 그 누구에게도 뒤지지 않는다.

"열 손가락 깨물어
안 아픈 손가락 없다"

김태훈 씨라고 농구화를 구하는 특별한 비법이 있는 것은 아니다. 그도 다른 사람처럼 열심히 발품을 팔고, 줄을 서는 캠핑도 하고, 해외 사이트에서 직구도 하며 심지어는 해외 여행길에 사 오기도 한다. 그는 농구화

그는 농구화를 구입하는 데 있어서 나름의 철칙이 있는데 그것은 농구화는 반드시 정식 매장에서 사고, 원래의 발매가보다 더 비싼 프리미엄이 붙은 가격으로는 절대 구입하지 않는다는 것이다.

를 구입하는 데 있어서 나름의 철칙이 있는데 그것은 농구화는 반드시 정식 매장에서 사고, 원래의 발매가보다 더 비싼 프리미엄이 붙은 가격으로는 절대 구입하지 않는다는 것이다. 정식 매장에서 사는 이유는 가짜 제품을 사는 불상사를 예방하기 위함이며 비싼 가격에 사지 않는 것은 농구화에 대한 애착보다는 수집욕에 휘둘리지 않기 위해서다. 그리고 그에게는 특별히 아끼는 한두 켤레의 소수 정예는 없다. 열 손가락 깨물어 안 아픈 손가락이 없다는 생각인데 그는 매장에서 발매하는 모든 운동화를 사고야 말겠다는 탐욕보다는 줌-코비라는 하나의 라인을 수집 대상으로 한다. 그래서 줌-코비에 드는 모든 농구화가 그에겐 공평하게 소중하다. 간혹 수집욕에 사로잡힌 동호인들은 자신의 발사이즈보다 작거나 큰 농구화를 사기도 하는데 그는 자신의 발사이즈에 맞는 것만 구매를 하며 다만 좋은 상태로 보관하기 위해 햇볕이 들지 않는 방에다 제습제와 함께 보관하는 정성은 쏟는다.

그의 농구화 수집에도 우여곡절이 많았다. 사회생활을 막 시작한 시절, 월급이 많지 않다 보니 이리저리 다 빠져나가고 한 달 동안 쓸 수 있는 돈은 겨우 25만 원 남짓이었다. 그런데 마침 그가 간절히 가지고 싶었던 운동화가 나왔고 그는 망설이지 않고 남은 돈을 모두 털어서 그 운동화를 사고 말았다. 그 이후 그는 자신이 무엇을 먹고 살았는지조차 기억나지 않는다고 한다. 힘든 기억이라기보다는 불평 없이 잘 지낸 한 달이었기 때문이란다.

농구화 발매일에 맞춰서 매장 앞에서 대기 줄을 서느라 집에도 들어가지도 못하고 밤을 새다가 출근한 그날을 아직 잊지 못한다. 그는 원래 구입한 농구화를 본가에 보관했었는데 마침 치매에 걸린 친척 할머니가 그가 애지중지하는 모델을 가지고 가버린 적이 있어서 그 이후로는 모든 농구화를 본가가 아닌 자신이 거주하는 집에 보관한다.

많은 수집가의 적은 내부에 있다. 그중에서 아내는 수집가들의 주적인데 김태훈 씨는 사정이 다르다. 그의 수집 생활에 아내는 행운을 몰고 오는 여신이지 심술궂은 방해꾼이 아니다. 언젠가 한 매장에서 무작위 추첨 방식으로 한정판 농구화를 판매했는데 안타깝게도 김태훈 씨는 그 시간에 직장에 있어서 참석을 하지 못하고 대신 아내를 보냈다. 그런데 생각지도 못하게 대신 참석한 아내가 덜컥 당첨이 되어 농구화를 품고 집으로 돌아온 것이다. 그 사건은 지금도 소중한 추억이다. 그렇다고 그의 아내가 처음부터 조력자였던 것은 아니다. 그의 아내도 연애 시절 농구화를 수집하는 그를 의아하게 생각했지만 그가 농구화에 대해서 잡지사와 인터뷰하는 장면을 목격하고는 그의 농구화 수집의 후원자가 되었다. 가정뿐만 아니라 그의 수집 생활에도 내조하기로 작정한 것이다. 물론 이런 아내의 도움에 김태훈 씨도 최선을 다해서 가정을 위해 가장의 역할을 충실하게 해낸다.

'슈즈 리뷰어'로서의
삶

김태훈 씨가 농구화를 사느라 극빈의 생활을 할 때 주변의 친구들은 그런 그를 이해하지 못했다. 그러나 그가 남들이 좋아하는 술과 맛집 탐방을 하지 않고 아낀 돈으로 농구화를 산 사실을 친구들은 간과한다. 더구나 김태훈 씨는 농구화를 수집만 하는 것이 아니고, 농구화를 수집한 오랜 경험에서 나온 노하우를 통해서 다른 사람에게 도움을 줄 뿐만 아니라 여기에 만족하지 않고 패션 전반에 걸친 폭넓은 정보를 제공하는 블로그로 발전시켰다. 말하자면 농구화 수집이라는 취미를 통해서 그의 인생의 방향을 결정하고, 농구화와 관련된 일을 하고 싶은 꿈을 가졌다. 그의 블로그를 보면 자신의 수집 업적을 자랑하는 게시물은 거의 없다. 대신 그는 농구화 리뷰뿐만 아니라 새로 발매되는 농구화를 소개하는 일도 게을리 하지 않고 심지어는 전국의 나이키 매장을 탐방하고 탐방기를 남긴다. 말하자면 농구화에 관련된 일이라면 수집뿐만 아니라 직접 발품을 팔아서라도 다양한 정보를 방문객들에게 제공하려고 노력한다. 당연히 투자를 위한 고가의 농구화를 따로 구하거나 소장하지도 않는다.

　운동화는 운동을 할 때 신는 것이라는 생각은 구시대적 발상이다. 운동화의 인기와 활용도는 과거와는 비교도 할 수 없이 확대되었다. 출근 시간의 강남역만 가보아도 정장 차림에 운동화를 멋지게 코디한 여성, 깔끔한 투피스에다 리복 퓨리를 신은 여성, 세미 정장에 농구화를 신은 남성을 심심찮게 볼 수 있다. 운동화는 편하게 신는 신발이기도 하지만 하나의 패션 트렌트로서 역할을 충분히 수행하는 마법과도 같은 아이템이다.

김태훈 씨는 이런 패션 트렌드의 키포인트인 농구화를 직접 신어보고, 촬영을 해서 자신의 블로그에 리뷰를 포스팅한다. '신발 평론가'라고 해야 할 슈즈 리뷰어도 사실 그가 가장 먼저 쓰기 시작한 용어인데 그만큼 책임감을 가지고 최대한 객관성을 유지하려고 노력한다.

그가 리뷰를 작성한 대가를 업체로부터 받지 않는 것도 이런 이유다. 대가를 받으면 아무래도 객관적인 리뷰가 아닌 업체의 입맛에 맞는 리뷰를 작성할 수밖에 없기 때문에 그는 무보수 리뷰어를 고집한다. 블로그를 통해서 그의 리뷰에 댓글을 달아주고 소통을 해주는 사람들과 운동화를 살 때 직접 문의해주는 사람들 모두 그에겐 조력자이자 즐거움이다.

66 이 세상에서 가장 행복한 사람은 수집가다 **99**

Part 4
수집의
즐거움

상품을 넘어 문화가 된 스타벅스 텀블러

《모비딕》,
그리고 스타벅스

텀블러는 우리에게 오래된 문화가 아니다. 최근 텀블러가 특히 젊은이들 사이에서 필수품이나 애용품으로까지 자리 잡게 된 이유는 카페 문화의 발달과 연관이 많다. 1990년대 이전의 당구장에서 노래방, 피시방을 거친 대학생들의 놀이 공간은 이제 카페로 진화한 듯하다. 요즘의 대학생들에게 카페는 단지 커피나 음료를 마시는 공간을 넘어서 생활 공간으로 여겨도 될 정도다. 카페에서 커피를 마시고, 친구들과 대화를 하고, 심지어 시험공부나 독서까지 카페에서 하는 경우가 숱하다. 음료를 마시는 공간이 워낙 친숙하니 음료를 담고 다닐 수 있는 텀블러 역시 대중적으로 사랑받는 아이템이 되었다. 더구나 텀블러에 음료를 받아서 구매를 하는 경

@황혜미

미국 시애틀에 있는 스타벅스 1호 매장 안에는 1971년도 시작을 알리는 동판이 설치되어 있다.

우에는 할인을 해주기도 하고, 일회용 컵보다는 훨씬 친환경적이니 여러 모로 텀블러가 대중화되었다. 그중 가장 대표적인 카페 체인인 스타벅스의 텀블러는 그 규모나 양, 역사가 만만치 않다.

스타벅스라는 이름의 유래는 전통적으로 허먼 멜빌Herman Melville의 소설 《모비딕》에 나오는 일등항해사 스타벅Starbuck에서 따왔다고 믿는 사람이 많다. 커피의 브랜드가 문학적인 영감에서 나왔다는 굉장히 로맨틱한 스토리가 되지만 절반만 사실이다. 좀 더 정확한 설명은 시애틀을 대표할 만한 이름을 찾다가 옛 지도에서 스타보Starbo라는 광산의 이름을 따서 지었고 그 후에 《모비딕》의 커피를 사랑한 일등항해사 '스타벅'과 발음이 유사하다는데서, 그것과 결합되어 스타벅스가 되었다는 것이 맞는 말이다.

스타벅스 커피와《모비딕》의 인연이 깊다는 사실은 2014년 7월에 출시된 'SS 트로이 블루오션'을 봐도 충분히 실감이 된다. 이 텀블러는 신비롭고 깊은 바다를 짙은 푸른색으로 나타냈고, 포경선인 피쿼드 호와 모비딕(백경)을 중앙에 위치시켰다. 바로 아래 거대한 모비딕이 있는지도 모르고 그 위로 유유히 떠 있는 피쿼드 호와 그 아래 텀블러 표면의 대부분을 차지할 정도로 크게 보이는 모비딕을 형상화한 텀블러다. 이 모델을 훑어보다 보면 단 한 번도 텀블러를 가지고 다닌 적이 없는 사람일지라도 '난생 처음'으로 텀블러를 가지고 싶다는 욕구가 생긴다.

스타벅스 텀블러는 일반적인 텀블러보다 가격이 상대적으로 비싼 편이다. 그럼에도 불구하고 젊은이들에게 인기가 있는 이유는 물론 우리나라 사람 특유의 '과시욕'도 한몫을 하지만 다른 한편으로는 텀블러 디자인이 독특하고 고급스러우며, 심지어 섹시하기 때문이다.

텀블러로
세 계 를 여 행 하 다

인류가 원래 채집 시대의 유물 때문인지 수집을 좋아하듯이 텀블러 수집가 추형범 씨도 애초부터 무언가를 모으는 것을 좋아했다. 열쇠고리나 DVD 같은 소소한 물건을 모으기 좋아했던 그는 유난히 좋아했던 커피를 들고 다니면서 마실 수 있다는 이유로 텀블러에 관심을 가지기 시작했다. 텀블러 수집가의 초보 시절 그는 일본을 여행하다가 스타벅스에 들렀는데 놀랍게도 한국에는 팔지 않는 텀블러를 발견했다. 'Tokyo'라고 새겨

'2013 여가의 새 발견' 전시회에 진열 중인 추형범 씨의 시티 텀블러. 여권에 전 세계의 비자를 하나씩 늘려가는 재미를 즐기는 여행자가 많듯이 추형범 씨는 그 나라, 그 도시에서만 구할 수 있는 시티 텀블러를 모으는 것을 가장 좋아한다.

진 텀블러에 대해 직원에게 물어봤는데 전 세계에서 오직 일본에서만 판매가 된다는 답변을 듣고 그는 많은 스타벅스의 시리즈 중에서 유독 시티 시리즈City Series를 집중적으로 수집하기 시작했다.

여권에 전 세계의 비자를 하나하나 늘려가는 재미를 즐기는 여행자가 많듯이 추형범 씨는 오직 그 도시에 가야만 살 수 있는 시티 시리즈를 하나둘 모으기 시작했는데 아무리 텀블러를 좋아해도 텀블러를 사기 위해 전 세계를 여행할 수는 없는 노릇이었다. 그래서 그는 해외에 여행이나 출장을 가는 친구에게 부탁을 하기 시작했고 급기야 이베이를 통해서 수집하기 시작했다.

사실 텀블러의 동호인들은 시티 시리즈를 그다지 높게 평가하지 않지만 추형범 씨는 여행과 추억의 징표가 되는 시티 시리즈를 아낀다. 각 도시를 대표하는 건물이나 미술품이 새겨져 있어서 다른 문화에 대한 시야도 넓히고 좋은 세계사 공부도 되기 때문이다.

취미가 스타벅스 텀블러 수집이라고 하면 보통 사람들은 "돈이 많은가 봐요"라는 반응을 보이는 경우가 많다고 한다. 하기는 이런 반응이 아주 거짓말은 아닌 것이 그는 크리스마스와 발렌타인 시즌 기념 텀블러를 모두 구입하느라 100만 원 이상을 쓰기도 했다. 그러나 그는 항변한다. "텀블러에 지출하는 돈이 많지만 다른 남자들이 흔히 하는 흡연이나 음주를 전혀 하지 않으니 오히려 건전한 삶을 사는 남자가 아니냐"고. 더구나 보통의 경우 잉여적인 취미 생활과 자기만족에 그치는 수집이지만 추형범 씨의 경우는 사뭇 다르다. 그는 수집이라는 취미 생활로 직업을 삼게 되는 순기능을 실현한 성공한 오타쿠이기 때문이다. 이보다 더 건전한 취미가 어디 있겠는가?

그가 운영하는 에코트리 카페www.ecotreecafe.co.kr 사이트에서는 고객의 다양한 주문에 맞추어 메시지나 로고를 넣은 텀블러를 원하는 대로 주문 제작한다. 더구나 그는 다년간 텀블러를 수집한 경험과 노하우를 바탕으로 직접 디자인을 하기도 하는데 물론 고객들이 원하면 판매도 한다. 취미를 자신의 일생을 책임져줄 직업으로 전환시킨 그는 가장 이상적인 수집가가 아닐까.

한때 그의 블로그의 대문에는 "텀블러는 절대 판매하지 않으니 문의하지 마십시오"라는 문구가 적혀 있었다. 텀블러라는 물건이 얼마나 매력적인지, 또 그가 텀블러에 대한 애착이 얼마나 깊은지 가늠할 수 있는 대목이다. 사실 대부분의 수집가들은 본인만 만족할 뿐 가족이나 지인들은 반대하는 경우가 많다. 내가 아는 어떤 수집가는 수집에 관련된 자신의 블로그를 가족들이 강제로 폐쇄했을 뿐만 아니라 다시는 수집을 하지 않겠다는 각서까지 제출한 경우도 있는데 추형범 씨의 경우는 이와는 반대다.

무엇보다 부모님과 친구들이 추형범 씨의 수집을 적극 도와주고 지지한다. 특히 그의 부친의 아들에 대한 지원과 응원은 대단한데 해외여행을 가면 부모님이 가장 먼저 하는 일이 가이드에게 그 지역의 스타벅스가 어디 있느냐고 물을 정도다. 부모님뿐만 아니라 부모님의 지인이나 친구들이 해외여행을 할 때도 아들의 수집을 위해서 스타벅스의 구매를 요청하기도 하는데 구하기 힘든 '이집트'와 '체코'도 이런 고마운 경로를 통해서 구했다.

그는 그동안 피땀 흘려 수집한 700여 점의 텀블러를 집안에 가둬두고

2006~2010년 출시된 일본의 벚꽃 텀블러(왼쪽부터 2006년).

혼자만 감상하는 욕심쟁이 남자가 아니다. 2013년 4월 '문화역서울284'
가 기획한 〈여가의 새 발견〉이라는 주제로 그간 모아왔던 텀블러를 전시
해 많은 관객들의 부러움과 탄성을 자아냈고 사람들이 즐길 만한 또 하
나의 수집 영역을 확대했다. 사실 추형범 씨가 텀블러를 수집하기 시작할
때만 해도 텀블러에 대한 정보나 수집으로서의 가치에 대한 인식이 희박
했다. 그는 스스로 공부하고 꾸준한 수집을 통해서 텀블러 수집에 관한한
선구자 역할을 톡톡히 해냈다.

중국의 시티 텀블러(왼쪽부터 베이징, 신티엔티, 만리장성, 상하이, 항저우, 텐진)

추형범 씨는 2013년 4월 '문화역서울284'가 기획한 〈여가의 새 발견〉 전시회에서 그간 모아왔던 텀블러를 전시하여 많은 관객들의 부러움과 탄성을 자아냈고 사람들이 즐길 만한 또 하나의 수집 영역을 확대했다.

스타벅스 희귀 머그

미니애폴리스/세인트폴 머그Minneapolis/St.Paul mug 1994년 에디션

이베이에서 2,020달러에 거래가 된 스타벅스 머그다. '이 세상에서 가장 희귀한 머그 컵'이라고 알려진 이 모델은 2,000달러가 넘는 가격에 놀랄 뿐 막상 실물을 보면 대체 무엇 때문에 이렇게 비싼지 이해가 안 될 게 분명하다. 디자인도 소재도 무엇 하나 특별하지 않다. 어찌 보면 2,000달러가 아닌 20달러에 사라고 해도 한번쯤 깊이 고심할 것 같은 평범한 외관이다. 이 머그의 특별함은 품질이나 수려한 외관이 아닌 '희소성'에 있다. 미국의 미네소타 주에 위치한 미니애폴리스 조각 공원의 아이콘인 '스푼과 체리 조형물'을 그려 넣은 이 머그는 디자인 저작권 문제로 금방 가게에서 철수되었는데, 그 전에 대략 50개 미만의 수량이 판매되었다고 한다. 스타벅스 측은 이 스케치에 대한 저작권을 미리 허락받지 않고 출시를 하는 실수를 저질렀고 이 역사적인 실수 덕분에 이 머그는 귀하신 몸이 되었다.

노스아일랜드 머그North Island mug 2008 Global Icon Series

이베이에서 무려 6,000달러라는 믿기지 않는 가격에 팔렸는데 사실 이 모델이 왜 이렇게까지 비싼지는 판매자도 어리둥절할 지경이다. 물론 디자인이라든지 소재에도 6,000달러라고 인정이 될 만큼의 놀라움은 없다. 그저 그들만의 리그라고 생각을 해야만 간신이 납득이 되는 이 머그의 가격에 대한 현실성 있는 해명은 이렇다. 이 모델은 2008년에 출시가 되었고 금방 품절이 되었다. 그런데 2012년에 같은 디자인이 출시가 되면서 그와 동시에 초판의 희귀함이 더욱 부각되어 이 말도 안 되는 가격에 판매가 되어버렸다. 2012년에 나온 모델과 2008년에 나온 6,000달러짜리 머그의 차이는 바닥에 새겨진 제작년도를 알려주는 2008이란 숫자와 2012라는 숫자가 유일하다.

서경애
스타벅스 텀블러로 행복을 열다

서경애 씨는 소소한 행복을 만끽하며 사는 긍정적인 마인드의 소유자다. 초등학교 시절 이미 장차 나이가 들면 '돈이 될 것 같아서' 우표를 수집한 경력을 보유한 남다른 경제관을 자랑한다. 예쁜 편지지나 필기구와 같은 소녀적 취향의 수집을 즐기기도 했던 그녀가 스타벅스 텀블러에 관심을 가진 것은 '스타벅스의 원두가 입에 맞는다'는 지극히 실용적인 이유 때문이었다. 환경 보호도 할 겸 친구에게 선물받은 텀블러를 모으면서 수집을 시작했는데 그의 수집 생활을 알게 된 지인이나 친구들이 선물해준 텀블러도 많다.

북미 아키텍처 시리즈(왼쪽부터 시애틀 1호점, 시애틀, 시카고, 샌디에이고, 애틀란타, _추형범 소장품)

세계 각국의 텀블러(왼쪽부터 폴란드, 러시아, 체코, 이집트 _추형범 소장품)

서경애 씨의 수집은 온라인보다는 오프라인을 주로 이용한다. 시즌 상품 같은 것은 어차피 매장에서 선착순으로 판매하기 때문에 그녀의 수집 방법이 효과적이긴 하다. 그러니까 그녀의 수집 생활의 버팀목은 부지런한 발품이라고 해야겠다. 그녀의 수집 생활이 다른 수집가와 차별되는 점은 수집의 기준이 '실용성'이라는 점이다. 그녀는 사용하지 않을 텀블러는 구입하지 않는다.

아무리 예쁘고 귀하더라도 일단은 실생활에서 사용이 먼저라는 입장이다. 많은 수집가들이 수집 품목을 너무나 아낀 나머지, 혹은 가치의 하락이 두려워서 개봉조차 하지 않는 경우가 허다하다는 것을 감안하면 매우 특이한 경우다. 그녀는 자신이 수집한 텀블러를 항상 사용하며 인테리어 효과를 감안해서 구하는 편이다. 그리고 자신의 수입과 대비하여 지나치게 비싼 모델도 구입하지 않는다.

서경애 씨는 텀블러의 수집에 주위 사람들의 도움도 많이 받는데 그 비결은 친구들에게 '서경애=텀블러'라는 공식을 세뇌시킨 것이다. 덕분에 새로운 모델이 나오면 제보를 해주고, 종종 귀한 모델을 선물받기도 한다. 서경애 씨는 일로 인해 받는 스트레스의 상당 부분을 새로운 텀블러를 기다리는 설렘으로 해소한다.

실용성과 더불어 그녀의 텀블러 수집을 대표하는 아이콘은 '스토리'와 '추억'이다. 그녀가 무분별한 수집을 좋아하지 않는 이유가 여기에 기인하는데 자신과 연관된 추억이 스며 있는 텀블러를 모으고 아끼기 때문이다. 설령 서경애 씨 친구의 남자친구가 바람이 나기 직전에 선물한 텀블러도 나름의 스토리로 생각해서 소장하는 귀여운 무리수가 있더라도 말이다.

그녀는 텀블러라는 물건도 좋아하지만 여행지의 추억, 선물한 친구의 사연과 발품을 판 힘겨운 기억도 사랑한다.

만물은 미술의 재료다

고 정 관 념 을 탈 피 한
미 술 도 구

유인상 씨는 화구를 수집하지만 화가는 아니다. 다만 십대 시절에 '난 미술이 아니면 안 돼'라는 생각을 하면서 보냈고, 미술과는 상관없는 20대를 보냈으며 30대가 된 지금도 여전히 화가는 아니지만 그림을 즐겨 그릴 뿐이다. 글이든 그림이든 손으로 끄적이는 것을 좋아해서 항상 주변에 작은 노트나 펜을 함께 둔다. 손글씨를 쓰는 것보다 스마트폰의 메모장에 기록을 남기는 것이 더 익숙한 세대이지만 유인상 씨는 굳이 종이와 펜을 꺼내서 이것저것 메모도 하고 일상을 그림으로 남기는 것을 좋아한다.

　다른 대부분의 수집가와 마찬가지로 그는 술과 담배를 가까이 하지 않는다. 그리고 심지어는 SNS도 하지 않는다. 그는 다른 대부분의 사람이 즐기는 스마트폰, 컴퓨터, 술과 담배 대신에 펜과 물감 그리고 종이를 사랑한다. 그리고 그림을 즐겨 그린다.

유인상 씨는 화가를 꿈꾸었고, 그림을 여전히 좋아하지만 그림을 정식으로 배운 적은 없다. 물론 선생님이나 친구들에게 소소한 칭찬은 받았지만 그렇다고 해서 학원을 다닌다든지 대학에 가서 그림을 전공하지는 않았다. 일단 그림을 생계 수단으로 삼기에는 너무 위험하다는 부모님의 조언과 유인상 씨 스스로 생각하기에도 그림 공부를 하기에는 재정적으로도 충분하지 못하다고 생각했기 때문이다. 비록 미술을 전공해서 화가가 되지는 못했지만 이 점이 그로 하여금 독창적인 그림을 그릴 수 있는 계기가 되었다. 처음에는 정식으로 미술을 공부하지 못한 열등감에 사로잡혀서 자신의 그림에 대한 자부심과 자신감이 부족했다. 어떤 그림을 그리더라도 '전공자가 보기에는 이 그림이 이상해 보이겠지?'라는 생각을 떨칠 수가 없었다.

그러나 그런 생각이 들 때마다 '난 어차피 독학이니까 이 정도면 만족해'라는 자기 위안을 하는 버릇이 생겼는데 오히려 이런 위안이 틀에 박힌 그림을 그려야 한다는 고정관념에서 자유롭게 만들어주었다. 다른 사람의 눈치를 보지 않고 자신만의 독특한 일상의 그림을 즐겨 그리기 시작했다. 그가 틀에 박힌 그림에 대한 압박감에서 벗어난 것은 뜻밖의 선물을 안겨주었다. 화풍뿐만 아니라 미술의 재료에 대한 자유분방함이 그것이다. 자유분방한 미술 재료로 그린 자유분방한 자신만의 그림을 사람들이 칭찬하기 시작했다.

심지어는 그림으로 단단히 유명세를 타기도 했는데 그가 좋아하는 텔레비전 프로그램인 〈무한도전〉의 '무한상사'라는 에피소드를 시청한 후

TV 프로그램인 〈무한도전〉의 '무한상사'라는 에피소드를 시청한 후 정준하 씨의 트위터에 자신이 그린 그림을 올리자 그 그림이 기사화되었다.

정준하 씨의 트위터에 정준하 씨를 그린 그림을 올렸다. 그런데 그의 독특하고 감성적인 그림을 본 정준하 씨가 코멘트를 달아주자마자 그의 그림이 기사로 다뤄졌던 것이다. 생각지 못한 유명세를 탄 이 사건은 그의 그림 인생에서 가장 흥분되고 기쁜 날로 기록되었다.

뿐만 아니라 취미로 그림을 그리는 그에게 직업적인 작업을 의뢰하는 경우도 생겼고 그에 비례해서 그의 미술 재료에 대한 상상력과 적용은 더욱 확대되었다.

"모든 물건이
그림의 재료가 될 수 있다"

자유분방하고 다양한 미술 재료를 추구하는 유인상 씨가 화구를 수집하는 것은 어쩌면 자연스러운 일이다. 그는 끊임없이 '저 물건을 그림의 도구로 사용하면 어떨까', 혹은 '저 물건을 사용하면 내 그림이 어떻게 달라질까'라는 생각을 하다 보니 다양한 화구를 수집하게 되었다.

폭넓은 그림 도구를 사용하는 그의 수집품은 어떤 종류가 있을까? 전통적인 미술 재료인 색연필, 물감, 연필뿐만 아니라 잉크펜, 볼펜, 샤프펜슬, 만년필을 넘어서 심지어는 여성들의 네일 아트를 위한 제품, 반짝이 가루, 흑연가루도 그에겐 훌륭한 미술 재료다.

그는 종이류도 다양한 제품을 사용하는데 수채용지, 일반적인 두께의 스케치북뿐만 아니라 집에 굴러다니는 매입매출부에도 그림을 즐겨 그린다. 그래도 그가 선호하는 것은 노트 방식의 하드커버 스케치북이다. 아무래도 항상 미술 도구를 휴대하면서 그림을 즐겨 그리는 그에게 적합하기 때문이다.

그는 미술 도구를 다양화하는 것을 넘어서 '모든 물건이 그림의 재료가 될 수 있다'라는 생각을 하게 되었고 사소한 물건을 볼 때도 그냥 넘어가지 않고 모으는 취미가 생겼다. 그래서 연필을 깎고 난 후의 가루조차 버리지 않고 용기에 소중히 보관을 하기도 하는데 나중에 질감을 표현할 때 요긴하게 사용한다. 모든 물건을 그림의 재료로 생각하기를 좋아하는 그는 대형마트에 갔을 때도 문구 코너의 물건이 아닌 전혀 엉뚱한 제품도 그 본래의 기능을 생각하지 않고 '이 물건은 그림을 그릴 때 이러이러하

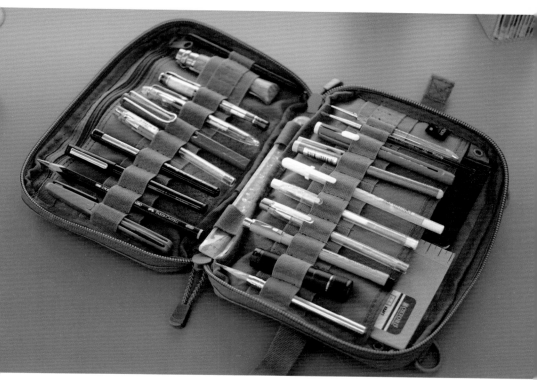

그가 즐겨 사용하는 펜들 전통적인 미술 재료인 색연필, 물감, 연필뿐만 아니라 잉크펜, 볼펜, 샤프펜슬, 만년필, 그리고 심지어는 여성들의 네일 아트를 위한 제품들도 그에겐 훌륭한 미술 재료다.

게 사용할 수 있지 않을까'라는 고민을 자주 한다. 하나의 예로 옷과 분무기를 보면서도 그림에 적용시킬 방법을 생각한다.

유인상 씨는 웬만하면 미술 재료를 오프라인 매장에서 구입하려고 노력한다. 요즘 인터넷이 워낙 편리하다 보니 인터넷에 올라온 구매 후기를 참고해서 구매하는 경우가 많지만 그는 직접 만져보고 사용해본 뒤에 그림의 재료로 사용할지 안 할지를 결정한다. 그는 다양한 미술 재료를 시도해보고 좋은 결과가 나오면 주위 사람들에게 '내가 이걸 써봐서 아는데'라며 알려주고 블로그에 포스팅하는 것을 낙으로 삼는다.

외형이 같다고
모두가 같은 것은 아니다

자신만의 스타일의 그림을 고수하는 그는 흑백 그림의 경우에는 붓펜을 애용한다. 그러다 보니 그가 수집하고 소장하는 붓펜의 종류는 굉장히 다양하다. 그가 주로 사용하는 붓펜은 붓모 부분이 하나의 통째로 만들어진 것과 붓끝이 한 올 한 올 되어 있는 것으로 크게 분류된다. 전자는 다루기 쉬운 장점이 있지만 실제 붓의 느낌을 살리기가 힘든 반면 후자는 사용하는 느낌은 붓과 비슷하지만 그만큼 다루기 힘든 단점이 있다.

그는 한 올 한 올 되어 있는 붓펜을 즐겨 사용하는 편인데 '펜텔'의 '#101'을 가장 아낀다. 최근에 유행하는 캘리그라피를 하는 사람들이 많이 쓰는 '쿠레타케'사의 붓펜보다 붓모가 탄력이 있어서 좀 더 그림을 편하게 그릴 수 있기 때문이다. 아이러니하게도 그의 컬렉션에는 '펜텔'의 '#101'보다 '쿠레타케' 제품이 더 많은데 아무래도 제품의 라인업에서 '쿠레타케'가 좀 더 다양한 제품군을 출시하기 때문이다.

수채화의 경우에는 그의 그림 도구의 폭이 더욱 넓어진다. 일단 기본적으로 수채화를 그릴 때 그가 자주 선택하는 것은 '파이로트'사의 '하이테크C'라는 잉크 펜이다. 이 펜을 선호하는 이유는 가는 선을 자주 사용하는 유인상 씨의 수채화 스타일에 적합하고, 다양한 색으로 출시되어 그림의 표현이 다채롭다는 장점 때문이다. 국내에서는 모든 색상을 다 구할 수가 없어서 해외 구매 대행 사이트를 동원해서라도 하이테크C의 거의 모든 색상을 구했을 정도로 이 펜에 대한 애정이 깊다.

하지만 0.3밀리미터 정도의 세필펜인 만큼 하이테크C는 펜촉에 조금만

그는 흑백 그림의 경우에는 붓펜을 애용하는데 그가 주로 사용하는 붓펜은 붓모 부분이 하나의 통짜로 만들어진 것과 붓끝이 한 올 한 올 되어 있는 것으로 크게 분류된다. 전자는 다루기 쉬운 장점이 있지만 실제 붓의 느낌을 살리기가 힘든 반면 후자는 사용하는 느낌은 붓과 비슷하지만 그만큼 다루기 힘든 단점이 있다.

충격이 가해져도 망가지는 단점이 있다. 그래서 "하이테크C는 잉크를 다 쓰기 전에 버려지기 마련이다"라는 농담이 회자된다.

　수채화를 그릴 때 절대 빼놓을 수 없는 물건이 바로 물감이다. 유인상 씨가 사용하는 물감은 우리나라에서는 조금 낯선 '고체 케이크'라는 종류다. 주로 유럽과 일본의 업체에서 고체 케이크 형태의 물감을 많이 출시하는데 그의 성향에 맞는 만큼 다양한 회사의 고체 케이크를 소장 중이다. 많은 고체 케이크 중에서 '사쿠라'사에서 나오는 '코이 워터컬러' 시리즈를 가장 좋아하는데 가격에 비해 구성이 알차고 가격 대비 성능이 최고라는 평을 듣는 제품이다. 실제로 그가 블로그에 포스팅을 한 이후 동호인들의 가장 많은 문의를 받은 제품이다. 그는 나아가 본인이 원하는 컬러의 고체 케이크를 만들기 위해 관련 용품을 모으고 있는 중이다.

　모든 분야의 수집가들이 그러하듯이 끊임없이 그림 도구를 수집하는 유인상 씨는 주위 사람들로부터 "또 샀어?" "이거랑 똑같은 거 아니야?"

유인상 씨가 사용하는 물감은 우리나라에서는 조금 낯선 '고체 케이크'라는 종류다. 고체 케이크를 알지 못했다면 그가 지금처럼 수채화를 즐기지 못했을 것이라고 확신할 만큼 그에게는 매력적인 도구다.

라는 핀잔을 자주 듣는다.

　문구류나 그림 도구에 대해서 잘 모르는 사람들은 똑같은 펜이나 연필을 무한정 계속 사는 것처럼 보이지만 사실 연필은 경도, 펜은 심의 굵기에 따라 다양한 종류가 존재한다. 파이로트의 하이테크c 같은 펜의 경우 똑같은 색의 잉크지만 0.3과 0.4의 종류가 있고 만년필의 경우엔 EF, F, M, B라는 식의 닙의 굵기 차이가 있다. 샤프의 경우, 기본적으로는 0.5가 주로 판매되지만, 사실 0.2, 0.4, 0.7, 0.9 또는 그 이상의 굵은 심도 있다. 이렇듯 그림의 도구나 문구류는 외형은 같지만 다양한 종류가 있으니 사실 똑같은 도구를 사는 것이 아닌데 매번 이런 설명을 하려니 번거롭다고 한다. 어쨌든 유인상 씨는 남들에게는 똑같은 물건을 계속 사는 것처럼 보이지만 사실은 모델별로 다양한 버전을 빠짐없이 구하려는 노력을 하는 것이다.

유인상의
그림 도구들

샤프펜슬

샤프펜슬이란 보통의 사람들에겐 그저 편리한 필기도구일 뿐 특별한 아날로그적인 감성도 느끼지 못하는 흔하디흔한 물건이다. 그러나 유인상 씨에게 샤프펜슬은 훌륭한 그림 도구일 뿐만 아니라 그 자체로 매우 매력적인 물건이다. 보통의 남자아이들이 그렇듯이 그 역시 기계와 공구를 좋아했는데 어린 시절부터 로봇 도감의 자세한 분해도를 즐겨보았다. 어른이 된 지금도 그는 만년필의 경우 안쪽의 작동 원리를 한눈에 볼 수 있는 투명한 재질의 모델을 좋아한다.

샤프펜슬도 마찬가지다. 잘 들여다보면 그 섬세함에 놀라게 되는 물건이 샤프펜슬이다. 뿐만 아니라 다양하고 고급 제품을 많이 출시하는 유럽과 일본의 샤프펜슬은 단순한 필기도구가 아닌 작품으로 생각되는 모

유인상 씨의 책상 위에는 언제나 그림을 그릴 수 있는 도구들이 가득 차 있다.

웬만한 문구점보다 훨씬 다양한 종류의 샤프펜슬을 수집하고 소장한 그에게 샤프펜슬은 훌륭한 그림을 그리는 도구일 뿐만 아니라 그 자체로 매우 매력적인 물건이다.

델까지 종종 보인다. 가령 사용자가 원하는 방식으로 샤프심에 쿠션을 주는 모델, 편마모로 인한 글자의 선이 점점 굵어지는 현상을 방지해주고 글을 쓸 때마다 샤프심이 저절로 돌아가도록 설계되어서 항상 일정한 굵기를 유지해주는 모델, 누를 때 원하는 길이만큼을 심이 나오게 조절할 수 있는 모델들이 대표적인데 유럽과 일본의 몇 가지 모델은 장인 정신이 엿보인다.

웬만한 문구점보다 훨씬 다양한 종류의 샤프펜슬을 수집하고 소장한 유인상 씨가 특별히 아끼는 샤프펜슬은 파버카스텔 tk 메탈 9603 , 오토 더블노크, 펜텔 PGM, 펜텔 그래프 1000, 펜텔 P225 등인데 만듦새가 견고하고 수수한 디자인이라는 공통점을 가진다. 이런 훌륭한 샤프펜슬은 유인상 씨에게는 아름다운 수석이나 다름없다.

만년필

주로 서명이나 필기를 위한 용도로 많이 사용하는 만년필도 그는 그림을 그리는 도구로 많이 수집한다. 그가 그림을 그릴 때 애용하는 만년필은 겉모양은 볼품이 없고 사용하기도 불편하지만 특이한 모양의 닙을 가진 중국의 '영웅'이라는 회사의 '330' 모델이다. 미공필美工筆이라고 부르는 타입인데 얼핏 보면 바닥에 떨어뜨려서 닙이 휘어진 것처럼 보이는 모양이 특징이다. 미공필은 중국 특유의 형태인데 한자를 쓰기에 좀 더 편리한 동양적인 캘리그라피 펜이라고도 볼 수 있다. 사실 만년필이라는 것이 애초에 서양의 물건이라 서양의 언어보다 좀 더 복잡한 형태를 띠는 한자나 한글을 쓰기에는 불편하다. 그래서 세필을 쓰기 편리한 모델은 서구보다는 동양의 회사가 좀 더 앞선다.

유인상 씨는 우연히 호기심 때문에 영웅 330을 구입했는데 처음에는 잘못 사용해서 잉크가 흥건히 흘러나오는 경험도 하고 불편한 점이 많았

그가 그림을 그릴 때 애용하는 만년필은 특이한 모양의 닙을 가진 중국의 '영웅 330' 모델이다. 미공필(美工筆)이라고 부르는 타입인데 얼핏 보면 바닥에 떨어뜨려서 닙이 휘어진 것처럼 보인다.

다. 그러나 이런 불편함에도 불구하고 일반 만년필과는 완전히 다른 개념의 펜이라 그림을 그릴 때 유려한 선의 굵기 변화에 넋을 잃게 만드는 매력을 자랑한다. 이 펜을 너무 좋아한 나머지 유인상 씨는 해외 구매를 통해 무려 '한 세트'를 주문하기도 했다.

세상에 하나뿐인 노트

일상생활 속에서 그림을 순간순간 그리는 그에게 노트는 굉장히 중요한 미술 도구여서 역시 다양한 종류를 수집하고 소장한다. 그가 가장 많은 종류를 소장하고 있는 브랜드는 역시 고급 수첩의 대명사 '몰스킨'사의 제품들이다. 그러나 유인상 씨가 막상 이 노트를 많이 사용해보니 유명 브랜드라는 이유로 가격이 너무 비싸고 여러 가지 단점을 발견할 수 있었다. 그리고 아무래도 노트를 많이 사용하다 보니 '이 제품은 이 부분만 개선하면 좋을 텐데' 하는 각 제품의 아쉬움이 발견되었다. 그래서 유인상 씨는 노트를 직접 만들기 시작했다. 말하자면 기성 제품이 가지고 있는 장점은 살리고 단점을 최소화해서 자신만의 스타일의 노트를 장만하고 싶다는 생각에서였다. 지류는 주로 화방에서 구입하고 다른 재료는 이곳저곳을 동원해서 구하는데 직접 노트를 만들어보니 오히려 기성 제품의 단점으로 지목되는 대량 생산에 따른 품질의 편차 문제를 개선할 수 있었으며, 같은 돈으로 더 많은 노트를 가질 수 있다는 장점에 큰 매력을 느낀 그는 지금은 기성품 구입을 최대한 자제하고 수제 노트를 만들어 쓰고 있다.

유인상의 수제 노트 제작 방법

❶ 종이 접기

❷ 챕터별 그룹 만들기

❸ 실 묶을 구멍 표시하기

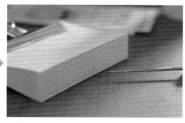

❹ 송곳으로 구멍 뚫기

❺ 실로 제본하기

❻ 보강 작업

❼ 본드 작업 후 건조

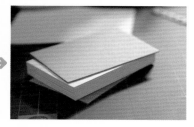

❽ 커버용 종이 재단하기

❾ 시트지를 활용해 커버 제작　　❿ 커버 모서리 처리

⓫ 완성

유인상 씨가 만년필로 직접 그린 그림

만년필, 시간을 담는 필기구

세 번의 악연과
한 번의 반전

나는 지금도 그렇지만 물건을 조심성 있게 다루지 못한다. 급기야 좋은 물건을 쓸 자격이 없는 사람으로 낙인 찍힌 지 오래다. 어린 시절 누나들 방의 물건 중에서 유독 잉크병이 기억 속에 남는다. 아마도 잉크병을 볼 때마다 꼭 실수로 쏟을 것만 같은 두려움을 느껴 강한 인상이 남지 않았나 싶다. 나쁜 예상은 항상 맞는 법이다. 잉크병만 봐도 쏟는 실수를 연상한 나는 중학교 시절 잉크와 만년필 때문에 종종 곤욕을 치렀다.

유난히 펜글씨를 강조하던 중학교 시절 처음으로 만년필을 사용하기 시작했는데, 아마도 당시 가장 저렴했을 아피스 만년필이었던 것으로 기억된다. 그와 함께 무서운 잉크병도 다시 만났다. 아마도 필기에 사용한

잉크 쏟는 실수를 자주했던 내게 잉크병은 두려움의 대상이었고, 만년필은 호환 마마보다 더 무서운 필기구였다.

잉크의 양보다는 실수로 쏟아버린 잉크의 양이 몇 곱절 많았으리라. 만년필에 잉크를 넣다가 쏟고, 잉크병을 야무지게 닫지 못해서 쏟아서 내 가방뿐만 아니라 온 몸에 잉크칠로 분탕질을 했다. 때로는 만년필 캡을 꼽지 않고 교복 바지에 넣고 다니다가 잉크가 새어 바지가 잉크 자국으로 멍들었고, 교복의 셔츠에 꼽고 다니다가 셔츠마저 잉크 자국이 낭자하게 되어버렸다. 복장에 대한 단속이 엄하던 중학교 시절 나는 3년 내내 잉크로 얼룩진 교복을 입고 학교를 다녔다.

　잉크와 만년필이라면 꿈에서 만날까 봐 두려웠다. 지금까지도 내가 지독한 악필로 남아 있는 이유 중 하나가 남들이 펜으로 글씨를 교정해갈 때 잉크를 호환 마마보다 더 두려워했기 때문이 아닐까 싶다. 그렇게 나와 만년필과의 첫 만남은 악연으로 마감을 했다.

만년필에 대한
이 해

오늘날 우리가 만년필이라고 부르는 필기구는 모두 한 조상의 자손들이다. 1883년 워터맨이 개발한 '더 레귤러'가 기존의 만년필의 방식과는 완전히 다른 원리를 가지고 세상에 태어났다. 그러니까 요즘의 만년필은 모두 '더 레귤러'의 후손인 셈이다. 뉴욕에서 보험업을 하던 루이스 워터맨 Lewis Edson Waterman은 중요한 계약을 앞두고 있었는데 워터맨이 고객의 서명을 위해서 준비한 펜은 바로 잘 써지지도 않았고 급기야 잉크가 왈칵 쏟아져 계약 문서를 모두 망가뜨리고 만다. 이로 인해 계약이 물거품이 되고 이 사건으로 워터맨은 새로운 만년필을 개발하기로 작정한다. 워터맨은 자신의 쓰라린 경험을 다시 반복하지 않기 위해서 펜의 잉크 탱크에서 닙(펜촉)이 하트 부분까지 잉크를 공급하는 피드를 새로 개량해 '만년필의 아버지'가 되었다.

워터맨이 개발한 피드는 잉크가 잘 나오지 않거나 한꺼번에 많이 나오지 않도록 넓은 홈과 가는 홈이 동시에 있으며, 잉크의 흐름을 안정적으로 만들었다. 이른바 사람의 몸에서 피를 공급하는 모세혈관의 현상을 응용한 예다. 이때부터 비로소 만년필은 뚜껑을 열고 바로 글씨를 쓸 수 있게 되었고, 잉크가 다 소진될 때까지 안정적인 필체를 유지하게 되었다.

일반적으로 볼펜이나 연필은 다양한 필기감과 그립감을 맛보기 힘들다. 그러나 만년필은 같은 펜촉일지라도 어떤 만년필을 사용하느냐에 따라서 다양한 필기감과 그립감을 맛볼 수 있다. 또 같은 사이즈의 펜촉일지라도 펜촉의 소재가 무엇이냐에 따라 필기감이 달라지며 심지어는 사용자가 어떻게 길을 들이느냐에 따라 필기감이 달라진다.

결론적으로 사용자의 취향에 의해서 또 다양한 선택에 의해서 각기 다른 필기감이 만들어진다. 즉, 사용자 본인의 취향에 최적화된 필기감을 제공해준다는 점이 만년필의 가장 큰 매력이라 할 수 있다. 자신의 취향에 최적화된 필기감을 제공해주는 만년필 덕분에 컴퓨터를 덜 사용하고 더 많은 메모와 필기를 하게 되니 만년필은 자기 계발에도 많은 기여를 하는 필기구인 셈이다.

뿐만 아니라 자기 자신만의 필기감을 만들기 위해서 만년필을 튜닝하기도 하는데 촉을 다양하게 교체해보고 그립을 우드로 갈아 끼워 보기도 하는 즐거움을 준다. 물론 그립을 우드로 교체하면 또 다른 필기감을 느낄 수 있다.

만 년 필 수 집 가
한 상 균

만년필 수집가 한상균 씨는 어린 시절 아피스와 빠이롯트 만년필을 처음 사용하다가 우연히 파카 만년필을 사용해보았는데 본인이 사용하던 만년필과는 확연히 다른 필기감에 반해버렸다고 한다. 그러나 용돈을 받는 처지에 좋다고 무작정 파카 만년필을 사지는 못했다. 틈틈이 집안일을 도와주고 부모님께 받은 용돈을 차곡차곡 모아 당시 2만 원짜리 파카 만년필을 처음으로 손에 넣었다. 그는 파카 만년필에 만족하지 않고 다른 만년필에 대한 호기심으로 PC통신 천리안을 통해서 다른 종류의 만

만년필 구성의 명칭

만년필을 구성하고 있는 부분의 명칭이 일반인들에게는 생소하다. 사실 뚜껑, 몸통, 펜촉 등 우리말이나 쉬운 표현으로 순화해도 대부분 무리가 없지만 정식 명칭은 만년필에 관심을 갖지 않은 사람들에게는 외우기조차 어려운 낯선 단어들로 이루어져 있다.

만년필의 뚜껑은 캡cap이라고 부른다. 그나마 만년필의 명칭 중 가장 쉽고도 일반적인 표현이다. 몸통은 배럴barrel이라고 부른다. 배럴은 원래 술이나 음료수를 운반하는 둥근 나무통을 의미하는데 만년필의 몸통 모양이 '나무통'과 비슷하기 때문에 붙여진 명칭으로 추측된다. 또한 펜촉은 닙nib이라 부르는데 펜촉의 굵기에 따라 종류가 여러 가지로 나뉜다. 얇은 순서대로 EFExtra Fine FFine MMedium BBroad BBDouble Broad 등으로 나뉘는데 보통의 필기용으로는 EFExtra Fine FFine MMedium 을 많이 쓰고 그 이상 굵은 촉은 캘리그래피의 용도로 주로 사용한다.

닙의 끝에 달려 있고 실제로 글씨를 쓸 때 종이와 마찰되는 조그마한 금속덩어리를 팰릿Pallet이라 부른다. 주로 이리듐으로 만들지만 고가 만년필의 경우 팔라듐, 로듐으로 만들기도 한다. 이런 소재들은 펜촉의 마모를 예방하며, 직접 종이와 맞닿는 부분이므로 필기감에 결정적인 역할을 한다. 필기감을 부드럽게 하기 위해서 펠릿을 사포로 연마하기도 하는데 이를 폴리싱polishing이라고 부른다.

닙 사이의 얇은 틈, 즉 닙을 양쪽으로 분할하는 잉크의 통로는 슬릿slit이라고 한다. 이 틈의 길이가 짧을수록 경성이라서 필기감이 거칠고 반대로 틈의 길이가 길수록 연성이라서 필기감이 부드럽다.

펜촉 아래에 플라스틱으로 만들어진 잉크가 흐르는 통로는 피드feed로, 사람으로 치면 모세혈관이다. 그리고 잉크가 슬릿으로 가기 전 잠시 모여 있는 곳을 하트 홀Heart Hole이라 부르는데 하트 홀이 크면 클수록 연성이 되어서 필기감이 부드럽다.

그리고 마지막으로 카트리지catridge는 잉크를 공급하는 방식에 있어서 말하자면 1회용 저장 장치다. 리필 심이라고 이해하면 되는데 편리하긴 하지만 비용이 많이 든다.

년필에 대한 자료와 정보를 열심히 수집했고 이를 계기로 만년필 수집가의 길로 들어섰다.

공대를 졸업했지만 그는 회사생활이 적성에 맞지 않아 학원을 경영하며 수학을 가르친다. 그는 볼펜에 비해서 더 잘 미끄러지는 만년필 덕택에 더 많은 수학 문제를 풀게 되었고 그렇게 함으로써 더 나은 수학선생이 되는 중요한 계기가 되었다고 한다. 따지고 보면 만년필 수집의 묘미는 따로 시간을 내야 하는 취미가 아니라 일상생활 속에서 즐기는 취미라는 점이다. 한상균 씨의 경우 생업인 수학 문제를 푸는 데에 만년필이 큰 도움을 주었으니 이보다 더 좋은 취미 생활은 없겠다 싶다. 더구나 그역시 만년필을 수집하면서 다른 곳에 돈을 낭비하지 않기 위해 술과 담배를 하지 않는다. 수집이라는 취미 생활의 순기능을 한상균 씨에게 모두 발견한 기분이다.

한상균 씨는 다른 만년필을 사기 위해 수집품을 팔기도 하는데, 90만 원을 주고 산 몽블랑의 음악가 시리즈 만년필을 다른 제품 구입을 위해 60만 원에 되팔기도 했다. 그것만도 큰 손해를 본 상태인데 구매자가 현

장에서 시필까지 한 만년필이 고장났다며 연락을 해와 자비를 들여 수리를 마친 후에 다시 건네준 경험이 있다.

또 한 번은 이베이에서 600달러 정도에 판매하는 카르티에 만년필을 국내 인터넷 중고장터에서 한 판매자가 굉장히 저렴한 가격에 팔기에 냉큼 구매를 하고 입금을 했는데, 그 판매자가 입금을 확인하자마자 종적을 감추었다고 한다.

수집을 하다 보니 별의별 일들을 다 겪기도 하고, 또 손해도 보지만 그래도 한상균 씨는 자신이 모아놓은 만년필들을 보면 흐뭇하기만 하다.

그가 가장 아끼는 만년필은 2012년에 출시된 그라폰 파버 카스텔 '올해의 펜' 시리즈인데 주문해서 무려 세 달을 기다린 끝에 손에 넣었다. 한정판으로 전 세계에 단 150자루만 판매했는데 그중 시리얼 넘버가 열 번째 펜이라고 한다. 그 귀한 펜을 산 이유가 감동적이다. 그는 요즘 사람답지 않게 상대적으로 많은 무려 네 명을 자녀를 두었다. 무려 45세에 본 쌍둥이 아이를 위해서 구매를 했는데 유독 늦둥이를 위해서 귀한 만년필을 준비한 이유가 늦둥이다 보니 아무래도 부모와 함께할 시간이 짧고 다른

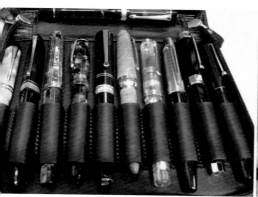

아이에 비해 더 많은 사랑을 주지 못하는 미안함 때문이었다.

소중히 간직했다가 나중에 자식이 대학에 입학할 때 선물로 준다고 하니 놀라운 자식 사랑이다. 물질로 사랑을 대신하지는 못한다고 말들을 하지만 물질로도 진한 사랑을 느끼게 해주는 마음 씀씀이라고 생각한다.

그는 만년필을 수집하면서 다른 곳에 돈을 낭비하지 않기 위해 술과 담배를 하지 않는다고 한다. 수집이라는 취미생활을 위해 금욕(?)을 실천하는 그의 모습에서 수집의 순기능을 발견한다.

만년필 수집가들의 워너비 모델

1 몽블랑 마이스터스튀크 149

1960년대에서 1990년대까지의 마이스터스튀크 149 만년필은 수집가들이라면 누구나 눈독을 들이는 모델이다. 현재의 만년필은 피스톤이 금속 재질이지만 빈티지 몽블랑 만년필엔 금속 없이 플라스틱으로 되어 있어서 가볍고 무게 중심이 잘 맞는다. 고전적이면서도 기품이 있어서 몽블랑을 대표하는 모델이며 정치 · 경제 · 문화의 중요한 현장에서 이 모델을 사용한 것으로도 유명하다. 최고의 장인이 무려 250가지의 공정을 거쳐서 완성하는 데 6주가 걸린다고 한다.

몽블랑 마이스터스튀크 149를 애용한 국내 문인들은 박두진, 박목월, 최명희 선생을 들 수 있는데 특히 박경리 선생은 선풍기 한 대와 이 만년필로 대하소설 《토지》를 완성했다고 한다. 박경리 선생의 고된 집필 활동을 함께 한 이 만년필은 현재 경남 통영에 소재한 박경리 기념관에 전시되고 있다.

2 파카 '듀오폴드' 센티니얼

파카의 '듀오폴드'는 지금의 디자인과는 사뭇 달랐지만 가장 역사가 오래된 만년필이

다. '듀오폴드'는 두 가지 사이즈로 출시를 했는데 창립 100주년인 1988년 시니어 사이즈를 베이스로 만들어진 모델인 센티니얼Centennial과 아시아의 체구나 손 사이즈를 고려해 상대적으로 작게 만든 인터내셔널Interna-tional로 나눈다. 수집가들이 탐을 내

는 모델은 당연히 센티니얼Centennial 모델이다. 센티니얼 모델 중에서도 '럭키 8 리미티드 에디션'이 선망의 대상인데 굳이 8이란 모델명을 쓴 이유는 파카의 창립 연도가 1888년이라는 점과 중국에서 8이 행운의 숫자이기 때문이다. 창업자에게 바치는 격조 높은 헌사라고 칭송하는 '럭키 8 리미티드 에디션'은 전 세계에 단 3,888개만 판매했고, 국내에는 단 16개만 수입되었다. 소비자 가격이 175만 원이다.

3 워터맨 에드슨 125주년 한정판

2008년 워터맨은 125년 전인 1883년 루이스 워터맨이 오늘날의 만년필의 구조를 발명한 업적을 기념하기 위해서 전 세계 1,883자루 한정판 모델을 출시했다. '워터맨 에드슨 125주년 한정판'은 플래티늄 도장의 캡, 레이즈 음각 처리된 무늬, 18k 금으로 된 촉으로도 모자라 고급스러운 목재 케이스로 화려함의 극치를 자랑한다. 가격은 대략 200만 원 선이다.

4 오로라 단테 시리즈

오로라의 한정판 중에서 가장 인기가 좋은 모델이 '단테'다. 〈신곡〉이라는 불후의 명작을 남긴 시인 단테를 기념하는 모델인데 18k 금 소재의 캡에 위대한 이탈리아의 시인 단테의 초상을 새겨 넣었다. '단테' 만년필이야말로 이탈리아의 아이덴티티가 극명하게 드러난 수려한 모델임에 틀림없다. 가격은 대략 200만 원 선이다. 오로라는 요즘 나온 모델보다 예전 모델이 더 인기가 높은데 '단테' 외에도 대륙 시리즈 유로피아, 아시아, 아메리카, 아프리카와 해양 시리즈 리구리아 해, 티레니아 해, 이오니아 해, 자연 시리즈 솔레, 마레, 프리마베라, 토리노 150주년 한정판, 교황 한정판, 신돈 한정판이 수집가의 사냥 품목에 오르내리는데 화려한 디자인이 압권이다.

5 그라폰 파버 카스텔 올해의 펜 시리즈

그라폰 파버 카스텔에서 판매하는 '올해의 펜'시
리즈도 수집가들의 많은 인기를 누린다. 이 시리
즈는 무엇보다 매년 달라지는 소재가 수집가들
의 호기심과 수집욕을 자극한다. 2003년엔 상
록관목, 2004년엔 호박보석, 2005년 가오리 가
죽, 2006년 맘모스 상아, 2007년 석화목, 2009
년에는 18세기 호화 액세서리의 소재로 쓰였던
말털, 2010년에는 코카시안 월넛 나무, 2011년
엔 옥, 2012년엔 떡갈나무가 소재로 사용되었다.

만년필,
디지털 시대의 아날로그적 감성

한상균 씨는 아날로그 세대를 대표해서 30년간 만년필을 수집해온 노하
우와 지식을 디지털 세대에게 전달하는 강의를 하고 싶다는 소망을 안
고 산다.

한상균 씨는 만년필과의 세 번의 악연이 있는 내게 만년필과의 인연을
행운으로 반전시켜주었다. 만년필 수집가답게 그는 나의 필기감에 대한
기호를 알아낸 뒤 내게 적합한 만년필을 선물했고 나는 비로소 만년필의
새로운 세상에 빠졌다. 이제는 자필 서명하는 일이 그다지 고통스럽지 않
고, 글씨 쓰는 일이 즐겁다.

지금은 디지털이 지배하는 세상이지만 아날로그의 향수를 잊지 못하

는 사람이 많다. 그리고 생각보다 아날로그는 건재하다. 대형 서점의 오프라인 매장을 가보면 오히려 5년 전보다 만년필 매장이 확대되었다고 한다. 디지털 시대에 아날로그 시대를 대표하는 만년필이 건재한 이유는 무엇일까?

아날로그 시대의 만년필은 필기구 그 이상이 아니었다. 그러나 디지털 세상이 되면서 만년필은 단순한 필기구가 아닌 자기 자신의 품격과 개성을 살려주는 아이콘이 되었다. 쉽게 말하면 뭔가 특별한 사람이라는 표시를 해주는 징표가 된 것이다. 한상균 씨는 만년필이 아직도 사람들의 주목을 받고 사랑받는 이유가 여기에 기인한다고 믿는다.

추억과 역사를 담은 생활용품, 앤티크

잊 었 던
꿈 을 찾 아 서

대구 팔공산 자락에 위치한 송앤지 씨의 20년 앤티크 수집의 결정체 '앤지스 앤티크 갤러리 카페'로 들어가는 길은 좁다. 길가에 세워진 입간판이 아니었다면 길을 잃었다고 생각할 정도다. 그러나 어색하고 불안한 마음을 참고 잠시 더 운전해가면 마치 숲속 백설공주의 작은 궁전 같은 예쁜 건물이 보인다. 좁은 입구와는 달리 주차장도 제법 넓고 무엇보다 아기자기한 정원이 오는 이를 반긴다. 마치 동화 속의 길을 잃은 헨젤과 그레텔이 발견한 과자집이 현실에 있다면 이런 모습이 아닐까 하는 생각을 하게 된다. 요정의 집 같은 '앤지스 앤티크 갤러리 카페'의 시작은 그녀가 여고생이었던 30년 전으로 거슬러 올라간다.

시골 출신인 내가 어린 시절 '저 푸른 초원 위에 그림 같은 집을 짓는' 것이나 '단지 말쑥한 양복을 입고 일하는 사람'이 되는 것이 꿈인 것에 반해 송앤지 씨는 고등학교 때 잡지에서 접했던 진부령 스키장에 산장을 지어 놓고 사는 한 부부의 모습을 보고 자신의 미래를 꿈꾸었다. 스위스라는 환상 속에만 존재할 것 같은 나라에 유학을 가고, 역시 동화 속의 한 장면 같은 멋진 산장을 꾸려가는 삶에 대한 로망을 꿈꾸었다. 그러나 당시만 해도 한 사람의 인간이라기보다는 여자로서의 의무와 제약이 많았고, 부유하지 못해서 본인이 희망했던 전공마저 포기해야 했던 그녀가 여고시절 꿈꾸었던 동화 속 아름다운 궁전을 실현하는 데에는 생각보다 아주 오랜 시간이 걸렸다.

결혼을 하고 아이를 낳아 살던 송앤지 씨는 여러 가지 사정으로 나이 서른에 뉴질랜드로 이민을 갔다. 한국을 떠나서 뉴질랜드로 향한 것은 그녀의 인생에 있어서 가장 큰 터닝 포인트가 되었다. 매사에 긍정적이고 생활력이 강한 그녀답게 뉴질랜드에 도착하자마자 활기차게 직업 전선에 뛰어들었고 뉴질랜드에서도 상류층에 속할 만큼 성공을 거두기에 이르렀다. 그녀의 앤티크 생활용품은 놀랍게도 그녀가 경제적인 성공을 거두고 여유가 생기면서 시작된 것이 아니었다. 기실 그녀는 돈으로 마구 '지르는' 식의 수집은 완강히 거부한다. 그 지론은 지금도 꾸준히 유지되고 있어서 하나를 구매하더라도 꼼꼼히 살펴보고, 만져본 다음 5만 점에 이르는 그녀의 컬렉션에 좋은 '추가'가 될 수 있을 때만 지갑을 연다.

뉴질랜드 이민 초기 그녀는 《하우스 앤드 가든》이라는 앤티크 관련 잡지를 발견하고 뛸 듯이 기뻐했다. 지금도 한국의 사정은 그렇지만 당시 그녀는 앤티크 용품에 관한 잡지가 있다는 게 신기할 따름이었다. 그렇지

'앤지스 앤티크 갤러리 카페' 내부 모습. 마치 동화 속의 길을 잃은 헨젤과 그레텔이 발견한 과자집
이 현실에 있다면 이런 모습이 아닐까 하는 생각을 하게 된다.

않아도 어린 시절부터 외가에 가면 예쁜 물건을 모두 집어왔고, 예쁜 소품을 모으고 아꼈던 터라 매주 그 잡지를 샀다. 그녀의 앤티크 잡지 사랑은 뉴질랜드에서 사는 내내 이어졌고 지금도 매주 구매했던 《하우스 앤드 가든》을 전부 소장 중이다. 이 잡지는 그녀의 앤티크 사랑에 대한 본능을 일깨우기에 충분했는데 그 잡지를 처음 본 순간, '아! 내가 소중한 꿈을 잊고 있었구나!'라는 생각과 함께 어린 시절 '예쁘고 소중한 옛것'들에 대한 수집 본능이 되살아나기 시작했다.

실 전 보 다 는
먼 저 공 부 를 하 라

그때부터 유럽 앤티크 생활용품에 빠져들었다. 그녀의 시작은 다른 수집가와는 남달랐다. 사실 수집의 첫 단계는 무조건 수량을 늘리는 데에 치

앤티크 용품은 다른 분야의 수집보다 특히 '안목'이 중요한데 진품 여부를 가리고, 가치를 따질 수 있는 안목이 없다면 마치 맹인이 맹수가 도사리는 숲속 길을 혼자 걷는 상황이나 마찬가지다.

중하기가 쉽다. 수량이 많아지고 감당하기 어려운 수준이 되면 그때부터 품질과 희소성, 본인의 취향 등을 고려해서 엄선하기 시작하는 것이 좀 더 보편적이다. 그러나 그녀는 앤티크 용품을 수집하기 시작하자마자 안목을 기르기 위해서 앤티크 잡지를 열독하고, 앤티크 가게도 꾸준히 다녀서 앤티크 용품을 보는 안목을 키워나가기 시작했다.

마음에 드는 앤티크가 나왔다고 해도 가격이 비싸면 금방 살 형편이 못 되었던 송앤지 씨는 가령 1,000달러짜리를 살 때 한 달에 200달러씩 5개월에 걸쳐 대금을 지불하고서야 그 물건을 집에 가져오기도 했다. 물론 이 방법은 앤티크 가게 주인이 송 씨가 지목한 1,000불짜리 앤티크 용품을 판매 완료라는 딱지를 붙여놓고 무려 5개월을 기다려주는 호의를 베풀어서 가능한 일이었다.

인터넷도 없던 시절, 그녀가 혼자서 독학을 해가면서 풍부하지 못한 자금으로 힘겹게 앤티크를 수집하던 어느 날 매주 가게에 들르는 그녀에게 앤티크 가게 주인은 마침내 그녀에게 왜 그토록 앤티크 수집에 매달리며 가게에 일주일에 한두 번씩 꼬박꼬박 들르는지 이유를 물었다.

그녀는 앤티크 가게 주인에게 여고생 때부터 시작된 그녀의 꿈을 말해주었다. 언젠가는 수집한 앤티크 용품을 전시할 공간을 마련해 보다 많은 사람들과 앤티크 용품의 아름다움과 매력을 공유하고 싶다는 꿈을 밝혔다. 그녀의 당찬 포부를 들은 앤티크 가게 사장은 그녀에게 몇 가지 충고를 했다. 우선 그녀에게 앞으로는 자신의 가게에 오지 말고 먼저 앤티크 관련 책과 잡지를 통해 앤티크 용품에 관한 공부를 체계적으로 하라고 권했다. 앤티크 가게 사장의 격려와 도움 덕택에 송앤지 씨는 앤티크 공부에 더욱 열을 올렸고 급기야 앤티크 가게 사장과 함께 앤티크 용품 경매장에 진출하기에 이르렀다. 앤티크 가게 사장은 경매에 참가해보면 앤티크 용품을 보는 안목이 더욱 길러지며 특히 앤티크를 보고 스스로 진품 여부를 가려내는 힘도 생겨난다는 중요한 공부를 시켜준 셈이다.

앤티크 용품 수집

에피소드

그녀의 수집은 스토리가 함께한다. 그래서 그녀는 5만 점이 넘는 수집품을 일일이 다 기억하며 심지어 그 위치까지도 단번에 생각해낸다. 그녀의 모든 수집품은 각각의 사연이 있는데 몇 가지 기억나는 에피소드를 소개한다.

뉴질랜드의 자택 근처에 우리로 치면 실버타운이 있었는데 한 노부부와 자주 인사를 하고 친분을 쌓았다고 한다. 노부부의 집에 종종 놀러갔는데 노부부는 송앤지 씨가 좋아하는 커피잔을 알아내고 꼭 그 잔으로 커피를 타 줄 정도로 자상했다. 노부부는 앤티크 용품을 무척 좋아하고 아꼈는데 정작 노부부의 자식들은 앤티크 용품에 관심도 없을뿐더러 싫어하는 기색이 역력했다.

노부부는 본인들이 사망할 경우 평소 아끼던 앤티크 용품들을 자식들이 헐값에 모두 팔아치울 것이라고 확신하고 있었다. 사실 이런 상황은 많은 수집가들의 공통된 고민이기도 하다. 책만 해도 책의 주인들이나 아끼지 그 자식들은 단지 먼지가 수북한 귀찮은 물건에 지나지 않아서 헌책방을 불러서 마치 고물을 처리하듯이 헐값에 팔아치우는 경우가 많다.

그래서 많은 수집가들은 자신의 수집품을 자기처럼 아끼고 사랑하는 사람의 품에 보내고 싶어 한다. 그 노부부의 심정도 그랬으리라. 그러던 어느 날 노부부는 놀러온 송앤지 씨에게 한눈에도 매우 귀하게 보이는 중국 잔을 내왔다. 노부부가 굉장히 아끼는 잔이고 200년 전의 조상으로부터 전해져 내려오는 말하자면 가보와 같은 애장품인데 이마저도 자식들은 물려받기를 원치 않아서 좌절하고 있었다. 노부부는 고심한 끝에 송앤지 씨에게 선물을 하기로 했는데 이유는 당연히 송앤지 씨라면 자신들이 그 잔을 아끼고 잘 보관했듯이 그 잔을 소중히 간직해줄 것이라고 확신했기 때문이다.

송앤지 씨는 그들의 호의와 믿음에 어긋나지 않게 지금까지 그 잔을 소중히 소장하고 있는데 언젠가 감정을 해보니 역시 예상대로 가격을 따질 수 없는 굉장히 가치 있는 잔이라는 것을 알았다. 물론 송앤지 씨는 앤티크 용품을 재산 증식이라든지 과시의 수단으로 여기지 않아서 그녀가 기억하는 것은 노부부와의 추억과 사랑이지 흔히 말하는 운 좋은 획득이 아니다.

그녀는 호주나 뉴질랜드 구석구석을 여행하다가 아무리 시골동네이더라도 중고용품 가게나 앤티크 가게가 나타나면 반드시 들르곤 한다. 여느 때처럼 여행 중에 잠시 들른 조그만 동네에서 앤티크 가게를 발견했고 참새가 방앗간을 그냥 지나칠 수 없듯이 그 가게를 샅샅이 구경하기 시작했다. 그 가게의 구석에 웬 투박한 박스가 하나 보였는데 그 안에는 오래된 접시가 가득 들어 있었다. 왠지 모를 좋은 예감이 들어서 그녀는 그 박스 안의 접시를 조심스럽게 살펴보았는데 놀랍게도 그녀의 눈을 번쩍 빛나게 해주는 물건을 발견했다. 앤티크 용품을 열심히 공부할 때에 알게 된 명품회사의 로고가 얼핏 보였기 때문이다. 그녀는 그 와중에도 가게 주인이 100달러짜리 그 접시를 현금으로 준다는 조건으로 좀 더 저렴하게 가져왔다.

보통 사람이라면 여행의 즐거움인 멋진 풍경과 새로운 구경거리를 즐기기에도 바쁠 시간에 숙소에서 그녀가 한 일은 재빨리 그 가게에서 사온 접시의 포장을 열어보는 일이었다. 식사를 코로 먹는지 입으로 먹는지 모를 정도로 대충 마친 그녀는 먼지를 뒤집어쓰고 있는 접시를 숙소의 싱크대에서 조심스럽게 닦았다. 그녀가 먼지와 때를 마치 심마니가 산삼을 캐낼 때의 신중함으로 닦아내자 접시 바닥을 휘감고 있는 황금빛 문양이 서서히 모습을 드러냈다. 결국 그녀가 100달러에 사온 그 먼지를 뒤집어쓴 접시는 독일의 마이센이라는 최고급의 소장 가치를 자랑하는 접시로 확인되었다. 이 접시는 현재 그녀의 갤러리에서도 중요한 자리에 자리 잡고 있는데 이 접시의 에피소드만 봐도 수집에 있어서 공부가 얼마나 중요한지 새삼 깨닫게 된다. 소장 가치가 뛰어난 작품일지라도 그 물건을 알아보는 수집가의 눈이 없다면 영원히 먼지를 뒤집어쓰고 묵혀 있어야 할 운명을 벗어나지 못한다.

'흰 코끼리 판매'에서의
쓰라린 기억

그렇다고 그녀가 앤티크 용품을 수집하면서 항상 도움을 주는 사람만을 만난다든지, 미다스의 손처럼 건지는 물건마다 명품으로 밝혀지는 것은 아니다. 그녀도 쓴 실패를 겪기도 하는데 학교의 바자회 에피소드가 그랬다. 뉴질랜드 학교에서는 종종 학생 가정에서 중고 물건이나 식품을 기증 받아 공익을 위한 바자회를 연다. 각 교실마다 각기 다른 종류의 물건을 판매하는데 어떤 교실은 식품을, 옆 교실엔 핸드 메이드 제품을, 또 다른 교실엔 장식용품을 판매하는 식이다. 그런데 바자회의 하이라이트이자 구매객들의 최대 관심사는 강당에서 열리는 '흰 코끼리white elephant' 판매다. '흰 코끼리'라는 표현은 가지고 있으면 유지비만 많이 들고 도움이 전혀 안 되는 '무용지물'을 의미한다. 고대 태국이나 아시아 국가에서는 흰 코끼리가 신성시되었는데, 이 흰 코끼리를 키우기 위해서는 특별한 음식을 주어야 하고, 관리에도 세심한 주의가 필요하니 돈과 노력이 무척 많이 들었다. 말하자면 유지비가 아주 많이 들어가는 비싼 애완동물이었던 셈인데 재미있는 것은 태국의 왕들이 마음에 들지 않는 신하가 생기면 이 흰 코끼리를 선물하곤 했다고 한다. 왕에게서 흰 코끼리를 하사받는 것은 신하의 입장에서 매우 영광스러운 일이긴 하지만 가계에 도움은커녕 엄

청난 유지비가 필요해 흰 코끼리를 오래 키우다 보면 아무리 부자라도 파산을 하는 경우가 많았기 때문이다.

여기에서 한 발 나아가 미국이나 멕시코 등지에서는 크리스마스 같은 특별한 날에 '흰 코끼리 선물 교환 white elephant gift exchange'이라는 게임을 하기도 하는데 주로 자기에게는 필요 없는 물건을 직장 동료나 친구에게 선물로 주는 풍습이다. 그러니까 뉴질랜드에서 바자회의 '흰 코끼리'는 각자의 가정에서 필요 없는 물건을 기부하고 또 그 물건을 싸게 팔아서 좋은 일에 쓰는 행사다. 물건의 원래 주인에게는 쓸모없고 귀찮기만 한 물건이지만 누군가에게는 보물 같은 존재가 될 수 있고 더구나 가격도 저렴해서 '흰 코끼리' 행사가 열리는 강당 앞에서는 시작 전부터 이미 고객들의 긴 줄이 생기기 마련이다.

행사가 시작되고 강당의 문이 열리면 대기 중인 손님들은 우르르 강당 안으로 몰려 들어가서 다른 사람보다 빨리 좋은 물건을 건지기 위해 정신없이 움직인다. 여기에서 판매되는 물건은 대개 1~2달러에 불과하다. 송앤지 씨도 이 행사에 빠질 리 없어서 미리 대기해 있다가 잽싸게 물건을 고르는데 그녀의 레이더망에 묘하게 생긴 항아리 하나가 걸려들었다. 한국의 시장에서 그 항아리를 보았다면 거의 100퍼센트 된장이나 고추장을 담으면 좋겠다는 생각이 들 만한 투박한 모양새였지만 묘하게 귀티가 나서 그녀는 금방 그 항아리를 집어 들었고 대금으로 1달러를 흔쾌히 지불했다.

큰 기대는 하지 않고 단지 된장이나 고추장을 담으면 되겠다 싶어서 산 항아리를 들고 행사장을 나서려는 찰나 한 남자가 "실례합니다"라며 다가왔다. 그 남자는 대뜸 송앤지 씨가 안고 있는 항아리를 가리키며 정중

하게 항아리를 산 이유를 묻더란다. 그래서 고추장이나 담아두려고 한다고 대답을 했더니 그 남자는 갑자기 애원조로 자신이 이런 항아리를 수집하는 컬렉터인데 다시 팔 수 없느냐고 부탁을 해왔다. 딱히 꼭 필요한 항아리도 아니고 그 남자에게는 꼭 필요한 물건인 것 같아서 양도하기로 마음먹은 송앤지 씨는 얼마를 줄 거냐고 물었고 그 남자는 10달러를 주겠다고 해서 그 자리에서 그 항아리를 다시 팔았다.

그러나 한참이 지나고 나서 우연히 그 항아리에 적혀 있던 상표를 조사해본 결과 그 항아리는 고추장이나 담는 데 쓸 보통의 것이 아니었다. 그 항아리는 뉴질랜드의 테무카temuka라는 유명한 회사의 초기 작품인 것으로 밝혀졌다. 질그릇 느낌이 나는 도자기를 만드는 유명한 회사의 제품인데 송앤지 씨가 10달러에 팔아 치운 그 당시에도 이미 수백 달러의 값어치가 나가는 물건이었다. 그러고 보니 송앤지 씨가 그 항아리를 집어 들고 계산을 하려는 모습을 그 남자가 유심히 지켜보았다는 사실을 기억해냈는데 이미 지나간 일이어서 송앤지 씨는 쓴 입맛만 다실 뿐이다.

이 세상에 하나뿐인
테이블

송앤지 씨는 뉴질랜드에서 무려 20년간 앤티크 용품을 수집했고 지금도 여전히 수집 중이다. 뉴질랜드에서 컬렉션의 '일부'를 한국으로 보내기 위해 그녀는 무려 6개월 동안 포장에 매달려야 했고 그 양은 컨테이너 두 박스의 분량이었다. 그게 고생의 전부가 아니다. 한국에 도착한 컬렉션의 포장을 푸는 데만 다시 두 달이 걸렸다. 뉴질랜드에서 도착한 앤티크 용품을 집과 갤러리에 펼쳐놓으니 그야말로 '바늘 하나가 들어갈 틈이 없었고' 남편은 새벽녘에 집을 나가서 어두워져서야 집에 돌아왔다. 아내의 수집을 적극 지지하고 외조를 아끼지 않았던 남편이지만 그 엄청난 앤티크 용품의 양에 기겁을 해서 집에서 오래 있기가 힘들었다고 한다.

수십 년 동안 수입의 30퍼센트는 반드시 앤티크 용품의 수집에 사용하기로 본인 스스로에게 약속했고 지켜왔던 그녀에게 있어서 앤티크 용품은 마치 자식과도 같아서 어떤 것 하나 아끼지 않는 것이 없었지만 각별히 여기는 품목은 있다. 먼저 그녀가 꼽은 품목은 축음기인데 뉴질랜드에 살 때 아는 사람이 음악과 앤티크를 좋아한다고 해서 2,000장의 SP와 함께 선물받았다. SP판이란 셸락(동물성 천연수지)을 주원료로 한, 1분간 78번을 회전하는 평원판 레코드인데 보통 노래 한곡이 담겨 있다. 한쪽 면이 대략 5분간의 플레이 타임이고 LP판이 대세가 되기 시작하면서 1961년 이후로는 생산되지 않는다. 그러니 실제로 작동이 가능한 축음기뿐만 아니라 무려 2,000여 장의 SP판은 돈으로 가치를 따질 수 없는 귀한 아이템이니 송앤지 씨가 아끼는 것은 지극히 당연하다.

송앤지 씨는 소중히 간직하던 커피잔들이 지진으로 인해 파손되자 그 파손된 커피잔의 조각을 앤티크 의자에 모자이크처럼 붙여서 테이블로 재탄생시켰다.

그러나 송앤지 씨가 아끼는 품목 중 내게 가장 인상적이었던 품목은 따로 있었다. 처음 보았을 때는 유리로 만든 테이블로 보였는데 얼핏 보면 하나의 미술작품으로 생각될 만큼 디자인이 수려하고 예술적인 감각이 돋보이는 테이블이다. 그 테이블은 사실 앤티크 의자에다 깨진 유리컵의 조각들을 모자이크처럼 붙여서 완성한 이 세상에 하나밖에 없는 테이블이다.

이 테이블은 송앤지 씨가 뉴질랜드에서 소중히 간직하던 커피잔들이 지진으로 인해 파손되자 그 파손된 조각을 모자이크처럼 붙여서 재탄생시킨 것이다. 마치 동화 속의 공주가 사용할 것 같은 예쁘고 아름다운 유리 테이블은 그녀의 갤러리에 자리 잡고 있고, 바로 옆에는 아직도 사용하고 남은 커피잔의 조각들이 상자에 소복이 담겨 있다. 나는 이 테이블도 놀랍지만 파손된 유리조각들을 온갖 번거로움을 감수하고 한국으로 가져와 지금도 갤러리에 전시하고 있다는 사실이 더욱 놀라웠다. 그녀가 얼마나 앤티크 용품에 대한 애정이 깊은지 조금이나마 가늠할 수 있었다. 내가 보기에 그녀의 갤러리에서 가장 놀라운 수집품은 '깨진 커피잔의 조각'이 아닐까 싶다.

부모로부터 받은 유산은
튼튼한 건강과 재능뿐

열성적인 공부와 남편의 든든한 후원 덕분에 그녀의 수집품은 창고에 가득 찰 정도가 되었다. 그녀의 수집이 웬만큼 궤도에 오른 때에 운명인지 한국의 지인으로부터 연락이 왔다.

"대구에서 커피 박람회를 하는데 지금껏 수집한 커피 관련 앤티크 용품을 전시해달라"는 요청이었다. 그렇지 않아도 수집한 앤티크 용품을 가급적 많은 사람과 공유하고 싶은 꿈을 가졌던 터라 흔쾌히 허락한 그녀는 사비를 들여 1,000점의 커피 관련 앤티크 용품과 기구를 뉴질랜드에서 옮겨왔다. 대구 엑스코에서 열린 '제1회 대구 국제 커피 박람회'의 '월드 앤티크 커피 컬렉션'의 반응은 폭발적이었다. 당시 박람회의 관객이 대략 8만여 명으로 추산되었는데 그녀의 커피 관련 앤티크 용품이 단연코 최고의 인기를 누렸다. 대부분의 관람객들은 그녀의 컬렉션에 감탄한 나머지 꾸준히 전시되고, 더 많은 용품을 구경할 수 있게 해달라는 요청을 많이 했다고 한다.

이 반응으로 그녀는 혼자만 감상하는 수집 생활보다는 다른 사람과 함께 공유하는 수집 생활의 묘미를 새삼 깨달았다. 다른 사람들과 자신의 수집품을 공유하겠다는 일념으로 그녀는 전시했던 커피 관련 도구들을 여러 곳의 커피 관련 기관에 임대하거나 무료로 전시하겠다는 의사를 전달했지만 유감스럽게도 그녀의 제안을 받아준 곳이 없었다. 혹시 커피 관련 앤티크 용품을 전시하고 임대하는 것 대신 반대급부를 가지고 있는 게 아니냐는 오해를 종종 받았다. 그러나 여기서 포기하지 않고 한국에서의 폭발적인 반응을 등에 업고 그녀는 여고 시절부터의 꿈을 실현하기 위해 그동안 자식처럼 아꼈던 앤티크 용품과 함께 귀국하기로 결심했다. 그리고 팔공산 자락에 앤티크 갤러리 겸 카페인 앤지스를 열었다. 사실 그녀는 한국에 돌아오지 않아도 뉴질랜드에서 얼마든지 그녀의 전시 공간을 마련할 수도 있었다. 뉴질랜드에서도 그녀만큼의 광대한 컬렉션을 소장

한 수집가는 거의 없었고, 또 그런 전시 공간도 거의 없었다. 그녀가 마음 먹고 뉴질랜드에 그녀의 컬렉션을 위한 공간을 열었다면 얼마든지 성공 했고 호평과 함께 성공가도를 달릴 수 있었지만 그녀의 한국행을 결정케 한 것은 소녀 시절부터의 꿈 때문이었다. 그리고 대구 박람회에서의 수 많은 관람객들의 진심어린 요청과 공감도 한몫했다. 그리고 한 가지 더 이유를 들자면 뉴질랜드의 지진 때문에 아끼던 소장품을 파손당한 뼈아 픈 경험 때문이다.

산속에 카페를 차렸지만 당찬 그녀는 뉴질랜드에 맨몸으로 정착해서 성공한 경험을 밑천삼아 한국에서도 3년 정도라면 성공할 수 있겠다고 생각했다. 그녀의 긍정적인 마인드는 정말 놀라울 지경이다. 본인이 잘하 고 좋은 분위기와 맛있는 커피를 내오면 손님은 몰려들기 마련이라는 자 신감이 제대로 적중해서 요즘은 많으면 하루에 100명 이상의 손님이 찾 을 때도 있다. 그녀의 갤러리 카페를 찾는 사람들은 거의 대부분이 카메 라를 들고 찾는다. 사실 갤러리 카페의 가장 큰 매력은 광대한 수집의 양 에 있지 않고 그녀의 타고난 감각이 발휘된 예쁜 전시에 있다.

우리나라에선 앤티크를 수집한다고 하면 부자일 것이란 선입견을 가 지는데 그녀가 부모로부터 받은 유산은 튼튼한 건강, 앞을 내다보는 혜 안, 그리고 공간을 조화롭게 꾸미는 재능뿐이었다. 그녀는 빈 공간이 생 기면 단시간 내에 그 공간을 가장 효율적이면서도 예술적인 전시 공간이 될 수 있도록 밑그림을 그린다. 그래서 대구에서 열린 박람회에서도 무 려 혼자서 스무 개의 부스를 다섯 시간 만에 디스플레이를 할 수 있었다.

그녀는 많은 품목을 개성 없이 일괄적으로 전시하는 백화점 진열식의 전시가 아니라 주어진 공간의 이점과 개성을 충분히 고려하고, 공간 전체의 틀과 조화를 이루게 하나하나의 품목을 배치해서 전시한다. 그래서 그녀의 갤러리를 찾은 손님은 마치 숲속에 자리 잡은 공주의 비밀 방을 몰래 엿보는 느낌으로 그녀의 수집품을 대하곤 한다.

앤티크 생활용품을 위한
멋진 공간을 꿈꾸다

그녀는 돈으로 무조건 사고 보는 식의 수집을 경계한다. 전체적인 수집의 그림을 머릿속에 넣어두고 있다가 꼭 필요한 물품을 생각하고 구한다. 그래서 그녀는 요즘 웬만한 수집가들이 애용하는 인터넷을 이용한 수집을 전혀 하지 않는다. 물론 많은 물건이 리스트에 있고 편리하기는 하지만 직접 만져보거나, 느껴보거나, 전체적인 컬렉션과의 조화를 고려하지 못하기 때문이다. 그만큼 그녀는 수만 점을 보유하고 있지만 모든 품목을 하나하나의 존재 가치를 따지고 신중하게 발품을 팔아서 직접 구매를 했다.

언젠가 앤티크 용품 경매장에서 한 품목을 두고 어느 노부부와 입찰을 위해 경쟁을 했다. 어쩌다 보니 낙찰 금액이 점점 올라갔다. 어느 정도 가격이 올라가자 송앤지 씨는 그 부부에게 무슨 사연이 있겠다 싶어서 입찰을 포기했고 그 노부부가 낙찰을 받았다. 송앤지 씨가 그 노부부에게 다가가서 자신 때문에 낙찰가가 너무 높아져서 미안하다 이야기하자 그 노부부는 괜찮다고 말하면서 곧 결혼하는 아들을 위한 선물로 너무 맘에 들어서 입찰에 참여했고 결국 낙찰을 받았다며 기뻐했다. 이것은 송앤지

이곳에서는 서빙 도구가 모두 앤티크 제품이다. 100년 이상이 된 주전자로 물을 따라주고, 역시 그 자체로 진귀하고 오래된 커피기구와 잔으로 손님을 맞이한다. 송앤지 씨에게 있어서 앤티크란 생활 그 자체지 가두어두고 혼자서만 감상하는 그림 속의 파이가 아니다.

씨의 또 다른 철학이기도 한데 자신이 그 물건에 욕심이 나더라도 본인 보다 더 절실히 그 물건을 필요로 하는 사람이 있다면 기꺼이 양보를 한 다는 것이다. 물건에 대한 애정이 아닌 탐욕이 동원된 마구잡이식의 수집 은 의미가 없다는 생각이다.

또한 그녀의 갤러리 카페 의자와 탁자는 모두 각자 다르다. 그러니까 일률적으로 같은 탁자와 의자가 아니고 다양한 테이블과 의자를 카페에 들여놓았는데 이 또한 서로가 조화를 잘 이뤄서 방문객들로 하여금 편안 함을 느끼게 한다. 서빙 도구 역시 모두 앤티크 제품이다. 100년 이상 된 주전자로 물을 따라주고, 역시 그 자체로 진귀하고 오래된 커피기구와 잔으로 손님을 맞이한다. 그녀에게 있어서 앤티크란 생활 그 자체지 가두어 두고 혼자서만 감상하는 그림 속의 파이가 아니다.

20년간 앤티크 생활용품을 수집해온 그녀는 또 다른 20년은 앤티크 생활용품만을 위한 멋진 공간을 만들어 보다 많은 사람들과 앤티크의 아름다움을 공감하겠다는 포부를 꿈꾼다.

케이트 국

뉴욕 엔티크 수집가

케이트 국 씨는 17년 전 겨우 열 살이 된 아들의 손을 잡고 뉴욕 행 비행기를 탔다. 그녀가 가진 것이라고는 현금 3,000달러와 미국에 대한 막연한 희망뿐이었다. 미국이라는 나라의 생존 방법에 대해서 무지한 상태로 미국에서도 가장 번잡한 뉴욕으로 향했다.

당시 맨손으로 이민을 간 대다수의 사람들처럼 케이트 국 씨의 이민 생활도 고난의 연속이었다. 언어의 장벽뿐만 아니라 인간의 기본적인 욕구마저 방해를 받았다. 먹고 싶고, 입고 싶고, 하고 싶은 일에 스스로 제약을 가해야 했고, 하루 12시간, 주 6일 근무라는 가혹한 근무 조건도 생계를 유지할 수 있다는 이유만으로 감사하며 받아들여야 했다.

각고의 노력과 우여곡절 끝에 그녀는 자신만의 꽃가게를 운영하게 되었다. 하지만 호사다마라 했던가. 크리스마스 대목을 준비하면서 정신없이 바쁘게 움직이던 어느 날, 가게 앞에서 그만 교통사고를 당하고 말았다. 반강제적이지만 뉴욕으로 이민을 간 이후 처음으로 쉴 수 있는 시간이 생겼다. 쉬면서 여유가 생기자 그제서야 그녀는 처음으로 뉴욕의 이곳저곳

을 거닐면서 뉴욕이 다양한 문화와 삶의 형태가 존재하는 흥미로운 도시
라는 것을 알게 되었다. 아무 일도 하지 않고 지낼 수 있는 시간적 여유와
재정적 여유가 생기자 그녀의 눈에 중고품 할인 판매점 간판이 눈에 띄
었다. 그리고 거기서부터 그녀의 앤티크 수집은 시작되었다.

케이트 국 씨의 탐닉에는 한 가지 일에 흥미를 가지면 뿌리를 뽑고 마는
그녀의 성격도 한몫했다. 그녀가 사용했던 물건과 비슷한 것, 그녀가 알
지 못하는 어떤 이들의 삶을 짐작케 해주는 것, 예전에 가지고 싶었지만
그러지 못한 것 또는 그저 신기한 것들을 수집하기 시작했고, 얼굴이 같
은 사람이 없듯이 각자의 표정이 있는 물건들이 반갑고 소중했다.

열 살 난 아들과 처음 뉴욕에 정착했을 때 그녀의 아파트에는 어떤 살림

뉴욕은 국제도시이자 다민족 도시답게 다양한 종류의 사람만큼이나 신기하고 진귀한 물
건들이 벼룩시장에 쏟아진다. 그래서 뉴욕의 벼룩시장은 다른 지역이 흉내 내지 못하는
보물의 천국이자 추억과 인연의 보고다.

살이도 없었다. 그 텅 빈 집이 뉴욕 골목의 벼룩시장에서 저렴하게 사들인 가구와 살림살이로 채워졌다. 그녀에게 있어서 뉴욕의 벼룩시장은 보물창고였다.

그녀만의 재미난 앤티크 수집 지론이 있는데, 주인의 용모가 훌륭하면 그가 판매하는 물건도 훌륭하다는 생각이다. 그 이론에 따라서 주목한, 꽤 멋지게 생긴 단골 앤티크 가게 주인이 있었는데 그가 판매하는 물건은 대부분 진귀하고 독특했다. 그 가게는 다른 가게와는 달리 매주 새로운 물건이 엄청나게 많이 들어왔는데 도대체 어디서 이런 좋은 물건이 매주 쏟아지는지 궁금할 지경이었다. 궁금증을 참지 못하고 매주 쏟아져 들어오는 물건들의 출처를 그에게 묻자, 그 가게 주인은 자신이 주택 임대료를 오랫동안 내지 못하는 사람들을 쫓아내는 사람이라고 대답했다. 임대인들을 쫓아내고 그 집에 남아 있는 쓸 만한 물건들을 골라서 시장에 내다 파는 것이었다. 그러니까 그의 마르지 않는 샘물의 원천은 바로 집세를 내지 못해서 쫓겨난 사람들이었던 것이다. 케이트 국 씨는 자신이 이민 초기에 집세를 내지 못해 어려운 일을 겪었던 경험이 생각나 그 이후로는 그 가게에는 들르지 않았다고 한다.

그녀의 수집 아이템은 광범위하다. 한국에서도 봄직한 무쇠로 만든 다리미, 온갖 형태의 촛대, 신기한 모양의 찻 주전자, 양념통, 빵 보관용 나무상자, 오래된 토스터기, 기름통, 난로, 벽시계, 타자기, 카메라, 램프, 다양

한 모양의 유리병, 저울, 온갖 모양의 열쇠, 액자, 심지어 쓰레기통도 그
녀의 수집 목록에 포함된다. 수집 목록은 갈수록 다양해졌고, 그녀의 활
동 무대는 뉴욕을 넘어서 이제는 인근 지역까지 확대되었다. 물건들의
크기도 점차 커져서 서랍장, 탁자, 책상, 의자 등의 가구도 수집의 대상
이 되었다.

수많은 앤티크 용품 중에서 그녀가 유독 아끼는 품목은 그 옛날 친정어
머니의 평생의 장난감이었던 재봉틀(싱거 미싱)이다. 1950년대에서 1970
년대 사이에는 재봉틀이야말로 집안의 최고 재산이었으며 주부들과 평
생을 함께한 친구였다. 이 싱거 미싱이라는 재봉틀은 케이트 국 씨에게
어머니를 추억할 수 있는 물건이다. 외할아버지께서 바느질을 비롯해 손
으로 하는 일이라면 뭐든지 잘 하는 친정어머니를 위해 일본에서 이 재

친정어머니가 사용하던 것과 같은 종류의 재봉틀을 뉴욕의 한 귀퉁이에서 발견한 것은 그녀의 이민 생활에 있어서 가장 큰 선물이 되었다.

봉틀을 사와서 선물했는데 이것을 어머니가 거의 80세가 될 때까지 애용했다고 한다. 그러니 케이트 국 씨가 어머니를 추억할 때 가장 먼저 떠올리는 것이 이 재봉틀이었던 것이다.

수십 년이 지나고 뉴욕의 한 귀퉁이에서 어머니가 사용하던 것과 비슷한 재봉틀을 발견한 그녀는 반가운 마음에 눈물이 날 지경이었다. 어머니가 돌아가신 소식을 듣고도 당시 영주권 신청 중에 있었던 그녀는 어머님의 마지막 모습을 보지 못하는 가슴속에 잊지 못할 아픔도 지니고 있다.

레코드플레이어도 좋아해서 여러 대를 소장중인데 1970년대 중반 광화문에서 재수를 하던 시절 그 근처의 음악다방에서 그녀의 인생을 통틀어 가장 많은 음악을 들은 추억이 떠오르기 때문이다. 자연스럽게 LP판도 수집을 많이 하는데 물론 주로 벼룩시장에서 구하고, 한국에서 오는 지인에게 부탁하기도 한다.

현재 그녀는 뉴욕 여행객을 위한 게스트하우스 '더 보헤미안The bohemian' 을 운영한다. 게스트하우스의 운영은 그녀의 앤티크 용품 수집이 만개하는 계기가 되었다. 뉴욕의 중심지에 자리 잡은 게스트하우스의 전체 객실을 방마다 각각 다른 이미지의 빈티지 가구와 소품으로 꾸며 한국은 물론 세계 각국의 손님을 맞아 문화 교류를 할 수 있도록 했다. 실제로 그녀가 운영하는 게스트하우스는 예쁜 것을 좋아하는 그녀의 취향에 맞게 온갖 진귀한 앤티크 용품으로 가득 차 있고, 그녀가 직접 촬영한 아름다운 흑백사진이 벽을 장식한다.

우리 정서와 상통하는 러시아 음악

＜은하철도 999＞에 대한
두 가지 충격

이제 겨우 코흘리개를 면한 중학생 시절 일요일 아침이면 〈은하철도 999〉의 메텔이 나를 설레게 했다. 나뿐만 아니라 대한민국의 모든 청소년들의 아이돌이었다고 해야 맞겠다. 메텔은 못생기고 키가 작은 철이와는 대조적으로 늘씬한 데다 모든 남성들의 로망인 긴 생머리를 가진 신비로운 여성이었다. 그녀는 일요일 오전이면 잠에서 덜 깬 아이들에게 잠시 다가와 마음을 송두리째 빼앗곤 또 금방 저 먼 우주로 검은색 코트를 입은 채로 떠나버렸다. 우리에게 있어서 주인공은 메텔이지 철이가 아니었다.

그러나 어른이 되고 나서 우리의 로망 메텔 양에 대해서 충격적인 두 가지 사실을 알게 되었다. 신비롭고 우수에 찬 우리의 메텔이 사실은 일본 작가의 손끝에서 나온 만화라는 것과 〈은하철도 999〉가 바퀴를 힘차게 움직여서 우주를 비행할 때 어김없이 들려나오던 왠지 모를 슬픈 아름다운 주제가의 목소리가 이웃집 아저씨 같은 인상을 가진 중견가수 김국환의 것이었다는 사실 말이다.

그런데 이번에 러시아 클래식 음반 수집가 조희영 씨를 만나면서 어린 시절 우리의 연인 메텔에 관한 비밀을 또 하나 알게 되었다. 메텔이라는 이름은 사실 '눈보라'라는 의미의 러시아어라고 한다. 그녀가 심한 눈보라가 치던 날 태어났기 때문에 그런 이름이 되었다는 것. 과연 그러고 보니 메텔은 항상 검은색 모피 코드만 입었고 더구나 러시아인들의 의복으로 가장 먼저 떠오르는 '샤프카'라는 털모자를 항상 착용하지 않았던가?

푸시킨의 중편소설 〈눈보라〉와 영화 〈눈보라〉의 블라디미르 페도세예프Vladimir Fedoseev, 소련 방송 교향악단이 연주한 영화음악 음반을 사랑하는 조희영 씨의 음악방을 본 나는 우리의 메텔이 일본 작가가 만든 인물이라는 사실을 알게 되었을 때만큼이나 소스라치게 놀랐다. 물론 그 놀람은 오로지 나의 무지에서 비롯된 것이라고 금방 밝혀지긴 했다. 러시아 클래식 음반만 무려 7,000여 장을 소장함으로써 이 분야에서는 국내에서는 최고라 할 수 있는 위대한 수집가의 음악방에는 옛날 아버지 세대들의 '전축'이라는 단어가 자연스럽게 떠올리게 하는 다소 소박한 장비가 나를 맞이했다.

넓은 방으로는 모자라 거실의 베란다에까지 꽉 찬 음반들은 국내 최대의 러시아 클래식 음반 수집가로서 내가 상상한 위용에 충분히 부합해서 크고 아름다웠다. 특히 그의 음반들은 브랜드별, 뮤지션별로 체계적으로

조희영 씨의 집에는 대부분의 벽이 시디와 레코드판으로 가득 차 있다. 이 중 러시아 클래식 음반만 무려 7,000여 장이라고 한다.

분류가 되어 있어서 언제든 듣고 싶은 음악을 쉽게 찾을 수 있도록 수납되어 있는 것이 인상적이었다. 그러나 그의 오디오 시스템은 억대의 가격도 아니고, 웅장하여 방문객들의 눈길을 위압하지도 않았다. 내가 지금껏 실물로 구경하고 책으로 접한 소문난 음악 마니아들의 장비는 '집 안을 거덜 낼' 수준이었다. 수백만 원이나 수천만 원도 아닌 억대의 것들이 수두룩했다. 그래서 오디오 취미의 궁극적인 목표는 '큰 집'이고, 오디오 장비의 궁극적인 최고급 장비는 오직 재벌들만의 것이라는 인상을 가진 게 사실이다.

그의 오디오 장비는 유명 제품이거나, 고가는 아니지만 자신이 선호하는 음색을 가장 잘 맞춰주는 맞춤형 제품이다.

저 렴 해 도
세 상 에   단   하 나 뿐 인   오 디 오

그런데 조희영 씨의 소박해 보이는 장비는 사실 7년간의 피와 땀이 스며져 있는 걸작이다. 그리고 무식한 내 눈에는 단지 시커멓고 긴 장롱이라고 생각했던 물체는 사실 스피커였다. 그의 오디오 장비관은 명쾌했고 단호했다. 그는 소위 말해서 돈으로 한 방에 지르는 편한 길 대신 고난의 가시밭길을 택했다. 돈으로 한 방에 지르는 길이란 피아노, 관현악, 성악 등의 영역별로 각각의 최고의 장비를 큰돈을 주고 사는 방법이다. 물론 그 큰돈이란 최소 억대의 단위다. 하지만 조희영 씨는 이미 제작할 당시 공장에서 그 장비만의 고유한 음색을 결정해서 사용자의 취향이 반영될 여지가 없는 하이엔드 대신 10만 원짜리의 국산 장비를 사용하더라도 그 장비에 최적화된 연결 케이블, 진공관, 그리고 부속들을 잘 조합해서 자신만의 음색을 구현해 내는 빈티지 오디오를 추구한다. 굳이 가시밭길이라고 하는 이유는 자신만의 조합을 만들고 완성해나가는 과정이 단순히 여자가 데이트를 앞두고 자신의 옷을 코디하는 일처럼 간단하지도, 한두 시간에 완성되는 일도 아니기 때문이다. 그는 자신이 좋아하는 음색을 구현하기 위해 무려 7년이라는 시간을 투자해야 했다. 명창이 득도를 하는 고통에 결코 뒤지지 않는 고난의 길이었다. 자신이 직접 앰프와 내부뿐만 아니라 회로도 수리했다. 진공관의 선택도 물론 직접 했는데 10만 원짜리 국산 오디오라고 하더라도 진공관, 콘덴서, 회로 등을 어떻게 배치하느냐에 따라서 그야말로 10만 원의 소리를 낼 수도 있고, 경우에 따라서는 100만 원이 넘는 장비보다 훌륭한 음색을 구현하기도 한다.

장비를 통해서 예술적인 결과물을 만들거나 구현하는 사진과 음악 감상의 분야에서 값비싸고 폼 나는 장비에 대한 욕심을 버린다는 것은 거의 득도나 다름없는 신선의 경지라고 할 수 있다. 1퍼센트의 결과물의 차이 때문에 몇 배의 돈을 쓰는 것을 마다하지 않는 사람들이 천지인 이 바닥에서 조희영 씨는 굉장히 별난 사람이라고 해도 무방하다.

7년간의 피와 땀의 결정체인 그의 오디오 시스템은 그냥 보기엔 투박하고 심지어 "이거 말고 다른 것은 없어요?"라는 질문이 나올 것만 같지만 사실 조희영 씨의 음악적 취향과 지식이 결집된 완성체다. 조희영 씨가 추구하고 향유하는 음악은 자신의, 자신을 위한, 자신에 의한 음색을 완성해나가는 과정이다. 장비는 최고에서 한 발 정도 양보했지만 좋은 연주를 찾아내고 소프트웨어(음반)에 더 많은 투자를 하는 그의 방식은 비록 그 과정은 고난으로 가득 차 있는 기나 긴 길이지만, 그 길의 끝에는 천상의 소리가 기다리고 있다.

　조희영 씨의 합리적이고 실용적인 마인드는 그의 음반 수집의 방법에 고스란히 반영되었다. 그는 음악방이 좀 더 풍요롭기를 갈망하지 LP와 CD를 두고 한 가지를 고집하지는 않는다. 물론 대부분의 음반 수집가가 그러하듯이 수집욕을 좀 더 자극하며 아날로그적인 감성도 느낄 수 있는 LP에 좀 더 치중한다. 같은 음악이라면 일단 LP를 먼저 구하고 여의치 않으면 CD를 알아본다. LP냐 CD냐를 두고 쓸데없이 소모적인 논쟁이나 고민을 하기보다는 여건에 맞추어 둘 중 하나를 갖추면 될 일이다. 그것보다는 어떤 연주를 얼마나 많이 듣느냐가 더 중요하다는 게 조희영 씨의 생각이다. 다소 보수적이라는 선입견이 드는 클래식 음악 애호가로서는 합리적이고 실용적인 음악관을 가진 조희영 씨는 러시아 클래식뿐만 아니라 신중현, 펄 시스터즈, 대만 출신의 가수 등려군의 음악도 즐긴다. 한순간도 막히거나 주저함이 없이 마치 장마철 냇가의 물결처럼 마구 흘러나오던 러시아 클래식에 관한 이야기를 하다가도 금세 펄 시스터스의 〈커피 한 잔〉을 들려주며 "함 들어보이소. 대단합니데이"라고 웃음 짓는다. 그의 입맛에 잘 구성된 오디오 시스템으로는 뮤지션의 입술이 퉁기는 소리, 숨 쉬는 소리도 들린다.

문학,
음악을 더 깊이 있게 듣는 도구

그에서 문학은 음악을 더 깊이 있게 듣는 방법이다. 애초에 그가 열광하고 감탄한 러시아 문학은 《바보 이반》이었다. 아이들이 읽기 쉽게 축약된 버전이 아닌 원작 그대로를 읽은 그는 러시아 문학에서의 '바보'라는 캐릭터에 주목했다. 바보스럽게 사는 것처럼 보이지만, 결국 묵묵히 자기 일에 몰두를 하며 마침내 제대로 된 삶을 꾸려가는 것이 '바보'라는 캐릭터라는 게 그의 생각이다. 과연 《바보 이반》을 비롯한 많은 러시아 문학에서 바보나 백치는 최고 권력자인 왕에게도 거침없이 자신의 주장을 펼치며, 사회를 비판하는 매우 중요한 역할을 한다. 조희영 씨는 이런 바보 캐릭터에 매료되었고 신랄한 풍자가 넘치는 러시아 문학에 빠져들었다. 《바보 이반》이 러시아 문학과 음악과의 연결고리의 마중물이었다면 푸시킨Aleksandr Seraggvitch Pushkin의 소설들은 러시아 음악에 대한 갈증을 해소시켜준 선물이었다. "삶이 비록 그대를 속일지라도 슬퍼하거나 노여워하지 마라. 슬픔을 딛고 일어서면 기쁨의 날이 오리니"라는 구절로 유명한 푸시킨은 러시아를 대표하는 위대한 시인이자 소설가인데 그의 외조부는 에티오피아 출신의 흑인 귀족이었다. 당시로서는 거의 유일한 흑인 귀족이었는데 이는 러시아의 개혁을 이끈 표트르 대제Pyotr I 덕분이었다. 로마노프 왕조의 제4대 황제인 표트르 대제는 불합리한 구제도를 타파하는 개혁과 개방 정책으로 러시아의 문화의 부흥기를 이끌어냈고 귀족 중심의 계급 제도도 타파하여 신분, 국적, 인종에 상관없이 인재를 중용했다. 이런 표트르 대제의 합리적이고

조희영 씨는 LP와 CD를 두고 한 가지만을 고집하지 않는다. 여건에 맞추어 둘 중 하나를 선택하면 될 일이다.

구시대를 타파하는 개혁 정신은 노예로 팔려온 흑인 아이에 불과했던 푸시킨의 외조부 아브람 페트로비치 한니발Abram Petrovich Gannibal의 명석함을 발견하고 그를 교육시키고 외교관으로 중용했다. 푸시킨의 외증조부의 신분 상승과 표트르 대제의 개혁 정치는 후에 러시아 최고의 작가 탄생의 서막이었다.

　일반적으로 《부활》, 《안나 카레리나》의 톨스토이Lev Nikolayevich Tolstoy나 《죄와 벌》의 도스토옙스키Fyodor Mikhailovich Dostoevskii가 러시아를 대표하는 작가라고 여기지만 정작 러시아인들에게 같은 질문을 던진다면 단연코 그 영광은 '푸시킨'에게 돌아간다. 왜 러시아인들은 톨스토이나 도스토옙스키를 제치고 푸시킨을 최고의 작가로 생각할까? 우선 푸시킨은 러시아인에게 익숙한 2박자에 맞추어 작품을 썼고, 당시의 러시아 서

민들의 고달픈 삶, 풍습, 일상생활, 정서 들을 고스란히 자신의 시와 소설에 담았기 때문이다. 그는 민중을 사랑했고 러시아인의 정서를 가장 잘 나타낸 작가이기 때문에 푸시킨의 동명소설이 원작인 오페라만 해도 차이콥스키 Pyotr Il'yich Tchaikovsky의 〈예브게니오네긴〉, 무소르그스키 Modesst Petrovich Mussorgsky의 〈보리스 고두노프〉, 세자르 퀴 César Antonovich Cui의 〈대위의 딸〉 등이 있고 특히 그의 중편소설 〈눈보라〉를 원작으로 만든 동명의 영화와 배경음악이 유명하다. 〈은하철도 999〉의 승무원 메텔의 이름이기도 한 영화 〈눈보라〉의 배경음악 음반은 조희영 씨가 가장 아끼는 소장품 중 하나다. 러시아 작곡가 게오르기 스비리도프 Georgy Sviridov의 1974년판 음반인데 국내에서 이 음반을 소장하고 있는 사람은 손가락에 꼽을 수 있을 정도라고 한다.

왜
러시아 클래식 음악인가?

조희영 씨의 전체적인 수집 음반의 양도 놀랍지만 러시아 클래식 음반만 7,000장에 이른다는 사실은 기이하다는 생각마저 든다. 그 생각은 자연스럽게 "왜 하필이면 러시아 클래식이냐"는 질문을 누구나 던지도록 만든다. 이 질문을 던져놓고 나는 긴장을 많이 했다. 클래식에도 문외한이지만 러시아 클래식은 더욱 어렵게 느껴진다. 도스토옙스키의 소설에 열광을 했지만 그 길고 복잡한 이름, 다양한 애칭이라는 괴물 같은 장벽에 고생하다 못해서 마침내 인물 관계도와 이름을 도식화하면서 읽어냈던 기억이 트라우마로 남아 있기 때문이다.

과연 조희영 씨가 단지 몇 개의 러시아 클래식 음반을 소개했을 뿐인데도 나는 무서운 선생님이 내는 어려운 받아쓰기 시험을 치루는 열등생의 처지가 되어야 했다. 한 자 한 자 또박또박 확인해가면서 받아쓰기도 버거운데 복잡한 러시아 클래식 이론을 유창하게 빠른 속도로 듣게 되면 아예 메모하는 것을 포기해야겠다고 마음을 비운 상태였다.

그러나 그의 입에서는 복잡한 클래식 이론 대신 우리 민족 고유의 정서인 '한(恨)'과 '정(情)'의 이야기가 나왔다. 그가 러시아 클래식에 몰입하게 된 이유는 의외였다. 군사정권의 서슬 퍼렇던 시절 조희영 씨는 우연히 러시아 음악을 듣다가 경찰서에 잡혀간 적이 있었는데 이 사건이 그가 러시아 클래식에 빠지는 중요한 계기가 되었다고 한다. 그 뒤로 듣게 된 러시아 음악에서 우리의 음악과 많은 부분이 닮은 것을 알게 되었다는데, 우리의 민요가 여전히 우리 가요에 영향을 주고 자양분이 되는 것처럼 러시아 클래식도 러시아 전통 민요, 종교 음악의 영향을 많이 받았다. 결국 한국의 현대 음악이나 러시아의 클래식은 공통적으로 민족 고유의 정서를 많이 담고 있기 때문에 이 둘은 닮아 있다는 설명이다.

외국의 클래식을 감상하면서 우리 민족의 정서를 느끼고 향유할 수 있다는 매력이 조희영 씨가 러시아 클래식 음악에 탐닉하는 이유가 되었다. 러시아 클래식을 대표하는 차이콥스키와 라흐마니노프, 그리고 러시아 5인조의 음악을 듣다 보면 음악적인 정서가 우리 민족의 고유 정서라고 생각해왔던 '한'과 '정'이 묘하게 관통하고 있음이 느껴진다. 혹시 그래서 '정(情)'을 상징으로 하는 우리나라의 초콜릿 파이가 러시아에서 큰 인기를 끌고 있는 것일지도 모른다는 엉뚱한 생각도 들었다.

여기까지 이야기를 이어가던 조희영 씨는 우리에게 드라마 〈모래시계〉의 배경음악으로 잘 알려진 러시아의 가요 〈백학Crane〉을 들려주었다. 러시아의 클래식 음악뿐만 아니라 대중가요도 러시아인 고유 정서가 깊게 스며들어 있고, 〈백학〉은 그 대표적인 사례에 속한다는 것을 직접 느끼게 해주고 싶었던 게다. 이오시프 코브존Iosif Kobzen이 부르는 가요풍의 것에서도, 러시아 국립 합창단의 묵직한 합창에서도 동일하게 피비린내 나는 무서운 전쟁터에서 살아 돌아오지 못한 젊은 병사들이 남의 나라 땅에서 전사하여 백학으로 변했다는 가사의 일부는 굳이 러시아 음악에 관심이 없는 누가 들어도 묘한 애잔함이 느껴진다.

클래식에 문외한인 내게도 그가 7년에 걸쳐서 구현한 오디오 시스템이 들려주는 소리는 내가 그동안 들어왔던 그 〈백학〉이 아니었다. 마치 눈앞에 두 명의 가수를 모셔두고 라이브로 듣는 생동감이 휘몰아쳤다. 음악을 듣고 눈물을 흘리는 사람을 보면서 '부모님이 돌아가신 것도 아닌데 어떻게 음악을 듣고 눈물을 흘릴 수가 있을까' 하는 생각을 하는 무정한 나도 눈물이 쏟아질 것만 같은 감동이 솟구쳤다.

이토록 러시아 음악에서도 우리의 정서는 쉽게 느껴진다. 우리의 〈아리랑〉 못지않게 애달픈 러시아 음악은 우리 민족의 뿌리가 알타이 산맥은 아닐까 하는 가설이 아주 터무니없지는 않다는 생각마저 들게 한다. 조희영 씨가 러시아 클래식을 아끼는 이유는 여기에 있다.

음악이란 편안함을 주는
활력소 같은 것

수집가에는 두 가지 부류가 있다. 자신이 수집하는 카테고리에 포함되는 물건이라면 물불을 가지지 않고 일단 구매하고 보는 수집벽이 있는 사람과 자신이 좋아하는 품목이라 할지라도 자신의 컬렉션의 상황에 따라서 꼭 필요한 것만 수집하는 사람으로 나눈다. 조희영 씨는 후자에 속한다. 굳이 다양한 연주자의 음색을 비교할 필요가 있다거나, 작곡가가 직접 지휘를 해서 작곡가의 곡에 대한 의도를 이해하기 위한 음반의 경우가 아니라면 같은 곡은 하나의 음반만 수집한다. 이러한 수집의 방법 또한 조희영 씨의 합리적이고 실용적인 음악관과 일치한다.

그러나 그의 전공인 러시아 클래식 음반은 물불을 가리지 않는 열혈 수집가의 본색을 드러낸다. 그렇다고 해서 수집한 방대한 양을 주체하지 못해 방치하고 제때에 필요한 음반을 금방 찾지 못하여 마구잡이로 찾아 헤매는 탐욕스러운 수집가는 아니다. 그의 방대한 컬렉션은 여러 개의 카테고리에 의해서 엄격히 구분·정리되어 있어서 언제든 주인의 부름에 응할 만반의 태세를 갖추었다.

국내에 몇 장 밖에 없는 희귀 음반인 1974년판 영화 음악 〈눈보라〉와 로스트로포비치 Mstislav Rostropovich 가 지휘를 맡아 쇼스타코비치 교향곡 5번을 연주한 1983년판, 레오니드 코간 Leonid Kogan 이 연주한 브람스의 협주곡판을 비롯하여 수많은 러시아 멜로지야 음반들을 각별히 아끼기는 하지만 그 외의 모든 컬렉션을 분위기와, 기분에 따라서 상황에 맞게 듣는 편이라 그에겐 하나하나의 음반이 모두 가족과 다름없다. 어느 하나

덜 중요하고 아끼지 않는 음반은 없다.

그의 음악방에는 오디오 시스템 말고는 음악을 좀 더 훌륭히 듣게끔 의도된 어떤 장치도 없다. 출입문 쪽으로 나 있는 창문은 활짝 열려져 있고, 마치 비바람을 연상케 하는 소리를 내는 선풍기는 맹렬이 돌아간다. 그리고 음악방의 주인인 조희영 씨는 내게 기대라고 기다란 쿠션을 내민다. 앰프에서는 신중현이 작곡한 노래가 청명하게 흘러나온다. 음악이란 게 본디 이런 게 아닌가 싶은 생각이 들었다. 정장을 하고 경직된 자세로 근엄하게 관람하는 것보다는 빗소리가 섞여 있는 방에서 쿠션에 기댄 채 발을 쭉 뻗고 듣는 것 또한 행복한 음악 생활이다.

러시아 음악을 너무 좋아해서 러시아어를 독학으로 익혔고, 오케스트라를 지휘하고, 지금은 합창단 활동에다 한 달에 한번 러시아 클래식을 강연하는 그가 추구하는 음악은 결국 형식과 아집에서 벗어난 자연스럽고 인간 중심의 편안한 위안을 주는 활력소라고 생각해본다.